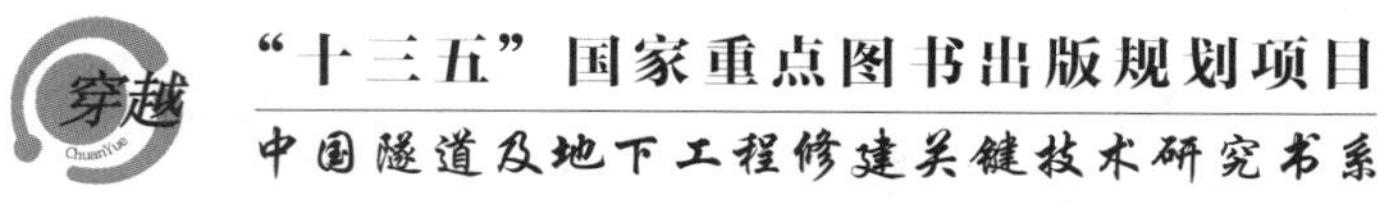
"十三五"国家重点图书出版规划项目
中国隧道及地下工程修建关键技术研究书系

穿越轨道交通工程风险控制

Control of Risks due to Excavation Adjacent to Rail Transit Structures

彭 华 

人民交通出版社股份有限公司
China Communications Press Co.,Ltd.

内 容 提 要

本书从穿越轨道交通工程风险识别、评价、等级划分，既有轨道交通结构现状调查与检测技术，穿越工程风险分级监测技术，风险分级控制措施等多个方面对穿越工程风险控制成套技术进行了全面论述。结合典型的工程案例，系统地阐述了风险控制技术在穿越轨道交通工程中应用的方法及其成果。

本书主要供从事穿越轨道交通工程风险控制的科研及工程技术人员学习参考，亦可作为从事城市轨道交通、铁道及相关行业的风险评估、设计、施工、监测、监理、运营等技术和管理人员的参考书。

图书在版编目(CIP)数据

穿越轨道交通工程风险控制/彭华编著. —北京：人民交通出版社股份有限公司，2017.2

ISBN 978-7-114-13567-5

Ⅰ.①穿… Ⅱ.①彭… Ⅲ.①城市铁路—轨道交通—交通工程—风险评价 Ⅳ.①U239.5

中国版本图书馆 CIP 数据核字(2017)第 000798 号

书　　名：穿越轨道交通工程风险控制
著 作 者：彭　华
责任编辑：谢海龙
出版发行：人民交通出版社股份有限公司
地　　址：(100011)北京市朝阳区安定门外外馆斜街 3 号
网　　址：http://www.ccpress.com.cn
销售电话：(010)59757973
总 经 销：人民交通出版社股份有限公司发行部
经　　销：各地新华书店
印　　刷：北京鑫正大印刷有限公司
开　　本：787 × 1092　1/16
印　　张：11
字　　数：254 千
版　　次：2017 年 4 月　第 1 版
印　　次：2017 年 4 月　第 1 次印刷
书　　号：ISBN 978-7-114-13567-5
定　　价：48.00 元

前言

PREFACE

穿越既有轨道交通工程是指与轨道交通线路及其设施存在交叉、邻接关系的工程。随着轨道交通网络化运营的不断发展，在轨道交通控制保护区范围内不可避免地出现了大量新建工程。穿越工程复杂程度高、风险大、控制标准极为严格，如果处置不当将导致既有结构及轨道变形超限，严重时将影响到既有轨道交通的正常运营。

如何正确地认识穿越工程给既有轨道交通线路带来的影响，有效地识别、分析、评价、控制穿越工程的安全风险，为穿越工程设计、施工提供理论及实践指导，确保轨道交通的安全运营，是穿越工程亟需解决的关键技术问题。

编者结合在穿越轨道交通工程风险控制方面多年积累的经验，在收集和整理现有研究资料及总结大量工程实践经验的基础上，针对穿越轨道交通工程所涉及的风险评估分析、现状调查检测、工程风险监测等关键问题进行了长时间、系统性的理论研究与技术创新，形成了一套穿越工程风险控制关键技术体系。

本书由北京交通大学土木建筑工程学院彭华编著，北京市重大项目指挥部办公室杨广武总工程师、北京市交通委员会轨道交通设备设施监管处孙壮志处长主审。将从穿越轨道交通工程风险识别、评价、等级划分，既有轨道交通现状调查与检测技术，工程风险分级监测技术，风险分级控制措施等多个方面对穿越工程风险控制成套技术进行了全面介绍。

全书内容由彭华、周继波负责统筹安排，共分5章。第1章由彭华、周继波（北京市地铁运营有限公司）、张文强（北京市地铁运营有限公司）负责编写，第2章由曹全（北京铁路局）、马文辉（北京交通大学）负责编写，第3章由刘志暘、王罡（北京市地铁运营有限公司）、蔡小培（北京交通大学）负责编写，第4章由高利宏（北京市地铁运营有限公司）、肖骁骐、杨成永（北京交通大学）负责编写，第5章由彭华、吴海洋、白雁（北京交通大学）负责编写。最终由彭华、马文辉、肖骁骐、吴海洋、刘志暘统稿。

铁道第三勘察设计院集团有限公司的董志勇、唐树贺、刘云亮、王世明，交通运输部科学研究院的刘悦，太原市市政工程设计研究院的李骥等工程师为本书的撰写工作提出了宝贵的意见。北京交通大学刘涵、张广政、霍志静、赵紫珅、谢天、刘晓云、段蕾阳、焦轩、包宸豪、杨志蔚、郑楠、贾文博、余杰、赵彦辉、郭晓欢等研究生参与了校阅、整理工作。

感谢北京交通大学土木建筑工程学院及道路与铁道工程系、轨道工程北京市重点实验室、北京市轨道交通线路安全与防灾工程技术研究中心的大力支持。

本书的出版得到了国家自然科学基金(51478032),北京市自然科学基金委员会—北京市科学技术研究院联合资助项目(L150003)的资助。

本书在编写过程中参考了国内外相关的文献资料,对其作者表示感谢。

本书难免存在不足、不当之处,敬请读者批评指正、不吝赐教!

彭　华
2017 年 4 月

目录
CONTENTS

第 1 章　绪论 …… 1
1.1　引言 …… 1
1.2　穿越轨道交通工程概述 …… 6
1.3　风险控制概述 …… 10
1.4　本书主要内容 …… 17
第 2 章　穿越轨道交通工程风险分析及等级划分 …… 18
2.1　风险分析概述 …… 18
2.2　风险辨识 …… 25
2.3　风险等级划分及评价 …… 34
2.4　风险分析结论及控制措施 …… 42
第 3 章　轨道交通结构现状调查与检测 …… 51
3.1　现状调查与检测概述 …… 51
3.2　现状调查与检测的内容 …… 52
3.3　现状调查与检测的方法 …… 60
3.4　现状调查与检测的结论及建议 …… 74
第 4 章　穿越轨道交通工程风险监测 …… 80
4.1　风险监测概述 …… 80
4.2　风险监测的内容 …… 83
4.3　风险监测的方法 …… 86
4.4　风险监测数据的处理 …… 105
4.5　风险监测信息的反馈 …… 111
4.6　风险监测应急预案 …… 116
第 5 章　穿越轨道交通工程风险控制案例解析 …… 124
5.1　工程风险辨识 …… 124
5.2　工程风险估计及评价 …… 139
5.3　工程风险控制 …… 155
5.4　工程风险监测 …… 157
参考文献 …… 165
后记 …… 168

第1章 绪　　论

1.1 引言

轨道交通作为城市大、中运量的公共绿色交通工具，有着速度快、运量大、能耗低、污染小、占地省等诸多优点。截至2015年底，全国铁路营运里程逾12.1万km，高速铁路里程1.9万km，超过世界其他国家里程之和，居世界第一位。铁路所构成的快速客运网可基本覆盖50万以上人口城市。

根据《中长期铁路网规划》(2016—2030年)，到2020年，铁路网规模达到15万km，其中高速铁路3万km，覆盖80%以上的大城市；到2025年，铁路网规模达到17.5万km左右，其中高速铁路3.8万km左右；展望到2030年，铁路网规模将达到20万km左右，其中高速铁路4.5万km左右，基本实现内外互联互通、区际多路畅通、省会高铁连通、地市快速通达、县域基本覆盖。中长期高速铁路网规划示意图如图1-1所示。

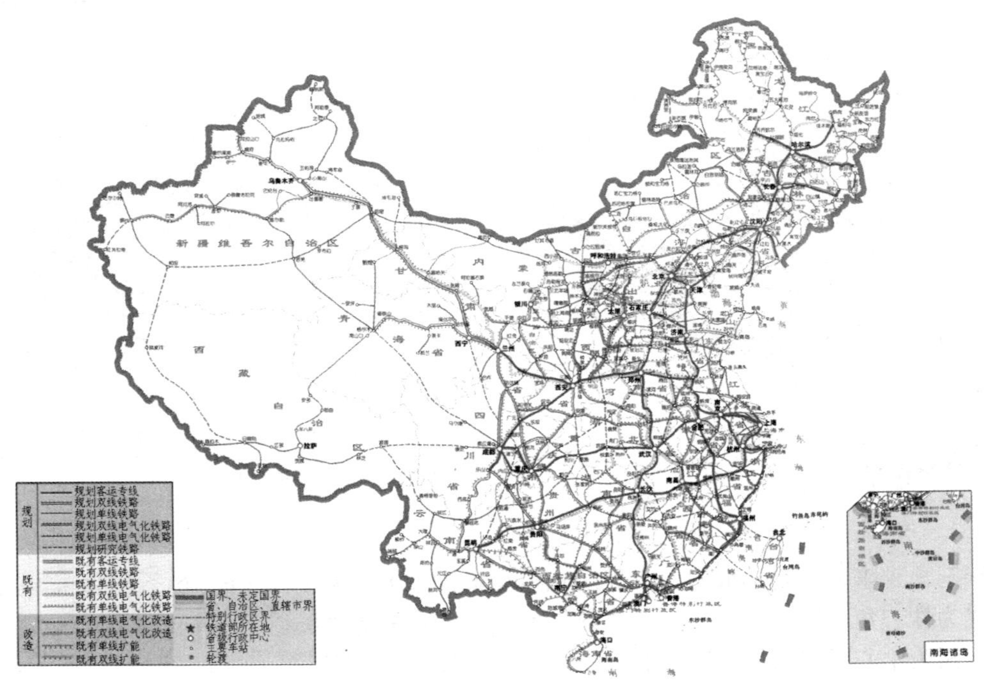

图1-1　中长期高速铁路网规划示意图

2016年高速铁路网在原规划“四纵四横”主骨架基础上，增加客流支撑、标准适宜、发展需要的高速铁路，同时充分利用既有铁路，形成以“八纵八横”主通道为骨架、区域连接线衔接、城际铁路补充的高速铁路网:“八纵”通道为沿海通道、京沪通道、京港(台)通道、京哈—京港澳通道、呼南通道、京昆通道、包(银)海通道、兰(西)广通道;“八横”通道为绥满通道、京兰通道、青银通道、陆桥通道、沿江通道、沪昆通道、厦渝通道、广昆通道。

普速铁路网重点围绕扩大中西部路网覆盖,完善东部网络布局,提升既有路网质量,推进周边互联互通。形成包含 12 条跨区域、多路径、便捷化的大能力区际快捷通道;面向“一带一路”从西北、西南、东北三个方向推进我国与周边互联互通国际通道。

环渤海京津冀地区的轨道交通网络随着京津冀一体化的提出,将更加密集,政府规划以“京津塘、京保石、京唐秦”三大通道为主轴,以京、津、石三大城市为核心,形成以“四纵四横一环”为骨架的城际铁路网络,覆盖区域中心城市、重要城镇和主要产业集聚区。近期建设 8 个城际铁路项目,实现线路总规模 1012km;远期新建城际线 24 条,总规模 3453km。京津冀轨道交通规划图如图 1-2 所示。

长江三角洲地区的轨道交通以主干客运网为依托,覆盖长三角区域内绝大部分县级以上城市和三级节点,是长三角城市群内部的快速轨道交通网。目前,长三角地区已建成及在建项目包括沪宁、宁杭、沪杭、杭甬、常苏、苏嘉、宁安等,辐射苏锡常、宜湖嘉、杭绍甬等多个经济发达城市圈内的中小城市。长三角城际交通网规划以上海、南京、杭州、合肥为中心,包括沪、苏、浙、皖“一市三省”的所有地级以上城市,预计到“十三五”末,长三角高铁、城铁线网密度将达到世界领先水平。长三角轨道交通规划示意图如图 1-3 所示。

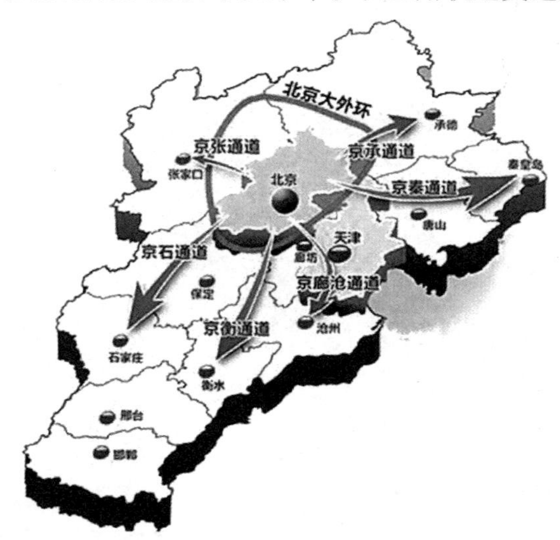

图 1-2 京津冀轨道交通规划示意图

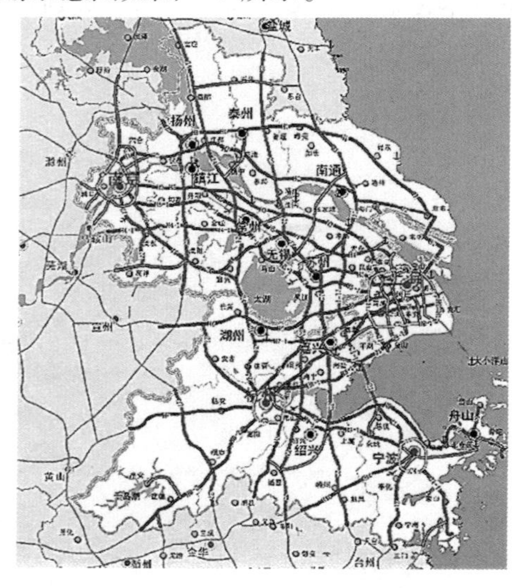

图 1-3 长三角轨道交通规划示意图

珠三角未来五年将形成 1 小时城际轨道交通圈,2020 年前将建成 16 条城际轨道交通,广州成为珠三角城际轨道交通的枢纽,轨道交通网络线路总长达 1430km,此综合运输体系将以广州为中心,衔接包括香港和澳门在内的珠江三角洲地区。城际线路包括穗莞深、莞惠、佛莞、广佛环线、广清、广佛江珠、肇顺南等;城市线路包括广州、深圳、佛山、东莞、中山等城市轨道交通项目。珠三角城际快速轨道交通线网形成后,日均承担客运总量将达 500 多万人次,客运分担率达 38%,成为珠三角地区最大客运系统。珠三角轨道交通规划图如图 1-4所示。

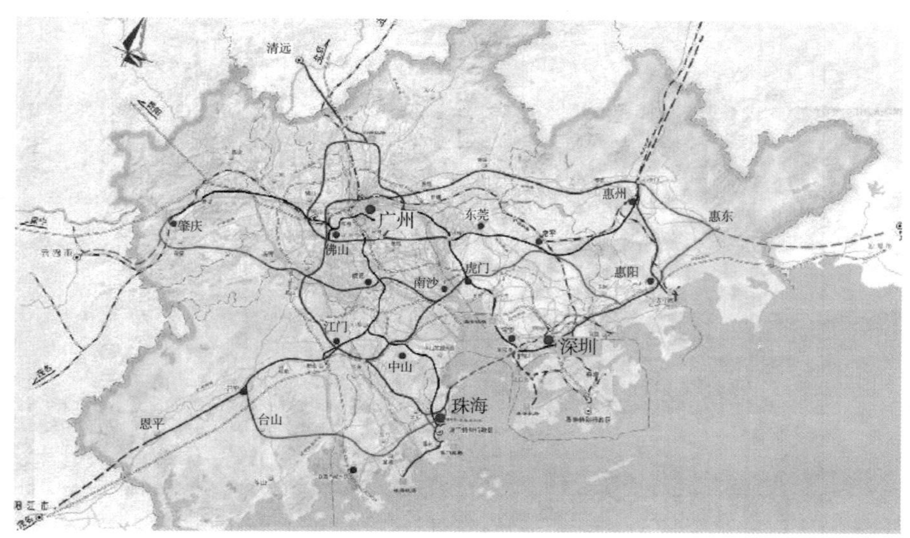

图 1-4 珠三角轨道交通规划示意图

从 1971 年第一条地铁——北京地铁 1 号线(北京站专线)建成通车至今,我国已有 40 多年修建地铁的历史。

截至 2015 年底,我国开通运营城市快速轨道交通线路的城市共 27 个(内地 24 个、港台地区 3 个),运营线路总长度达 3375.9km(内地 3010.6km、港台地区 365.3km),累计开通运营线路 110 条(内地 93 条、港台地区 17 条),运营车站 2263 座(内地 1998 座、港台地区 265 座)。其中内地的 24 个城市为北京、上海、广州、南京、深圳、重庆、天津、成都、沈阳、大连、武汉、昆明、西安、苏州、长春、杭州、哈尔滨、郑州、佛山、青岛、南昌、无锡、宁波、郑州。截至 2015 年 12 月,上海以 579.2km 的运营线路长度排名第一,北京以 547.5km 紧随其后,广州以 251.4km 位列第三,南京(224.4km)、重庆(198.8km)分别位列第 4、5 位。

1)北京

截至 2016 年底,北京已有 19 条运营的地铁线路,其中包含有 18 条地铁线路、1 条机场快轨,整个轨道交通系统涵盖了北京市 11 个市辖区,共有运营车站 348 座,运营线路总长 574km。北京地铁已成为国内客运量最大、运营时间最长的城市轨道交通系统。如图 1-5 所示,2021 年地铁运营总里程将达到 1000km。

2)上海

上海于 1993 年开通了第一条地铁线路,截至 2015 年 12 月,上海轨道交通共开通线路 14 条,运营线路总长 617km,车站 366 座(不含上海磁浮运营线)。远期规划的上海城市轨道交通网络将由 21 条线路组成,全长约 1051km,车站 587 座,预计日均承担客运总量 2215 万人次,占公交客运总量的 52%。上海市轨道交通规划示意图如图 1-6 所示。

3)广州

广州于 1997 年开通了第一条地铁线路,截至 2015 年底,已建成开通运营线路 9 条,运营线路总长 266km。正在建设的有广佛线(燕岗—沥滘段)、4 号线南延段、6 号线二期、7 号线一期、8 号线北延段、9 号线一期、13 号线首期、14 号线一期、知识城线、21 号线、11 号线共 11 条(段),总计 300km 的新线。广州市轨道交通规划示意图如图 1-7 所示。

图 1-5　北京市城市轨道交通第二期建设规划(2015—2021 年)示意图

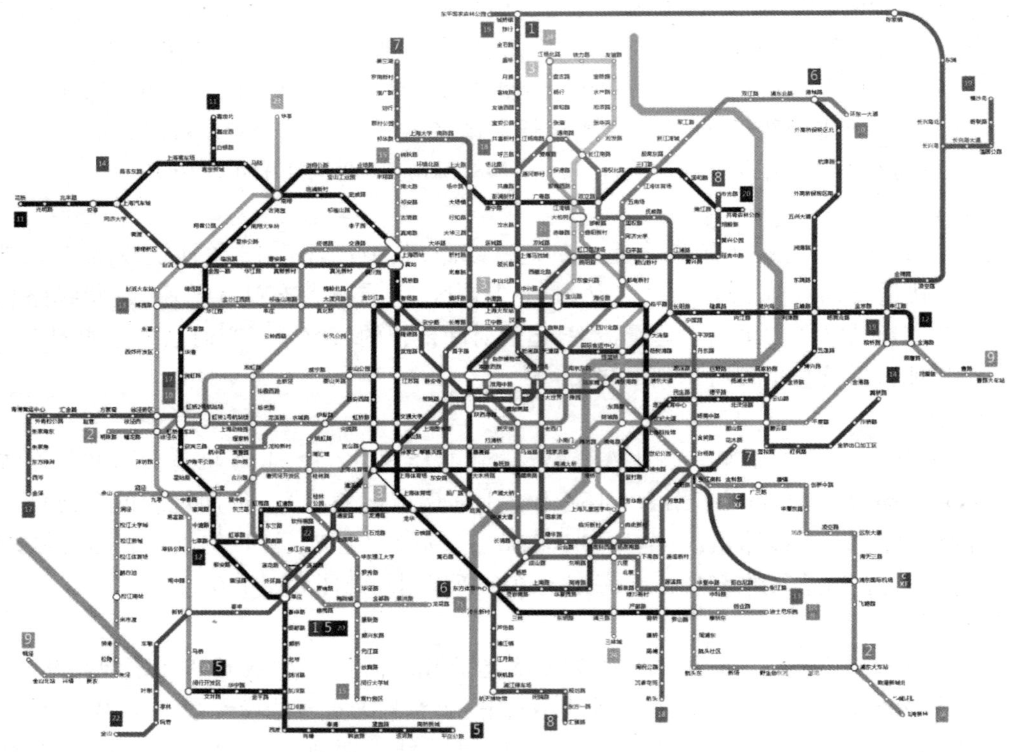

图 1-6　上海市轨道交通规划示意图

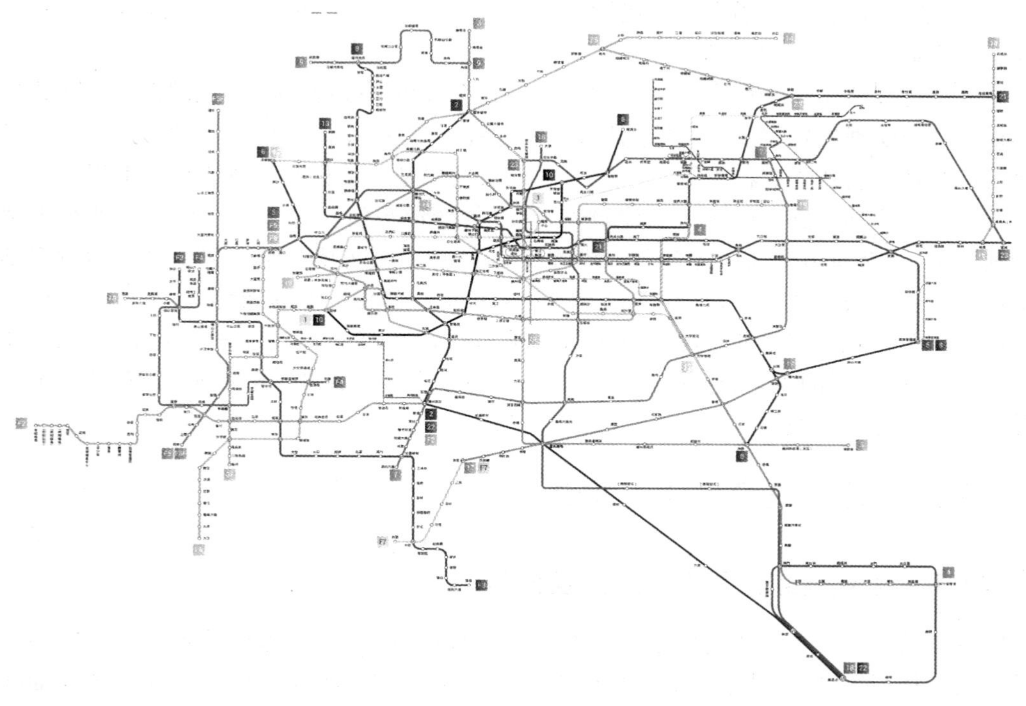

图 1-7 广州市轨道交通规划示意图

4)深圳

深圳是中国大陆地区继北京、天津、上海、广州、武汉后第6个拥有地铁的城市。截至2015年底,深圳地铁共有5条线路,131座车站,运营线路总长178km,构成覆盖深圳市罗湖、福田、南山、宝安、龙岗五个市辖行政区和龙华一个功能区的地铁网络。预计到2030年将建成16条线路、规模约597km、车站371座的轨道交通网络。深圳市轨道交通规划示意图如图1-8所示。

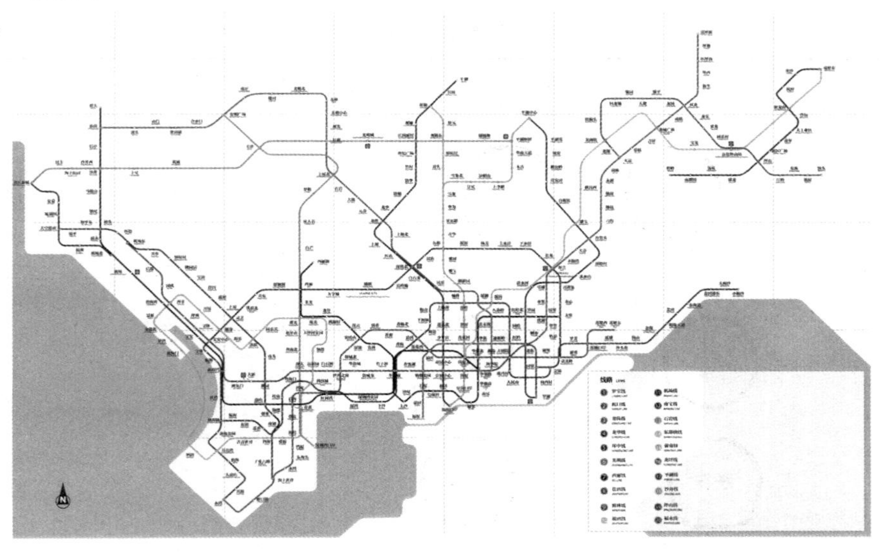

图 1-8 深圳市轨道交通规划示意图

我国现阶段的轨道交通无论是建设速度，还是运营规模，某种程度上已经成为世界上最大的轨道交通建设及运营市场。

轨道交通线路密布于城市区域，必然存在大量穿越既有运营轨道交通的工程，除数量众多的新建轨道交通线路穿越既有线路以外，还存在着大量的市政管线（如电力、热力、燃气、给水、排水、通信管线等）穿越轨道交通工程，以及新建基坑工程邻近轨道交通工程。

既有轨道交通线路不同于一般建筑物，允许的变形数值较为严格。在保证列车正常运营的前提下，既有轨道交通结构变形一般情况下不受限，其主要受限于提供列车运行基础的轨道结构。一旦轨道几何形位（误差以 mm 计）超过了规范要求，可能会危及行车安全。目前国内每年关于轨道交通的穿越工程有数百项，在这些穿越工程中存在一些既有轨道变形超限，甚至结构开裂的现象，这些穿越工程不仅影响了既有结构的正常使用，而且严重时还会导致轨道交通的限速运行。

1.2 穿越轨道交通工程概述

1.2.1 穿越轨道交通工程定义及分类

穿越轨道交通工程是指与轨道交通线路及其设施存在交叉、邻接关系并可能影响其安全的建设工程，具体指在轨道控制保护区内跨越、穿越、平行、邻近、连接、占用轨道交通线路及其设施的各类工程，包括交叉类和邻接类项目。其中，交叉类项目主要指轨道控制保护区内与轨道交通结构部分在平面投影上有交叉的工程；邻接类项目主要指在轨道控制保护区内施工但与轨道交通结构部分在平面投影上无交叉的工程，以及与轨道交通站点以地下通道或站外连廊等形式通过破口实现连接的连通类工程。

穿越轨道交通工程按结构的投影一般可分为并行、重叠、交错以及交叉 4 种形式（表 1-1），按穿越的方式也可分上穿、下穿（含侧穿）、邻近、破口等多种方式，其影响规律差别很大。

穿越工程分类 表 1-1

分 类	示 意 图	说 明
并行	新建 既有	新建隧道与既有隧道平行修建
重叠	新建 / 既有 或 既有 / 新建	因客观条件限制，两条隧道上下重叠修建

续上表

分 类	示 意 图	说 明
交错	新建 既有 或 既有 新建	因客观条件限制，两条隧道近距离交错平行修建
交叉	既有 新建 或 新建 既有	因客观条件限制，两条隧道穿越修建，在平面的投影有交叉

1.2.2 穿越轨道交通工程特点

需要穿越地铁的工程有隧道、基坑、桥桩等，不同类型的结构形式及其施工工法可能造成的风险程度差别很大。既有轨道交通不同结构抵抗变形的能力各不相同。

不同的穿越工程在新建结构类型、施工方法、既有线形式、穿越方式、水文地质条件等方面不尽相同，因此每一个项目都具有其不同的特点。但对于相似的工程(如明挖基坑、暗挖隧道、盾构隧道等)，其风险影响范围和程度具有一定的相似性，其工程风险分析均有一些规律可以遵循。

轨道交通穿越工程具有新建工程类型多、既有结构类型多、影响方式类型多、工程和水文地质多样、车辆动荷载作用频繁等特点。

1)新建工程类型多

穿越工程类型一般按施工工法可分为明挖法、暗挖法以及非开挖法三大类。其中明挖法除一般的明开施作方法外，又有盖挖施工方法，其设计体量、支护形式、施工顺序因工程条件的不同存在较大差异。暗挖法又包含了矿山法、盾构法等多种类型，其结构尺寸、施工方法、辅助加固措施需要依照不同的工程环境以及结构用途予以确定。非开挖工法中较为常见的有顶管法、拉管法等，施工特性不同于一般工法隧道，其施工对既有结构的影响需要另作判定。

2)既有结构类型多

轨道交通线路敷设形式可分为地下线、地面线以及高架线三种主要形式；同时既有结构不仅局限于既有车站结构、区间结构，也包括出入口、通风亭、车辆段、控制中心、变电站、集中供冷站等建(构)筑物，而既有主体结构断面形式又可分为矩形断面、马蹄形断面、圆形断面等，根据施工工法又可分为明挖法、矿山法、盾构法；轨道交通中有砟轨道、形式多样的无砟轨道结构(短轨枕道床、梯形轨枕道床、弹性支承块式道床、橡胶浮置板、弹簧浮置板)及扣件(除普通常见扣件外，还包括了DTIV型、DTV型、DTVI型、DTVI2型、先锋扣件等)应用广泛。不同结构所能承受的变形存在明显差异，根据穿越工程中既有结构的形式不同，需要采取针对性的控制措施。

3）工程和水文地质多样

在我国，土层主要有各类砂土、粉土、粉质黏土、黏土和淤泥质黏土等。

（1）北京

北京地区处于平原与山区相连的地带，主要为第四系永定河山前冲洪积层和河流相似的沉积层，由砂、砂卵石、圆砾以及黏土、粉土、黏质粉土和粉质黏土等互层组成。其特点为东部是黏性土、砂层和砂砾石互层的多层状态，西部很快逐渐变为砂砾石、圆砾与粉土互层状态；东部砂砾石层中的砾石粒径较小（一般小于 100mm），西部砂砾石、圆砾层中的砾层粒径较大（一般大于 100mm），同时西部的砂卵石中能见到超大粒径的漂石，个别漂石的粒径达 1500mm 以上，各层的层位分布不稳定，时厚、时薄，有时尖灭，也有的呈透镜体夹层。

北京地区的土层可以分为以下几类：

①粉质黏土。容易发生塑性变形和破坏，含水量的大小对其状态和它的强度、稳定影响较大，一般情况下该土层的稳定性较好。

②粉土。一般情况下粉土的稳定性尚可，饱和粉土在振动荷载作用下容易产生液体现象，从而使地基和隧道围岩失稳。该土层在施工降水过程中，容易产生细颗粒流失形成空洞，而且含水率大时的稳定性较差。

③细砂、粉细砂。饱和状态下受振动荷载的作用容易产生液化现象。含水量大时会产生流动出现塌方，特别是粉细砂在施工降水过程中容易产生细颗粒流失空洞。干燥的粉细砂在外界扰动下容易形成流砂，而使隧道岩石失稳。

④中粗砂、粗砂。中粗砂、粗砂地层稳定性随其含水状况不同而变化很大。

⑤卵石、圆砾（粒径小于 100mm）。一般来说，该类地层的稳定性较好，但级配单一的圆砾层的稳定性很差。卵石、圆砾地层的破坏形式相对黏性土来说常为脆性破坏。

⑥含超大粒径漂石的卵石、圆砾（粒径大于 100mm）。其工程特性与粒径小于 100mm 的卵石、圆砾地层相似。此类卵石常被中粗砂、粉土及粉质黏土填充，构成稳定的围岩结构。

⑦岩体。在近北京城区的西山一带修建隧道往往会遇到岩体。岩体以花岗岩、砂岩和灰岩为主，岩石的强度和硬度都比较大，隧道掘进困难。岩体遇水饱和后强度会有所降低，但是对其工程性质不会有多大的影响。

北京的地下水赋存特点是:3 层水和 5 个区域。3 层水分别是上层滞水、潜水和承压水；且潜水和承压水在不同区域会有层位上的变化，如处于西北部地区的潜水层，到了东部和东南部就变成了承压水，且补给十分畅通。所谓的 5 个区域，是因地层分布的差异和城市长期开采地下水、城区地下管线渗漏及施工降水等的影响，而呈现出城市的东、西、南、北、中区在地下水位、径流条件、水层分布等方面具有明显差异的现象，这是北京地区水文地质的重要特征。

（2）上海

上海地区是典型的三角洲沉积平原，地下空间开发利用主要集中在地表以下 75m 范围内，而该区段地层主要由滨海—浅海相的黏性土与砂性土组成，尤其是 50m 以上的土层更是以饱和的软弱黏性土为主，其在地下空间开发利用及其建设过程和工程运营期间容易引发环境地质问题。

上海地区埋深50m以上的砂土、粉土主要有②$_3$层砂质粉土、⑤$_2$砂质粉和⑦层粉砂，由于砂、粉性土处于饱水状态，且上海地区地下水位高，地铁隧道施工时易产生流砂、管涌、突涌等现象。

②$_3$层岩性主要为砂质粉土，部分地区为粉砂，埋深总体变化不大，层顶标高一般在2m左右，但厚度变化较大，在1～27m之间；崇明岛、长兴岛等岛屿地区厚度最大，一般均大于11m，其余地区厚度一般小于5m。

⑤$_2$层砂质粉土、粉砂为溺谷相沉积，分布于古河道切割区，在崇明岛、长兴岛等岛屿地区普遍分布，而市区则局部分布，且不连续。该层岩性以砂质粉土为主，部分地区下部为粉砂，埋深、厚度变化大，除岛屿以外地区层顶标高为－28～－14m，厚度为2～8m，岛屿区层顶标高为－42～－29m，厚度3～18m。

⑦层砂质粉土、粉砂为滨海—河口相沉积，由于受到古河道切割，该层埋深、厚度变化较大。正常沉积区埋深为28～31m，西北部宝山局部地区埋深则一般小于26m，西部青浦、金山、嘉定等地区埋藏最浅，一般为9m。古河道切割区则由于切割深度的不同，使该层埋深变化差异较大，从35m到50m不等。该层厚度表现为西部薄，东部厚，正常沉积区厚，古河道切割区薄的特征。西部及宝山地区厚度为2～10m，中心城区南部厚度最大，最厚大于36m。

上海地区地下水位埋深浅，地铁隧道等地下工程不但在施工过程中受到地下水的影响，而且建成后还将长期位于地下水位以下，因此，必须重视地下水对地下空间开发的影响问题。上海地区与地下空间开发建设密切相关的水层有潜水层、微承压水层和第一承压水层。第一承压含水层水位总体稳定，部分时间段变化较大，变化幅度总体在1～2m之间，但在该含水层与下部含水层沟通区变化幅度较大。

(3)广州

广州地区地质条件具有地形地貌起伏多变、地层岩性复杂多样的特性。主要有三大地质难题：一是广州发育了多条断裂，地铁线路经过的有广三断裂、广从断裂、瘦狗岭断裂等十多条，断裂带最大的问题是岩体破碎，相对周边完整的基岩属于软弱夹层，在隧道施工时容易造成涌水、突水等工程事故；二是花岗岩、混合花岗岩残积层多，当遇水浸泡时，该土层会迅速软化以及崩解、流淌，会造成涌水等事故；三是西北部存在大量的石灰岩和溶洞，这些地方涌水量很大，险情发生时止水、堵水等都极难进行。

广州素有“地质博物馆”之称，地质条件十分复杂，具有地下流砂层、地质断裂带、高强度花岗岩、溶洞等，最主要的特点是工程范围内的岩性变化频繁，物理力学特性差异大，基岩风化界面起伏大，断层破碎带分布密集，含水量差异明显。具体表现为：同一里程隧道横断面表现为上下或左右软硬不均，在隧道纵剖面上表现为软硬相间，其中隧道断面地层的复合特性，对盾构施工的影响尤为明显。盾构隧道埋深一般在10～30m，隧道断面及上覆的地层从地表至下依次为：

上部：第四纪软土层，主要由杂填土、流塑—软塑淤泥层和富含水砂层组成。

中部：第四纪残积层，该层是沉积岩、岩浆岩、变质岩三大母岩地层风化后残积形成可塑、硬塑半固结状态黏土和砂质、砾质黏性土。

下部：大部分地区是由不同风化程度的白垩系砾岩、砂岩、粉砂岩、泥岩及少量泥灰岩组成；少部分是由不同风化程度花岗岩或花岗片麻岩及混合花岗岩组成。

广州地区的典型工程地质和水文地质如下：

①积土的黏土以及泥岩类岩石，对盾构掘进有不利影响，研磨后形成的粉粒状矿物质，在受压、受热、受湿环境条件下，会在刀盘表面或土仓内形成泥饼。

②上软下硬或上硬下软的不均匀地层难以全天候进行动态平衡控制，易导致顶部坍塌。

③软硬地层突变及花岗岩地区的球状风化体，会使刀盘变形和刀具崩裂。

④富水断裂带和岩石破碎带等地层会导致螺旋输送机出土口涌水涌砂，造成施工困难。

无论是新建地下工程结构或者是既有地铁结构，都处于复杂的工程地质条件和水文地质环境中。正确判断工程地质条件和地下水的影响对于穿越工程十分重要。

4）列车动荷载频繁

穿越工程中不仅仅要考虑轨道交通既有结构的静荷载影响，尤其是在城市轨道交通，列车发车间隔短（最短在2min以内），频繁的轮对—钢轨—道床结构的动荷载传递，会对轨道及轨下基础产生强烈扰动，加剧既有结构的应力和应变，进一步导致新建工程施工断面（掌子面）的不稳定性，从而加剧既有结构的变形。

1.3 风险控制概述

风险是对各种因素造成未来结果所具有不确定性规律的一种描述。风险分析主要通过风险辨识、风险估计和风险评价对系统中各风险进行评判。

1.3.1 风险的概念

目前对于风险的含义概括起来主要有两种。一种观点认为风险是一种不确定性。最早提出风险概念的是美国学者威雷特，他认为“风险就是不愿发生的事件发生的不确定性。”由于人们有限的主观认识能力无法完全识别复杂的客观环境因素，因此，就存在一种不确定性，即人们不确定在什么时候、什么地方会发生程度多大的损失，这种不确定性就是所谓的风险。另一种观点认为风险是损失的概率。1964 年，美国教授小阿瑟·威廉姆斯和理查德·M·汉斯认为，风险具有客观性，即对于任何人而言，都是客观存在的，因此，可以通过概率和统计的方法来得出风险的客观概率分布。这种对风险的定义实际上将风险理解为损失在一定时间或范围内发生的相对可能性。损失发生的概率只可能在 0 ~ 1 之间波动，损失的概率越接近于 1，表明出现风险的可能性越大；损失概率越接近于 0，表明出现风险的可能性越小。

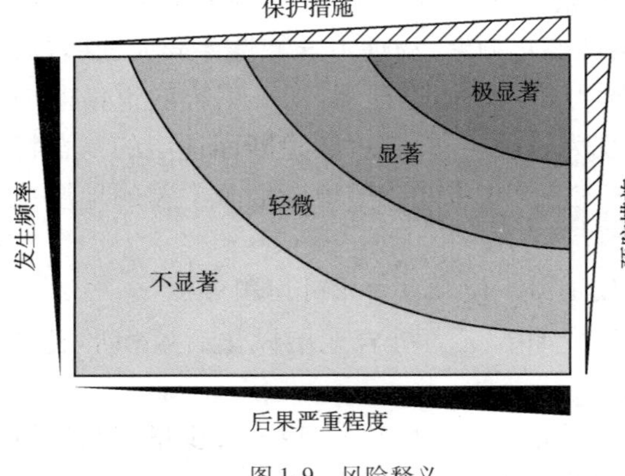

图 1-9 风险释义

风险是对特定系统危险事件的发生概率（P）及其事件后果（C）的综合描述，如图 1-9 所示。

$$R = \sum_{i=1}^{m} P_{fi} \cdot C_i \tag{1-1}$$

风险定义的必要条件有三点：有事件的后果，即某种损失或收益与之相联系；涉及某种不确定性，有发生概率的存在；涉及某种选择时,才称为有风险。

需要指出的是,风险与危险的含义有所不同。危险是指意外事件发生后会给当事人带来重大损失的那一类风险;风险是指不确定的损失,即可能对当事人造成损失,也可能由于当事人恰当地利用风险,获取一定的收益。风险既是机会又是威胁,这就是风险的二重性。对待这种二重性的态度因人、因时、因地和因环境而异。

1.3.2 轨道交通保护区

国内外穿越既有轨道交通的工程实例很多,有成功的经验,也有失败的教训。

北京地铁5号线建设期间,为了施工期间既有2号线的安全运营,要求施工期间既有线在下穿区段限速运行。施工过程中,既有线道床部分脱空,随即进行了灌浆处理,因施工引起的既有线区间结构最大累积沉降超过30mm,新建工程临时停工。为达到沉降补偿的目的,新建车站采取洞内拱部注浆的措施,将既有区间结构抬升近20mm,同时对既有线道床脱空部位进行灌浆处理。

天津地铁2号线某区间下穿铁路站场,区间线路位于直线及半径390m曲线上,最大纵坡2.5%。右线盾构机在施工过程中发生漏水漏砂。随后成立抢险组织机构,进行抢险,对漏水处进行了大量的注浆工作,由于右线渗漏量大,而且右线低于左线2.8m,造成左线隧道也发生了变形受损。最终左线最大沉降约为40cm,右线最大沉降约为103cm。

目前,轨道交通建设已从单线过渡到网络化建设,实现多线、多站的资源共享,极大地优化土地资源、能源、车辆设备及运营管理。轨道交通网的形成,不可避免地产生线路的交叉布置或其他市政工程穿越既有轨道交通线路。

铁路及城市轨道交通相关部门依据线路的运营特点划定了相应的安全保护区。

1)国铁

《中华人民共和国铁路运输安全保护条例》第十条规定,铁路线路两侧应当设立铁路线路安全保护区。铁路线路安全保护区的范围,从铁路线路路堤坡脚、路堑坡顶或者铁路桥梁外侧起向外的距离分别为:

(1)城市市区,不少于8m。

(2)城市郊区居民居住区,不少于10m。

(3)村镇居民居住区,不少于12m。

(4)其他地区,不少于15m。

2)城市轨道交通

为了加强轨道交通运营管理,保证轨道交通正常、安全运营,建设部出台了相关的管理办法。对于新建地铁隧道近距离穿越工程的研究,以往的研究类型相对单一,不够充分和深入。对于这类工程的处理结果要么采取过于保守的对策,如地铁限速甚至停运,造成很大的浪费;要么采取过于冒险或盲目的对策,造成较大的安全隐患,于是北京、上海、广州、天津等拥有城市轨道交通的25个城市针对自身轨道交通运营的特点,相继出台了城市轨道交通的管理办法,对轨道交通运营的保护区及特别保护区予以了明确的规定,摘录归纳总结见表1-2,同时也规定了在保护区范围内施工需要有第三方客观的评价及其对轨道交通运营的影响。

我国各市轨道交通管理办法汇总

表 1-2

序号	城市	文件名称	颁布日期	条　　款
1	建设部	城市轨道交通运营管理办法	2005.8.1	第二十条　城市轨道交通应当在以下范围设置控制保护区:(一)地下车站与隧道周边外侧 50m 内;(二)地面和高架车站以及线路轨道外边线外侧 30m 内;(三)出入口、通风亭、变电站等建筑物、构筑物外边线外侧 10m 内
2	大连	大连市城市轨道交通管理办法	2002.11.25	第二十二条　城市轨道交通应设置安全保护区,安全保护区的范围如下:(一)隧道外边线外侧 50m 内;(二)地面车站和高架车站以及线路轨道外边线外侧 30m 内;(三)出入口、变电站等建筑物、构筑物外边线外侧 30m 内
3	北京	北京市城市轨道交通安全运营管理办法	2004.6.1（废止）	第十三条　下列范围为城市轨道交通控制保护区:(一)地下车站与隧道周边外侧 50m 以内;(二)地面和高架车站以及线路轨道外边线外侧 30m 以内;(三)出入口、通风亭、变电站等建筑物、构筑物外边线外侧 10m 以内
		北京市轨道交通运营安全条例	2015.5.1	第十八条　下列范围为轨道交通安全保护区:(一)出入口、通风亭、冷却塔、主变电所和残疾人直升电梯等建筑物、构筑物结构外边线外侧 10m 内;(二)地面车站和地面线路、高架车站和高架线路结构、车辆基地用地范围外边线外侧 30m 内;(三)地下车站与隧道结构外边线外侧 50m 内;(四)轨道交通过湖、过河隧道和桥梁结构外边线外侧 100m 内
4	重庆	重庆市城市轨道交通管理办法	2004.11.1	第三十条　市规划行政主管部门会同市建设行政主管部门按以下规定划定城市轨道交通设施保护区范围:(一)地下车站与隧道外边线外侧 50m 内;(二)地面车站和高架车站以及轨道线路外边线外侧 30m 内;(三)出入口、通风亭、变电站等建(构)筑物外边线外侧 10m 内
5	天津	天津市轨道交通管理规定	2006.6.1	第二十六条　轨道交通应当按照以下范围设置安全保护区:(一)地下车站与隧道周边外侧 50m 内;(二)地面和高架车站以及线路轨道外边线外侧 30m 内;(三)出入口、通风亭、变电站等建筑物、构筑物外边线外侧 10m 内
6	广州	广州市城市轨道交通管理条例	2008.1.1	第十二条　城市轨道交通沿线设立城市轨道交通控制保护区,其范围包括:(一)地下车站与隧道结构外边线外侧 50m 内;(二)地面和高架车站以及线路轨道结构外边线外侧 30m 内;(三)出入口、通风亭、车辆段、控制中心、变电站、集中供冷站等建(构)筑物结构外边线外侧 10m 内;(四)城市轨道交通过江隧道两侧各 100m 范围内
7	沈阳	沈阳市城市轨道交通建设管理办法	2008.6.1	第九条　轨道交通建设设置安全保护区,由市规划部门负责控制,控制范围如下:(一)已建工程地下车站和隧道结构边线两侧各 30m 内,未建工程地下车站和隧道结构边线两侧各 50m 内;(二)地面车站和高架车站以及线路轨道外边线各 30m 内;(三)运营控制中心、车辆段、地面站房和变电站等建(构)筑物用地界线内;(四)独立设置的出入口、通风亭外边线外侧各 10m 范围内

续上表

序号	城市	文件名称	颁布日期	条　款
8	佛山	佛山市城市轨道交通管理办法	2010.9.1	城市轨道交通特别保护区范围如下:(一)地铁地下工程(车站、隧道等)结构边线外侧5m内;(二)高架车站及高架线路工程结构水平投影外侧3m内;(三)地面车站及地面线路路堤或路堑边线外侧3m内;(四)车辆段内建(构)筑物结构边线外侧3m范围内
9	成都	成都市城市轨道交通运营管理办法	2010.9.20	第十一条　(保护区范围)下列范围为城市轨道交通控制保护区:(一)地下车站和隧道结构外边线外侧50m内;(二)地面和高架车站、地面和高架线路结构外边线外侧30m内;(三)出入口、通风亭、冷却塔、主变电所、残疾人直升电梯等建筑物、构筑物外边线和车辆基地范围外侧10m内
10	昆明	昆明市城市轨道交通管理条例	2011.12.1	第十六条　城市轨道交通控制保护区范围如下:(一)地下车站和隧道结构外边线外侧50m内;(二)地面车站和地面线路、高架车站和高架线路结构外边线外侧30m内;(三)出入口、通风亭、冷却塔、主变电所、残疾人直升电梯等建(构)筑物外边线和基地用地范围外侧10m内。 第十七条　城市轨道交通控制保护区范围内设立的特别保护区范围如下:(一)地下车站和隧道结构外边线外侧5m内;(二)地面车站和地面线路、高架车站和高架线路结构外边线外侧3m内;(三)出入口、通风亭、冷却塔、主变电所、残疾人直升电梯等建(构)筑物结构外边线和基地用地范围外侧5m内
11	苏州	苏州市轨道交通管理办法	2011.9.1	对于在建和建成的线路,控制保护区的范围是:(一)地下车站和隧道结构外边线外侧50m内;(二)地面车站、高架车站以及线路轨道外边线外侧30m内;(三)出入口、风亭、车辆段、控制中心、变电站、冷却塔等建(构)筑物结构外边线外侧10m内;(四)轨道交通过江、河、湖隧道结构外边线外侧100m内。 在轨道交通控制保护区内设立轨道交通特别保护区,轨道交通特别保护区范围是:(一)地下工程(车站、隧道等)结构外边线外侧5m内;(二)高架车站及高架线路工程结构水平投影外侧3m内;(三)地面车站及地面线路路堤或路堑外边线外侧3m内;(四)出入口、风亭、车辆段、控制中心、变电站、冷却塔等建(构)筑物结构外边线外侧5m内;(五)轨道交通过江、河、湖隧道结构外边线外侧50m内
12	西安	西安市城市轨道交通条例	2011.9.1	第二十二条　本条例所称保护区指城市轨道交通规划、在建、运营线路控制保护的范围,分为重点保护区和控制保护区,其范围为:(一)地下车站与区间隧道结构外边线外侧10m内为重点保护区,10~50m内为控制保护区;(二)地面车站和地面线路、高架车站和高架线路结构外边线外侧5m内为重点保护区,5~30m内为控制保护区;(三)出入口、风亭、冷却塔、集中供冷站、主变电站、控制中心、地面站房等建筑物、构筑物外边线和车辆段(停车场)用地范围外侧3m内为重点保护区,3~10m内为控制保护区;(四)城市轨道交通过河隧道、桥梁结构外边线两侧各20m内为重点保护区,20~100m范围以内为控制保护区

续上表

序号	城市	文件名称	颁布日期	条　款
13	杭州	杭州市城市轨道交通运营管理办法	2012.5.1	第二十三条　为保障城市轨道交通安全运营,城市轨道交通沿线设立控制保护区和特别保护区,控制保护区和特别保护区范围包括地下、地表和地上。控制保护区范围如下:(一)地下车站与隧道结构外边线外侧50m内;(二)地面车站和高架车站以及线路轨道结构外边线外侧30m内;(三)出入口、通风亭、变电所等建筑物、构筑物结构外边线外侧10m内;(四)城市轨道交通过江、过河隧道结构外边线外侧100m内。 特别保护区范围如下:(一)地下工程(车站、隧道等)结构外边线外侧5m内;(二)高架车站及高架线路工程结构水平投影外侧3m内;(三)地面车站及地面线路路堤或路堑外边线外侧3m内;(四)车辆段用地范围外侧3m内;(五)高压电缆沟水平投影外侧3m内
14	武汉	武汉市轨道交通管理条例	2012.12.28	第四十八条　在建和运营的轨道交通按照下列标准设置安全保护区:(一)地下车站与隧道外边线外侧50m内;(二)地面和高架车站以及线路轨道外边线外侧30m内;(三)出入口、通风亭、变电站等建(构)筑物外边线外侧10m内;(四)水底隧道结构外边线外侧150m内
15	长沙	长沙市轨道交通管理条例	2013.5.1	第四十七条　轨道交通应当依照国家及其他相关规范设置安全保护区,其范围如下:(一)地下车站与隧道结构外边线外侧50m内;(二)地面车站和高架车站以及线路轨道结构外边线外侧30m内;(三)出入口、通风亭、冷却塔、变电站、垂直电梯等建(构)筑物外边线和控制中心、车辆基地用地范围外侧10m内;(四)轨道交通过江、过河隧道结构外边线外侧150m内
16	哈尔滨	哈尔滨市城市轨道交通管理办法	2013.9.1	第三十三条　规划、在建和投入运营的城市轨道交通线路应当设置安全保护区。安全保护区范围按照下列规定划定:(一)地下车站和隧道结构边线外50m内;(二)地面车站和高架车站以及线路轨道边线外30m内;(三)出入口、通风亭、变电所、控制中心、综合维修基地、停车场等建筑物、构筑物边线外10m内;(四)过江、过河隧道结构边线外100m内
17	上海	上海市轨道交通管理条例	2014.1.1	第三十七条　轨道交通应当设置安全保护区。安全保护区的范围如下:(一)地下车站与隧道外边线外侧50m内;(二)地面车站和高架车站以及线路轨道外边线外侧30m内;(三)出入口、通风亭、变电站等建筑物、构筑物外边线外侧10m内
18	无锡	无锡市轨道交通条例	2014.1.1	第二十三条　轨道交通应当划定安全保护区,保证轨道交通建设和运营安全,其范围为:(一)地下车站和隧道结构外边线外侧50m内为安全保护区,10m内为特别保护区;(二)地面和高架车站以及线路轨道结构外边线外侧30m内为安全保护区,10m内为特别保护区;(三)出入口、风亭、冷却塔、控制中心、变电站、集中供冷站等建筑物、构筑物结构外边线和场段用地范围外侧10m内为安全保护区,5m内为特别保护区;(四)轨道交通过河、湖隧道外边线两侧各100m内为安全保护区,50m内为特别保护区

续上表

序号	城市	文件名称	颁布日期	条 款
19	郑州	郑州市城市轨道交通运营管理办法	2014.1.1	第二十八条 控制保护区范围按下列规定执行:(一)地下车站和隧道结构外边线外侧50m内;(二)地面车站和高架车站以及线路轨道结构外边线外侧30m内;(三)出入口、通风亭、变电站、控制中心等建筑物、构筑物结构外边线外侧10m内;(四)城市轨道交通过河(湖)隧道、桥梁结构外边线外侧100m内。 重点保护区范围按下列规定执行:(一)地下工程(车站、隧道等)结构外边线外侧10m内;(二)高架车站及高架线路工程结构水平投影外侧5m内;(三)地面车站及地面线路路堤或者路堑外边线外侧5m内;(四)出入口、通风亭、冷却塔、主变电站(所)、控制中心等建筑物、构筑物外边线和车辆段(停车场)用地范围外侧5m内;(五)城市轨道交通过河(湖)隧道、桥梁结构外边线外侧50m内
20	宁波	宁波市轨道交通建设管理办法	2014.5.30	第三十四条 在建线路和已建线路控制保护区范围如下:(一)地下车站和隧道结构外边线外侧50m内;(二)地面车站和地面线路、高架车站和高架线路结构外边线外侧30m内;(三)出入口、风亭、冷却塔、主变电所、残疾人直升电梯等建筑物、构筑物结构外边线和车辆段及停车场用地范围外侧10m内;(四)过江河、湖泊等水域的隧道结构外边线外侧100m内
21	南京	南京市轨道交通管理条例	2014.7.1	第十九条 本市设立轨道交通控制保护区和轨道交通特别保护区,保障轨道交通规划、建设的顺利进行和建成后的安全运营。控制保护区范围如下:(一)地下车站和隧道结构外边线外侧50m内;(二)地面车站和地面线路、高架车站和高架线路结构外边线外侧30m内;(三)出入口、通风亭、冷却塔、主变电所、残疾人直升电梯等建(构)筑物结构外边线和车辆基地用地范围外侧10m内;(四)轨道交通过江(河、湖)隧道结构外边线外侧100m内;(五)长江、秦淮河等地质条件复杂、存在安全隐患的漫滩地区,轨道交通结构外边线外侧150m内。 前款范围内设立特别保护区,具体范围如下:(一)地下车站和隧道结构外边线外侧5m内;(二)地面车站和地面线路、高架车站和高架线路结构外边线外侧3m内;(三)出入口、通风亭、冷却塔、主变电所、残疾人直升电梯等建(构)筑物结构外边线和车辆基地用地范围外侧5m内;(四)轨道交通过江(河、湖)隧道结构外边线外侧50m内;(五)长江、秦淮河等地质条件复杂、存在安全隐患的漫滩地区,轨道交通结构外边线外侧15m内
22	深圳	深圳市城市轨道交通运营管理办法	2015.9.1	第四十五条 【安全保护区】城市轨道交通设置安全保护区。安全保护区范围如下:(一)地下车站与隧道外边线外侧50m内;(二)地面车站和高架车站以及线路轨道外边线外侧30m内;(三)出入口、通风亭、变电站、跟随所、冷却塔等建筑物(构筑物)、设备外边线外侧10m内;(四)地铁专用电缆沟、架空线等供电设施以及室外给排水设施(含排水检查井、给水水表井、化粪池、消火栓、水泵接合器、给排水管道及阀门等)外侧10m内;(五)处于海洋、河流下面的地铁隧道外边线外侧100m内区域

续上表

序号	城市	文件名称	颁布日期	条　款
23	青岛	青岛市轨道交通条例	2015.12.16	第三十三条　轨道交通保护区分为控制保护区和特别保护区。控制保护区范围为:(一)出入口、通风亭、冷却塔、主变电所、直升电梯等建(构)筑物结构外边线外侧10m内;(二)地面车站和地面线路、高架车站和高架线路结构以及车辆基地用地范围外边线外侧30m内;(三)地下车站与隧道结构外边线外侧50m内;(四)轨道交通过海、过湖、过河隧道以及桥梁结构外边线外侧100m内。 特别保护区范围为:(一)地下工程(车站、隧道等)结构外边线外侧5m内;(二)高架车站及高架线路工程结构水平投影外侧3m内;(三)地面车站及地面线路路堤或者路堑外边线外侧3m内;(四)车辆段用地范围外侧3m内;(五)高压电缆沟水平投影外侧3m内;(六)出入口、通风亭、冷却塔、主变电所、直升电梯等建(构)筑物结构外边线和车辆基地用地范围外侧5m内;(七)轨道交通过海隧道外边线外侧50m内。控制保护区、特别保护区范围包括地上和地下
24	南昌	南昌市轨道交通条例	2015.12.26	第四十一条　本市设立轨道交通安全保护区,其范围如下:(一)地下车站和隧道结构外边线外侧50m内;(二)地面车站、高架车站以及线路轨道外边线外侧30m内;(三)出入口、通风亭、车辆段、控制中心、变电站、冷却塔等建(构)筑物结构外边线外侧10m内;(四)轨道交通过江、河、湖隧道结构外边线外侧150m内
25	福州	福州市轨道交通运营管理办法	2016.5.18	第二十四条　轨道交通设置控制保护区,保证轨道交通规划、建设顺利进行和建成后的安全运营。 规划线路控制保护区的范围为:以轨道规划线路中线为基线,每侧宽度为60m。 在建和建成的线路,控制保护区范围为:(一)地下车站和隧道结构外边线周边外侧50m内;(二)地面车站和高架车站以及线路轨道外边线外侧30m内;(三)出入口、风亭、冷却塔、主变电所、控制中心等建(构)筑物结构外边线以及车辆段(停车场)用地范围外侧10m内;(四)穿过闽江的隧道、桥梁结构外边线外侧100m内。 第二十五条　在轨道交通控制保护区内设立轨道交通特别保护区,特别保护区的范围如下:(一)地下车站和隧道结构外边线外侧5m内;(二)高架车站及高架线路工程结构水平投影外侧3m内;(三)地面车站及地面线路路堤或路堑边线外侧3m内;(四)出入口、风亭、冷却塔、主变电所、控制中心等建(构)筑物结构外边线以及车辆段(停车场)用地范围外侧5m内;(五)过江河、湖泊等水域的隧道、桥梁结构外边线外侧50m内;(六)高压电缆沟水平投影外侧3m内
26	南宁	南宁市城市轨道交通管理条例	2016.6.28	第二十一条　城市轨道交通保护区分为重点保护区和一般保护区,其范围分别为:(一)地下车站和隧道结构外边线外侧5m内为重点保护区,5~50m内为一般保护区;(二)地面车站、高架车站以及线路轨道外边线外侧5m内为重点保护区,5~30m内为一般保护区;(三)出入口(含连通道)、通风亭、控制中心、变电所、冷却塔、地面站房等建(构)筑物结构外边线和车辆段、停车场用地边界外侧5m内为重点保护区,5~10m内为一般保护区;(四)城市轨道交通过江(河、湖)隧道、桥梁结构外边线外侧50m内为重点保护区,50~100m内为一般保护区

《北京市轨道交通安全保护区施工作业安全监管暂行办法》(京轨道办发〔2015〕2 号)要求在轨道交通保护区范围内的穿越工程需要开展现状检测、专项设计、安全性影响评估、施工方案及应急预案、第三方监测方案等技术文件的编制。

结合近几年的实际情况,北京市制定了《穿越既有交通基础设施工程技术要求》(DB11/T 716—2010)、《穿越城市轨道交通设施检测评估及监测技术规范》(DB11/T 915—2012)、《城市轨道交通设施结构检测技术规程》(DB11/T 1167—2015)。这些规范对穿越轨道交通工程风险控制提出了相关的准则及要求,对穿越工程的风险控制起到了一定的技术保障作用。我们不难发现穿越工程建设中存在很大的风险,开展穿越工程风险控制与管理等方面的理论与实践应用的研究具有重大的意义。

1.4 本书主要内容

本书从穿越轨道交通工程风险识别、评价以及等级划分,轨道交通现状调查与检测,工程风险监测,风险分级控制措施等多个方面对穿越工程风险控制成套技术进行了全面的论述与解析。同时结合典型的工程案例,系统地阐述了风险控制技术在穿越工程中应用的方法及其成果。

(1)系统阐述穿越轨道交通工程的风险分析理论。从风险的辨识、风险等级的划分、风险的评价以及风险控制等方面展开论述。其中详细说明了基于穿越工程周围地质环境受扰程度将穿越工程分为四类影响区域,结合风险辨识结果将穿越工程的风险等级划分为四级的穿越工程风险管理方法。

(2)全面总结轨道交通现状调查与检测方法。从轨道交通现状调查与检测的定义、内容、方法以及结果判定等方面展开论述。其中系统说明了轨道交通在不同的风险等级下不同结构形式的主要检测内容、技术和方法,同时针对轨道交通结构常见病害提出了具体的养护维修建议及方法。

(3)详细论述穿越轨道交通工程风险监测理论。从风险监测的定义、方法、数据采集及处理、风险应急预案等方面展开论述。其中重点论述了不同轨道交通结构监测的方法,监测数据的处理和预测技术,以及典型施工方法的应急措施。

(4)选取新近典型的穿越轨道交通工程案例,全面、系统地对穿越工程风险控制成套技术进行了论述与解析,同时也通过该工程最终风险控制的成果证明了技术的可行性、可靠性。

第2章　穿越轨道交通工程风险分析及等级划分

穿越工程风险分析以及等级划分的目的是便于风险决策与管理，为风险评价提供参考，指导穿越工程施工方案的确定，最大限度地降低穿越工程施工对轨道交通运营的影响，为轨道交通运营管理部门在保证安全运营的前提下进行科学决策提供理论依据。

2.1　风险分析概述

风险是对各种因素造成未来结果所具有不确定性规律的一种描述。风险分析主要通过风险辨识、风险估计和风险评价对系统中各风险进行评判。

2.1.1　风险分析的概念

风险分析是风险辨识、风险估计和风险评价的全过程，即采用定性或定量的方法分析安全风险发生的本质。其内容包括查明项目活动在哪些方面、哪些地方、什么时候可能会隐藏着风险，查明之后要对风险进行量化，确定各风险的大小以及轻重缓急。

1）风险辨识

风险辨识是指对给定系统进行危险辨识，寻找全部危险源或发生危险的原因。通常可列出风险来源表，将风险进行分类或分组，陈述风险的特征。当然，风险辨识的目的是找出主要的风险因素，如果将所有风险因素全部考虑，则问题将过于复杂，无法量化。

2）风险估计

风险估计是指应用相关理论和方法对风险发生的概率进行定性或定量的估测，并估算在特定风险条件下，可能遭受的损失程度。损失程度大小要从性质、范围和时间分布这三个方面来衡量。风险估计的方法有客观和主观两种：客观的风险估计以历史数据和资料为依据；主观的风险估计是在无历史数据和资料可参考，无法用试验或统计的方法来验证其正确性的情况下，根据经验判断、估计风险。由于客观世界的复杂性，实践中也常常采用客观估计与主观估计相结合的办法进行风险估计。

3）风险评价

风险评价是指在风险估计的基础上，对风险值进行排序，同时制定相应的风险评价标准，划定风险等级，用以判断该系统的风险是否可被接受，是否需要采取相应措施。

国际隧道协会主席瑟伦·D·埃克森在《国际隧道风险管理指南》中给出了通过风险矩阵（表2-1）来确定风险级别的样例，展示了典型的风险分类定性分析方法，为可以接受的危险提供了一个可判别的基础，但也需要强调对于每个特定的工程须考虑特殊的风险准则，制定相应的风险分类系统。

风险矩阵 表2-1

发生概率	后果严重程度				
	灾难性	巨大	严重	可接受	不重要
很可能	不接受	不接受	不接受	不希望	不希望
可能	不接受	不接受	不希望	不希望	可接受
偶尔	不接受	不希望	不希望	可接受	可接受
不可能	不希望	不希望	可接受	可接受	可忽略
很不可能	不希望	可接受	可接受	可忽略	可忽略

对发生概率和后果严重程度定性描述后，便可以判定相应的风险等级。要对每个风险采取相应的控制措施，首先要看它们属于哪一个风险等级，分为“不接受”“不希望”“可接受”“可忽略”。各种情况下所采取的相应措施见表2-2。

风险接受准则 表2-2

风险等级	接受准则	措施
极高	不接受	不惜代价采取措施控制风险的发生，至少把风险控制到“不希望发生”程度
高度	不希望	必须采取风险处理措施，加强监测，但降低风险的成本不高于风险发生的损失
中度	可接受	通过工程本身管理风险，一般不采取风险处理措施，但须予以监测
低度	可忽略	不用考虑会涉及的危险，不采取风险处理和监测措施

2.1.2 风险分析的方法

目前工程风险分析的方法有许多种，但每种方法有其各自的特点和适用范围，因此，应根据工程的特点找出适用的分析方法。一般来说，风险分析的方法按量化程度分为定性分析法、半定量分析法、定量分析法和综合分析法四大类。

1）定性分析法

风险的定性分析方法一般是通过参与评价人员的知识及经验对工程风险进行评估。常用的定性分析法包括以下几种：

（1）专家评议法

专家评议法是运用专家在专业理论上较深的造诣和丰富的工程经验，根据工程现状及发展趋势，对工程的未来进行预测、分析的方法。其方法简单易行，得到的结论较为正确全面，可以对模糊、不确定的问题作出较为准确的回答。但结果也易受主观因素影响，从而产生偏差，偏于保守。

目前，国内的工程方案在进行技术论证时多数采用了专家评议的方法，有效地降低了风险。

（2）专家调查法

专家调查法，本质上是一种匿名反馈函询法，是用函询的方法来征求专家的意见，从而进行风险分析的方法。该方法将多数人的意见和少数人的意见都包括在内，避免了一般归纳法不全面的缺点。

通过对各位专家的意见进行统计分析，再将分析的结果反馈给各位专家，有利于专家进一步完善自己的意见,而使分析的结果更加客观准确。但由于信息的不断反复,使得该方法的持续时间比较长,费用也相应较高。

2)半定量分析法

(1)事故树法

事故树法是可以描述事故因果关系的有向逻辑树,是一种演绎的风险分析法。主要是以树状图的形式表示所有可能引起主要事件发生的次要事件,以此来表示风险因素的聚集过程。

这种方法可以对导致灾害事故的各种因素及逻辑关系作出全面、简洁的描述,不仅能分析出事故的直接原因,还能深入地揭示出事故的潜在原因,为设计、施工提供科学的依据。但其步骤较多,计算复杂,适合于复杂性较大的系统,常用于直接经验较少的风险分析。

(2)事件树法

事件树法起源于决策树分析,是一种按事故发展的时间顺序由初始事件开始推论可能的后果,从而进行风险分析的方法。

事件树法是一种图解形式,层次清楚、阶段明显,可进行多阶段、多因素复杂事件动态发展过程的分析,预测系统中事故发生的趋势。但国内外分析的数据较少,进行定量分析还有大量的工作要做,大系统分析时容易产生遗漏和错误,不适用于详细分析。常用于分析系统故障、设备失效、工艺异常等风险。

(3)影响图法

影响图是由结点和有向弧组成的无环路的有向图,结点代表所研究问题中的主要变量,有向弧表示变量间的各种相互关系。它是根据决策者对问题的描述,结合专家的知识表示问题结构的一种直观图形,在图中明确地揭示出变量间的关系,尤其是变量间的条件独立和信息流向。

影响图能够明显地表示一个决策分析问题中变量之间的条件独立关系、时序关系、信息关系和概率关系,适合决策者认识问题的思维过程,便于使用计算机存储信息和操作处理,但节点边缘概率和节点间的条件概率难以获得,适用于较大的系统分析。

(4)风险矩阵法

风险矩阵法是将风险事件的两种因素——风险的严重程度和发生概率划分为相对的等级,形成一种风险评价的矩阵,再赋予一定的权重值来定性分析风险的大小。

风险矩阵法根据层次按次序揭示系统中的风险,便于按轻重缓急采取相应的措施,适合现场操作。但主观性较强,如果经验不足,会给分析带来麻烦。该方法可以根据需求,依据工程经验和数据资料对风险等级划分进行修改,使其适用于不同的风险分析。

3)定量分析法

定量分析一般是根据数据资料,按照相关标准,应用科学的方法构造数学模型进行定量化评价的一类方法。常见的方法包括以下几种:

(1)层次分析法

层次分析法是将与决策有关的元素分解成目标、准则、方案等层次,并比较各因素之间权重的大小,在此基础之上进行定量分析的风险分析方法,其可以将问题分解为不同的因素并按不同的层次进行组合,形成一个多层次的结构分析模型。它可以将定性因素进行定量,一定程度上减少主观影响,使评价更加科学化。

(2)蒙特卡罗法

蒙特卡罗法是使用随机数来解决很多计算问题的方法,它经常应用于估计经济风险或者工程风险。它的基本思想是为了求解一个问题,首先建立一个随机过程或者概率模型,将问题的解设定为它的参数,然后通过对过程或者模型的抽样试验或观察来计算所要求参数的统计特征,并给出所求解的近似值。

蒙特卡罗法考虑的变量数目不受限制,可以使每一个风险因素得到具体而量化的表述,能有效、准确地对风险进行定量评估,并大大简化复杂问题的计算过程,显著提高计算效率。但由于取得每组数据都需要一次计算,计算较为复杂,计算机运算的时间较长,费用也相对较大。因此,蒙特卡罗法一般只用在较为精细的系统分析中。

(3)模糊数学法

模糊数学法是一种基于模糊数学的风险分析方法,该方法根据模糊数学的隶属度理论把定性分析转化为定量分析,即用模糊数学对受到多种因素制约的风险做出一个总体的评价分析。

工程项目中的许多风险因素很难用准确的数字加以量化,但可以根据工程经验和专家知识描述出它们的性质及可能产生的风险,所以采用模糊理论来衡量风险更具有现实意义。模糊数学法隶属度的确定、评价因素对评价对象的权重确定存在主观性,致使计算结果也存在较大的主观性,同时对于多层次、多因素的评价计算比较复杂,难度较大。

4)综合分析法

(1)模糊层次综合法

模糊层次综合法同时拥有了层次分析法和模糊数学法的优点,克服了模糊数学法中评价因素对评价对象权重确定过程中主观性的影响。

(2)模糊事故树分析法

模糊事故树分析法同时拥有了事故树法和模糊数学法的优点,避免了对统计数据的依赖性,更适用于缺乏基本统计数据的风险分析项目。

2.1.3　风险分析的依据

穿越轨道工程风险分析应以具体情况为基础,以国家法规、技术标准为依据,遵循科学性、公正性、合法性、针对性原则,对穿越轨道交通工程的风险进行全面、仔细、深入的分析。

其风险分析的主要依据包括规范类依据、工程类依据两个方面。

1)规范类依据

针对轨道工程,风险分析当中通常作为参考的依据是现行的国家标准、地方标准和规定以及企业标准,主要包括:

(1)国家及行业相关规定及标准,如《铁路安全管理条例》(国务院令第 639 条)、《城市轨道交通运营管理办法》(建设部令第 140 号)、《铁路营业线施工安全管理规定》(铁办〔2012〕280 号)、《地铁设计规范》(GB 50157—2013)、《城市轨道交通结构安全保护技术规范》(CJJ/T 202—2013),以及国家铁路部门制定的相关行业标准等。

(2)地方规定和标准,如《北京市轨道交通安全保护区施工作业安全监管暂行办法》(京轨道办〔2015〕2号）、《北京市轨道交通运营安全条例》、《城市轨道交通工程设计规范》（DB11/995—2013）、《上海市轨道交通运营安全管理办法》、《广州市城市轨道交通管理条例》等各城市的管理规定，《城市轨道交通设施养护维修技术规范》（DB11/T 718—2010）等地方标准。

（3）企业标准，如《北京铁路局营业线施工安全管理实施细则》（京铁师〔2012〕755号）、《北京市地铁运营有限公司企业标准技术标准·工务维修规则》[QB(J)/BDY(A)XL003—2015]、《线路检查作业工作指引》（京港地铁 WI-OP-PW-001）等运营单位的相关标准。

2）工程类依据

开展具体的穿越轨道交通工程风险分析之前，需要获取必要的资料与信息，作为风险分析开始的条件与依据。

（1）新建工程资料

新建工程相关资料包括以下两个方面：

①新建工程专项设计资料。

包括新建工程的结构尺寸，新建工程与既有轨道交通结构的相对位置关系以及可能会对既有轨道交通结构产生影响的施工方法、施工工序等相关资料。

②地质勘查资料。

包括工程地质条件（地质土层的分布情况以及各土层的特性参数等）以及水文地质条件（地下水情况等），能够说明影响设计、施工并可能造成安全性影响或风险的不良或特殊地质条件、岩土参数、地下水条件、地质变化等因素的地质资料。

除此之外，还需要新建与既有轨道交通周边环境相关资料，能够说明设计、施工或需要实施保护的周边建（构）筑物、道路、地下管线、既有交通设施等相关资料。

（2）既有工程资料

包括在穿越段的既有轨道交通设计竣工图纸（永久和临时结构的设计）以及相关结构的现状调查与检测结果。

①轨道结构调查。

穿越轨道交通工程风险分析工作应对既有轨道交通轨道结构的概况及相关技术资料进行调查，调查内容包括轨道结构概况调查、轨道结构技术资料调查。

a. 轨道结构资料。

i. 轨道结构和部件类型及状态：轨道结构类型（有砟轨道，无砟轨道等）、轨道部件类型（钢轨、轨枕、扣件、道床、道岔、轨道加强设备状况，整体道床状态）。

ii. 轨道平纵断面：轨道结构所处的平、纵断面位置（直线，曲线）、坡度等。

iii. 无缝线路相关资料：无缝线路的锁定轨温、长轨节布置、钢轨焊接状况、防爬设备及观测桩、有无伸缩调节器、穿越工程实施时的轨温资料。

iv. 轨道维修状况：大中修状况，轨道部件更换状况。

b. 施工及养护维修技术资料。

既有轨道结构技术档案主要包括建造、大修和加固的设计文件，施工记录，设计变更，施工总结，监理总结，竣工资料，预制构件的出场合格证书，材料试验及抽检资料，日常养护维修资料，定期检测及有关资料等。

②线路基础结构调查。

既有轨道交通根据所处的空间位置，可分为地下线、地面线以及高架线，这就使得轨道交通存在三种不同形式的结构，即隧道、路基、桥梁。在施工穿越上述三种不同的结构形式时，对结构的影响会有不同，因此有必要分别考虑所需的资料。

a. 隧道段。

i. 隧道位置、埋深及周围的水文、地质、气象和地震等资料。

ii. 设计资料。隧道功能、隧道设计限界，抗浮设计，隧道内线路技术等级，设计列车车速，隧道设计荷载等级，抗震设防水平，基本风速，温度与湿度环境等。

iii. 区间隧道技术资料。包括建造、大修和加固的设计文件，施工记录，设计变更及隐蔽工程检验，施工总结，监理总结，竣工资料，预制构件的出场合格证书，材料试验及抽检资料，日常养护维修资料，定期检测及有关资料等。

b. 路基段。

i. 线路概况调查。线路位置、路基填筑形式以及线路周围的水文、地质等情况。

ii. 线路技术资料调查。线路功能、路基埋深、断面尺寸、设计行车速度、线路设计。

iii. 荷载等级，平、纵断面情况，抗震设防水平，温度与湿度环境等。

iv. 线路使用状况调查。包括运营中的路基排水、路基沉降、加固维修情况及建设年代等。

c. 桥梁段。

i. 桥位及自然条件。桥位处的水文、地质、气象和地震等情况，以及桥全长、桥型及跨径组成。

ii. 设计资料。桥梁功能，桥上线路技术等级，桥上设计列车车速，桥面净宽，桥梁设计荷载等级，抗震设防烈度，基本风速，环境温度变化等。

iii. 区间桥梁技术资料。包括建造、大修和加固的设计文件，施工记录，设计变更及隐蔽工程检验，施工总结，监理总结，竣工资料，预制构件的出场合格证书，材料试验及抽检资料，日常养护维修资料，定期检测及有关资料等。

③运营条件。

包括列车类型、列车轴重、行车速度、行车密度。

2.1.4 风险分析的作用

通过对工程进行风险分析，不仅可以更准确地认识风险，而且可以保证目标规划的合理性和计划的可行性，从而制订合理的风险应对措施。风险分析的作用可分为三方面：

1）风险分析进一步规范和深化施工图专项设计

施工图专项设计应在风险分析的基础上，对初步专项设计进行深化设计。

遇到下列条件之一时，施工图专项设计范围可适当扩大：

(1)复杂工程地质及水文地质条件。

(2)降水对既有轨道交通设施影响较大。

(3)穿越工程结构复杂或采取新工法。

(4)影响范围内包含部分曲线线路时，应延伸至整条曲线。

(5)既有轨道交通设施复杂或有重要设备。

(6)穿越工程既有结构为盾构隧道。

(7)新建工程为深大基坑、大断面隧道或车站。

施工图专项设计应确定穿越工程与既有轨道交通设施的空间关系、施工工法及工艺、参数,绘制相应的平面图、断面图、施工工序图、主要施工工艺图等,进行施工风险分析并提出应防范的风险点和防范措施。

施工图专项设计应提出对地下水处理措施、管线保护措施、施工工法及工艺、既有轨道交通设施的加固或拆改移、轨道防护、监测等技术要求,同时提出配合穿越工程的运营组织与管理要求。

对既有轨道交通设施或其周边地层进行加固时,应提出加固的范围、工艺、措施、主要技术指标、预期效果等。

对预测轨道结构变形超过1mm以上影响区需要进行轨道专项防护措施。对轨道交通设施进行轨道防护时,防护设计的主要内容应包括轨道概况介绍、防护范围、预防性措施、轨道几何状态调整措施、道床结构整治措施、施工作业警示范围、防护周期、监测范围、监测内容及手段、测点布设要求、监测频率、监测周期及控制指标。

对轨道交通设施的周边管线进行改移时,施工图专项设计的主要内容应包括管线改移前后与轨道交通设施的位置关系、新管线的施工方法及工序安排。

对轨道交通设施进行监测时,施工图专项设计应根据风险分析结果,提出监测的范围、对象、项目、方法、测点布置、精度、频率及周期、监测控制值 U_0 及分步控制值等。

2)风险分析进一步完善施工措施

施工方是工程的实施者,施工的质量与过程控制对穿越轨道交通的结构及轨道的安全尤其重要,风险分析通常是在基于正常、可靠的施工前提下,结合不同工程的特点及其对轨道交通运营安全的影响程度,提出有针对性的施工要求,施工过程中必须严格遵守,以确保穿越工程中既有结构及轨道的安全。

根据风险分析的结论,应该对施工提出相应的建议,使得施工过程满足一定的技术要求:

(1)穿越工程施工单位应根据施工图专项设计,结合工程所处地质条件、水文条件和周边环境状况,及既有轨道交通运营状况,编制施工方案。

(2)施工方案应包括施工进度、人员、物资、设备等的安排,降水、管线改移、轨道防护、施工工法及工艺等的具体施工措施,施工监测及巡视范围实施方案,既有轨道交通设施的保护措施和安全应急预案。同时根据风险分析结论的要求对既有的轨道交通设施进行预加固处理。

(3)施工方案应满足风险分析、施工图专项设计的要求。

(4)施工方案应针对施工图专项设计提出的风险点和防范措施给出具体的施工措施及保障措施。

(5)施工前应对穿越工程影响范围内的不良地质分布、管线分布及渗漏水情况进行探查,并对施工方案进行必要的调整。

3)风险分析最终确定监测范围及其控制值

根据对既有轨道交通安全风险分析,通过三维有限元或有限差分计算模拟,得出既有轨道交通可能产生的变形大小以及变形趋势,并综合考虑施工、列车振动对轨道结构的影响,地方规范要求以及轨道运营单位需求,根据分析结论和工程实际特点,同时依据现有常规测量仪器的监测精度,确定变形控制值。

2.2 风险辨识

新建工程穿越既有轨道交通工程施工时,不可避免地会引起周围地层的变形以及地表的沉降,进而会对邻近的建(构)筑物产生影响。新建工程施工对既有轨道交通工程的影响因素主要集中在新建工程情况、工程及水文地质条件和既有工程现状三部分,如图2-1所示。

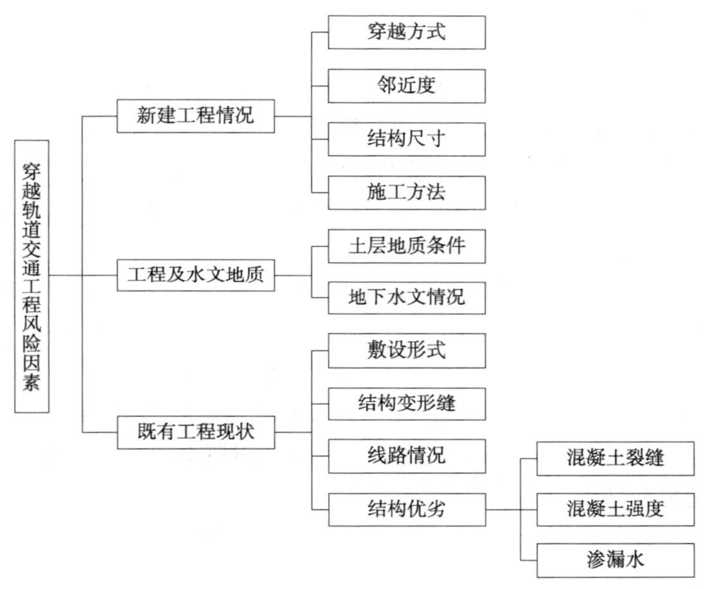

图2-1 穿越轨道交通工程影响因素示意图

2.2.1 新建工程情况

1)穿越方式

既有轨道交通工程结构变形的根本原因是新建工程的施工导致既有结构周围土体松弛,产生应力释放,周边岩土产生弹塑性变形,形成二次应力状态,导致既有结构变形,影响轨道交通的正常安全运营,严重的导致运营事故发生。

新建工程与既有结构的相互位置关系(即穿越方式)不同,工程施工所产生的二次应力状态不同,既有结构所受影响也不同。

对于隧道工程,新建隧道工程穿越既有结构时,由于卸载作用,既有结构周边围岩松弛,向新建隧道方向发生拉伸变形,在新旧隧道交叉处既有结构的变形最大,两侧变形逐渐递减,直至影响范围外变形值为零。

对于上穿而言,对既有隧道的影响主要来源于新建隧道开挖引起的底部土体隆起变形,如果二者距离较小,土体的隆起变形可能引起既有线的局部隆起,进而引起轨道的不平顺,影响列车的运营。对于下穿而言,对既有隧道的影响主要来源于新建隧道的拱顶下沉,既有隧道会随着地层沉降槽的变形趋势发生沉降变形，由于轨道结构和隧道结构的刚度大小不同，故轨道结构和隧道结构的沉降变形存在差异，若二者差异沉降过大则会引起道床剥离等情况，影响列车的安全运营。当新建工程位于既有结构中线水平面以上时，对既有结构的影响较位于下方要小，同时新旧两结构正交时要比斜交影响小。

对于基坑工程，当在既有结构上方基坑开挖时，由于结构上方土压卸除，从既有受力来看，结构上方竖向力减小，从而产生向上的变形；当上方开挖基坑中心线与既有结构断面中心线不对称时，既有结构衬砌还会受到偏压作用。

当所开挖的基坑工程位于既有结构侧面时，同样由于卸载作用使得既有结构产生变形，向着开挖方向产生一定的变形。

2）邻近度与新建结构尺寸

邻近度一般情况下是指既有结构外缘距新建工程的最小距离，在穿越既有轨道交通风险分析中，主要以轨行区轨道结构的变形和非轨行区设备的变形为基准，因此将邻近度定义为新建结构外侧距轨行区轨道结构和非轨行区设备区的距离，即上穿工程取新建工程底板至既有结构顶板的距离，下穿工程取新建工程顶板至既有结构底板的距离，侧方基坑工程取既有结构断面至临空面的距离。

新建地下工程施工造成地层扰动，继而通过夹层土体的作用传递至既有轨道交通结构。根据地层应力状态分析，地层受到扰动后，即新建工程开挖后，周围土体受到影响，产生弹塑性变形。当新建工程施工引起围岩应力重分布后，围岩仍然处于弹性状态，说明围岩仍有较强的强度，既有轨道交通结构因施工所造成的受力情况变化较小；当工程施工导致围岩出现塑性区，并且塑性区与既有轨道交通结构连通时，就会对既有结构产生较大的影响，使既有结构承受较大的受力与变形。

无论是新旧隧道并行或者交叉，当新建工程上穿既有隧道工程时，影响区范围都小于下穿工程，其具体影响程度与邻近度和新建结构尺寸有关。基坑开挖工程施工中，既有结构受到的影响主要与邻近度、既有结构埋深和既有结构尺寸有关，而邻近度是影响既有轨道交通结构的主要因素。

3）施工方法

在地下工程的施工方法中，可将其分为明挖法、暗挖法和非开挖技术三大类，其中明挖法又分为明挖顺作法、盖挖法（盖挖顺作法、盖挖逆作法和盖挖半逆作法）等，暗挖法包括浅埋暗挖法、盾构法和全断面掘进机法，非开挖技术包括顶管法、夯管法、钻进法等。

明挖法是早期构建城市地下工程的常用施工方法，具有施工作业面多、速度快、工期短、易保证质量、造价较低等优点，因此在地面交通和环境条件允许的前提下应尽可能采用。但随着地面建筑的发展，对于环境等要求已经提高，因此在大型城市中，明挖法已有被暗挖法取代的趋势。暗挖法的优点是可以基本上不会对地面造成破坏，开挖深度较深。非开挖技术指通过导向和钻进等技术手段，敷设、更换和修复各种地下管线的施工新技术，其施工对于地表干扰较小，因此具有较高的社会经济效果。非开挖技术彻底解决了管道埋设施工中对既有结构物的破坏和道路交通的堵塞等难题，在稳定土层和环境保护方面凸显其优势。

无论采取何种施工方法，都会产生对地层的扰动，造成邻近既有轨道交通工程结构的变形。针对以往施工经验，重点对明挖法、浅埋暗挖法、盾构法和顶管法等隧道工程中常用的一些工法进行分析。

(1)明挖法

明挖法是指先将要修建结构物处的土体挖除,结构物修建完成后,再进行土体回填,恢复地面的一种施工方法。

对于明挖法施工地下工程来说,其边坡稳定的计算和围护结构的设计以及基坑稳定性计算是设计中的重点,也是保证其邻近轨道交通工程结构稳定性的重要环节。根据所挖基坑是否设置围护结构,又将明挖法分为放坡开挖基坑和有围护结构基坑两类。

明挖法由于其施工特点,都位于既有隧道的上方或者侧方,在支护手段较好的情况下,能够保证既有轨道交通工程变形处于较小水平。但其施工过程中需要破坏地表,中断交通,所需拆迁面积较大,同时其施工过程对于城市及周边居民的生活和工作带来众多噪声和振动等污染。该方法适合在无人、无交通和管线较少的地方使用。

(2)浅埋暗挖法

浅埋暗挖法是在近地表的地下进行各种类型地下洞室暗挖施工的一种方法,其沿用了新奥法的基本原理,新奥法的力学原理属于地层结构法。认为地下结构周围的地层不仅对衬砌结构产生荷载,而且其自身也能承受荷载,地下结构安全与否,首先取决于周围地层是否保持稳定状态,衬砌结构的作用主要是在隧道结构围岩应力重分布的过程中对周围地层提供必要的支撑,与地层一起组成共同受力的整体,以保持隧道结构的稳定。

浅埋暗挖法施工适用于地层岩性较差、工程埋深较浅、有地下水存在、周围环境复杂等环境。浅埋暗挖法施工的地下洞室具有埋深浅(最小覆跨比可达0.2)、地层岩性差(通常为第四纪软弱地层)、存在地下水(需降低地下水位)、周围环境复杂(邻近既有建、构筑物)等特点。其主要施工点可以概括为“管超前、严注浆、短进尺、强支护、早封闭、勤量测”18字方针。初次支护按承担全部基本荷载设计,二次模筑衬砌作为安全储备;初次支护和二次衬砌共同承担特殊荷载。

浅埋暗挖法应遵循的原则:

①应结合工程环境条件、隧道本身的安全等级综合制定地表沉降控制基准值。

②综合地表沉降、施工安全、工期、造价等因素,选定开挖工法。

③强调采用预加固措施(超前管棚、锚杆、注浆、冷冻等)。

④隧道支护应考虑时间和空间效应。

⑤隧道开挖后应尽早提供具有足够刚度和早强的初期支护,以控制围岩变形。

⑥尽早施作仰拱、封闭成环,仰拱距工作面的距离越近越好,最大不宜大于1倍洞径。

⑦一般情况下二次衬砌在围岩和初期支护变形基本稳定后施作,但在采取辅助措施后,尚未满足稳定性要求的,则可提前施作二次衬砌(由于浅埋隧道荷载较明确,提前施作二次衬砌是可能的)。

⑧加强监控量测及时信息反馈,及时调整支护参数。

⑨衬砌形式应采用复合式衬砌形式。

实践证明,采用合理的支护技术和施工工艺,浅埋暗挖法可以安全地建设地下工程,并且可以将土层扰动和沉降控制在设计要求范围内。由于其具有成本较低、对周边环境影响较小、施工较灵活等特点,在城市地下工程的施工中得到广泛应用。

(3)盾构法

盾构法施工始于英国,发展于日本、德国。自从1825年布鲁诺尔在伦敦泰晤士河下使用矩形盾构开始修建第一条盾构法隧道以来,盾构法施工已有190年的历史。

我国自20世纪50年代开始涉足盾构法修建隧道和管道工程,随着近年盾构施工技术水平和盾构国产化率的不断提高,盾构法施工也显示出强大的优势。随着我国对工程建设项目综合效益的要求和环境保护意识的提高,在建筑物密集的繁华市区和特殊地质地形区段普遍要求采用浅埋暗挖法和盾构法。

盾构法具有对周围环境影响小、自动化程度高、施工快速、优质高效、安全环保等优点。随着长距离、大直径、大埋深、复杂断面盾构施工技术的不断发展和成熟,盾构法逐渐受到重视和青睐。特别是在地层条件差、地质情况复杂、地下水位高等情况下,盾构法更具有明显的优越性。但盾构法施工有其自身独特的技术特点,盾构与常规设备不同,是根据具体施工对象"量身定做"的特种设备,盾构的设计与施工必须与工程地质状况紧密结合,与工程量的长度、经济合理性相匹配,才能充分发挥盾构法"快"的优势,真正保证盾构法施工的工程质量和安全。

但盾构法也存在一些缺点,盾构中使用的盾构机安装工期较长,设备昂贵,工程前期造价较高;需要一定的覆土厚度,否则造成施工困难;目前多为圆形断面,对断面尺寸多变的区段适应能力较差。

盾构机按照分隔掘削面和作业舱的隔板的组合形式可以分为全敞开式、部分敞开式、闭胸式三类。

全敞开式盾构不设隔板,其特点是掘削面敞开。掘削土体的形式可为手掘式、半机械式、机械式三种。

盾构施工引起地表变形的原因有很多,但其机理不尽相同。

①开挖时土压力、水压力以及压力舱压力不平衡。

土压平衡盾构机以及泥水盾构机在施工过程中,排土量与推进量难以平衡控制,导致土压、水压以及压力舱压力控制的不均衡,进而引起地表的沉降(图2-2)或是隆起(图2-3)。究其原因是开挖面的应力释放、附加应力引起的弹塑性变形。

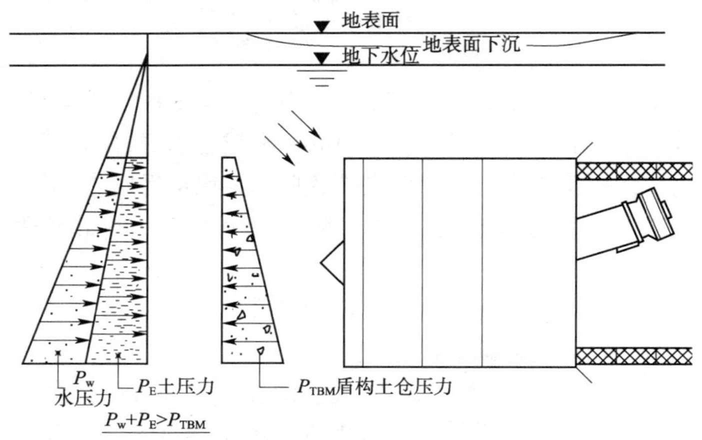

图2-2 $P_w+P_E>P_{TBM}$

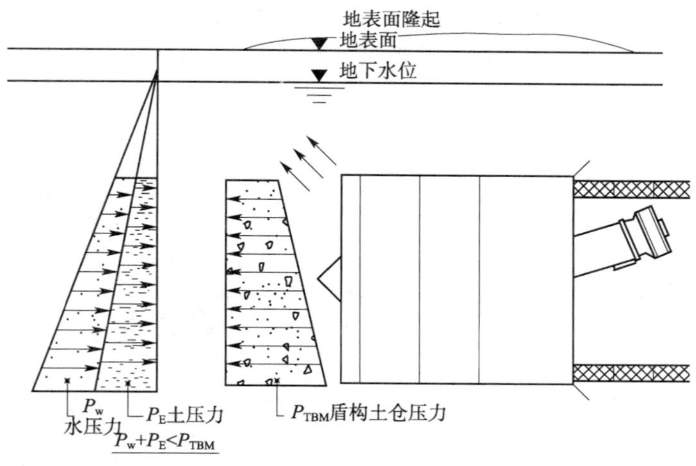

图 2-3　$P_w + P_E < P_{TBM}$

②盾构推进时对土体的扰动。

盾构机在推进的过程中，壳体会与周围的土体产生摩擦，产生扰动，从而引起地面的隆沉。尤其是对盾构的蛇形修正和曲线地段的推进所进行的超挖是土体受扰的主要原因。

③盾尾空隙。

盾尾间隙主要是保证管片的安装和蛇形修正时的最小富余量，同时考虑盾构施工中的一些不可预见因素。盾尾的间隙一般为 15 ~ 40mm。如果壁后补浆不充分，产生盾尾空隙，使周围的土体朝盾尾空隙变形而导致地表的沉降。所以壁后注浆的材料、注入时间、压力等关键参数会直接影响变形程度。而且如果壁后注浆压力过大，尤其是在黏性土地层中，会导致地表的隆起。

④盾构管片的变形。

当管片之间连接螺栓紧固不充分时，容易产生管环的变形，致使盾尾脱出后，外力不均使管片变形，导致地表的沉降。

⑤地下水位的变化。

由于开挖面的涌水、管片的漏水，导致地下水位下降，土体的有效应力增加，产生固结沉降，致使地表下沉。

在国内隧道盾构法施工中，最常用的盾构机类型为土压平衡盾构和泥水盾构（图 2-4），而在北京地区大部分的地铁盾构隧道往往采用土压平衡盾构，在北京站—北京西站地下直径线（国铁）建设过程中首次采用了大直径的泥水盾构穿越多处特级风险源。同时随着盾构机技术的发展，适应地层范围更广的混合式盾构机也逐渐在软硬交替的复合地层中得到了应用。

盾构机形式的选择主要以保持开挖面稳定为基本出发点，针对不同工程的特点，综合考虑土质、地下水、用地环境以及安全性、经济性等多种因素，制订针对性的方案。

土压平衡盾构主要适用于含水量和粒度组成比较适中的粉土、黏土、砂质粉土、砂质黏土、夹砂粉黏土等土砂可以直接从掘削面流入土舱及螺旋排土器的土质。针对地层的属性不同，土压平衡盾构又可分为土压式和加泥式两种，其中加泥式盾构适用范围较广。土压平衡盾构通过控制开挖推进速度、螺旋输送机的速度，对出土量和渣土塑性流动性的调整，形成压力梯降，调控土仓压力，从而控制开挖面的稳定性，减少对周围环境的扰动。当地层的含砂量过大，土仓内渣土的流塑性变差时，需要及时向土仓内注水、泥浆、泡沫等改良材料，对渣土进行改良。

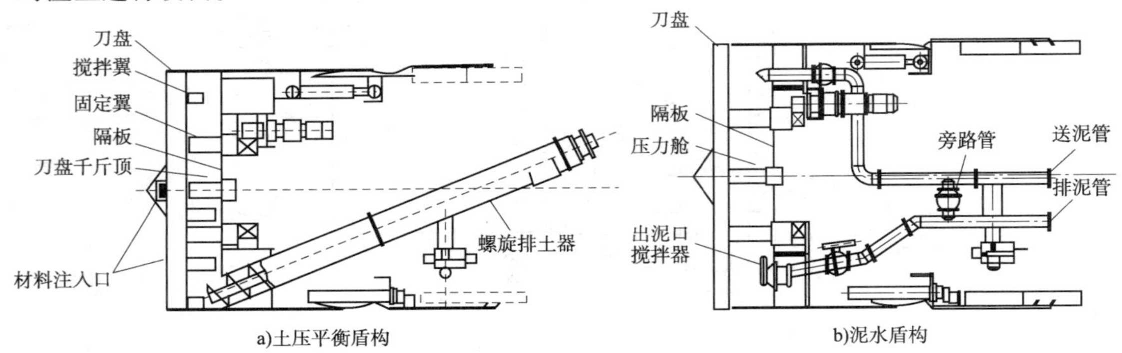

图 2-4　常用的盾构机

泥水盾构通过施加略高于开挖面水土压力的泥浆压力及其泥浆状态来保持开挖面的稳定，适用于高水压条件下的施工。泥水盾构开挖面上会形成一层不透水的泥膜，通过泥膜和泥水压力共同抵抗水压。一般适用于冲积形成砂砾、砂、粉砂、黏土层、弱固结的互层地基以及含水量高、开挖面不稳定的地层；洪积形成的砂砾、砂、粉砂、黏土层以及含水量很高、固结松散易于发生涌水破坏的地层，是一种适用于多种土质条件的盾构形式。针对泥浆压力控制方式的不同，泥水盾构又可分为直接控制型和间接控制型。其中间接控制型为双仓结构，通过压缩空气对泥浆压力实现精确控制，压力的波动可以控制在 $\pm(1\sim2)\times10^4$Pa。相对土压平衡盾构而言，泥水盾构的开挖面处于完全封闭的状态，安全性较高，对周围的环境影响较小，同时通过精确的泥浆压力控制，保持进、排泥量的动态平衡，可有效地控制地层的沉降。但是泥水盾构需要较大的泥水处理场地，增加了泥水的制作、输送和分离的设备，费用较高。

一般而言，当地层水压大于 0.3MPa、透水系数大于 10^{-4}m/s 时，应考虑采用泥水盾构，此时土压平衡盾构难以形成土塞效应，易发生渣土的喷涌现象，难以控制土仓压力，致使开挖面坍塌。如若采用土压平衡盾构，则应考虑二级螺旋输送机、增大输送机长度或是采取保压泵等保压措施，保证合理的土仓压力。

(4)顶管法

当浅埋城市隧道工程需要穿越地面铁路、城市轨道交通、交叉路口或地面建筑物密集、地下管线纵横地区，为保证交通不致中断和行车安全，可采用顶管法施工。

顶管施工是继盾构法施工后兴起的一种地下隧道工程的施工方法，其施工过程不需要开挖面层。顶管法施工是在作好的工作坑内预制钢筋混凝土隧道结构，待其达到强度后借助主顶油缸等的推力，把工具管或掘进机从工作井内穿过土层一直推到设计位置处吊起，将结构顶推至设计位置。

顶管法与盾构法相比，顶管法是所受推力来自工作井内的分组千斤顶，因此，在顶管过程中，随着管道长度的增加所需顶推力增加。为克服长距离顶管过程中顶力不足，需要在顶推线路中设置中继接力间或采取其他减少摩阻力措施。除了盾构法所具有的优点外，顶管法还具有诸多优点——管段为提前预制，结构强度容易保持，同时由于接缝较少，因此防水性能较强；管道纵向受力性能较好，能适应地层的变形；工序比较简单，不需要进行二次衬砌作业。

不同的施工方法对于既有轨道交通工程结构的影响程度不同，应详细掌握各种施工方法与周围地质水文条件，综合分析其安全性、经济性等要求。一般情况下来看，明挖法施工，主要有基坑支撑失稳、断桩、管涌等工程风险；暗挖法施工，主要有洞内塌方、地面沉陷、涌水等工程风险；盾构法施工，主要有盾构机故障停机、换刀、俯仰、蛇形、泥水压力过大导致地面隆起等工程风险。将上述几种施工方法进行对比分析，见表2-3。

不同施工方法特点比较　　表2-3

对比指标	明挖法	浅埋暗挖法	盾构法	顶管法
地质	各种地层均可	有水地层需做特殊处理	各种地层均可	各种地层均可
场所	占用面积较多	占用面积较少	占用面积较少	占用面积较少
断面变化	适应	适应	适应性差	适应性差
埋置深度	浅埋	浅埋	需要一定深度	需要一定深度
防水施工	较容易	较难	容易	容易
地表沉降	较小	较大	较小	小
交通障碍	影响较大	影响较小	影响较小	小
地下管线	需要拆迁和防护	不需要拆迁和防护	不需要拆迁和防护	不需要拆迁和防护
施工噪声	大	小	小	小
地表拆迁	大	小	小	小
水处理	容易	困难	容易	容易
进度	受拆迁干扰，总工期较快	开工快，总工期偏慢	前期复杂，总工期一般	较快

2.2.2 工程地质和水文地质条件

1）土层地质条件

新建工程的施工对于既有轨道交通结构的影响主要是通过其中间土体传递的，因此既有轨道交通结构所处的地层条件对施工扰动所产生的地层变形的影响也较大，继而影响到既有结构。因此，中间土体在应力重分布下产生的压缩变形与既有结构的变形是有直接关系的。在地层条件较好的地区，如硬塑细颗粒地区以及中等密实度以上的粗颗粒地区，新工程施工所导致的周边轨道交通结构变形较小，同时容易控制；而在土层强度较低、地下水位较高的地区，施工所产生的开挖面的自稳能力较差，对既有轨道交通结构的影响较大。

土层的变形首先与土的性质有关，如在水位持续上升期和以后的稳定期，砂层和硬黏土层主要为弹性变形，塑性变形很小，几乎没有变形滞后；在水位下降期则有明显的塑性变形，呈现弹塑性变形的特征。同样水位变化情况下，软黏土层则表现为持续的压缩，以塑性变形和蠕变变形为主，有明显的滞后，土体变形主要与其孔隙比、含水量、密实度等有关。

（1）孔隙比。天然土体是具有沉积结构的，在其沉积过程中，土体中形成众多的孔隙。新工程的施工对孔隙尤其是大孔隙的影响是很明显的。当新建工程（如土体中桩基施工）施工完成后,造成周围土体孔隙比减少。由于土体孔隙的改变直接影响土体的密实度、固结状态、渗透性以及承载力,随着孔隙比的减少,土体的干密度增大,压缩模量增加。

(2)含水量。土体中含水量的多少直接影响到土体的强度、变形以及承载力的变化。当土体中的含水量少于最优含水量时,土体的抗剪模量和抗剪强度较高;反之,当含水量过多时,土体强度损失较大。所以新工程施工需要进行降水作业,否则会造成轨道交通结构产生较大变形。

(3)密实度。此指标主要指土中固体颗粒排列的紧密程度。土颗粒排列紧密,其结构就稳定,强度高且不易压缩变形,工程性质较好;反之,颗粒排列疏松,土体结构处于不稳定状态。

2)地下水文情况

无论是新建地下工程结构或者是既有轨道交通结构,都处于复杂的水文地质环境中。

以北京市为例,北京市平原地区根据古河道和古河间地块可划分为若干水文地质单元。其水文地质单元的主要特点是含水层以圆砾和卵石为主,渗透性较强,地下水位低。地下水的形成以沿古河道方向的侧向补给、径流、排泄为主,总体径流方向为自永定河出山口呈放射状分别向东北、东和东南等下游方向运动,在古河道范围内具有区域性统一的潜水面,局部受地下水开采或工程降水的影响,地下水位略有起伏变化。在河间地块,水文地质单元的特点是含水层以粉细砂和粉土为主,渗透性较小。隔水层为粉质黏土、黏土,含水层与隔水层基本呈层状分布。除了地下水的侧向补给、径流和排泄以外,垂直方向运动较明显。

一般情况下,土体是由土粒、孔隙水和空气所组成的三相体,对于饱和含水土层,土体中的孔隙全部被水充满,可以认为是只有固相的土粒和液相的孔隙水所组成的两相体。

地下水按埋藏条件可分为上层滞水、潜水、承压水三类,上层滞水主要指在近地表处的地层中局部赋存的地下水,一般水量较少;潜水是埋藏在地表以下第一个连续稳定的隔水层以上,具有自由水面的重力水;承压水指地表以下充满两个稳定隔水层之间具有承压性质的重力水。

实施降水作业前,土体所受的荷载主要由土粒和孔隙水一起承担;降水作业完成后,土体中的孔隙水被排出,孔隙水所承担的应力减小,土粒所承担的应力增加,即土的有效应力增加,从而产生土体固结压密。人工降水完成后,无疑会造成土体发生沉降和变形,对邻近的既有轨道交通结构产生不良影响。

采用人工方法进行降水以后,便会在地下含水层中形成以降水井为中心的地下水位降落漏斗。对于单井降水,降水漏斗是以降水井垂直轴线为对称的旋转曲面;对于单排井降水,降水漏斗则为以抽水井中心线为对称的平面曲线。

在原始水位以下,降水漏斗曲面以上区域的各个岩土体单元都因降水作业发生固结密实,这一区域被称为降水域。在降水域内,各单元所产生的微变形累加,向上方传播造成上方土层的沉降与变形。因此,在降水区域周围的既有轨道交通结构也由此发生变形。

降水作业所造成的地层沉降和变形主要是由于地层中土的有效应力增加,岩土发生固结压密产生的。针对潜水而言,当采取降水作业时,土的有效应力的增量与土层的持水重度和饱和重度有关,并不等同于孔隙水压力的变化值,而主要取决于土层持水重度的大小。总体而言,土层的持水重度小于饱和重度,因此土层的总应力会减小,有效应力的增量小于孔隙水压力的变化量。针对承压水而言，当降水作业后土层中的水层仍为承压水，则总应力不变；若降水后转变为无压水或者被疏干的情况，则等同于潜水有效应力的计算方法。

此外，地下水产生的动水压力作用使得土层中的松散细颗粒产生悬浮流动作用，即流砂作用；同时由于动水压力作用，可能导致土层中的细小颗粒穿越粗颗粒之间的空隙渗流，形成管状空洞，使土体结构破坏，强度降低，对岩土工程产生较大危害。地下工程施工中对于既有轨道交通结构的影响，还需考虑地下水中有害物质对既有轨道交通结构的腐蚀作用，导致轨道交通混凝土结构破坏，增加工程施工对于既有轨道交通结构的影响程度。

综上所述，可对邻近既有轨道交通结构施工中地下水对于既有轨道交通结构的影响作出分类，见表2-4。

地下水影响性分级　　表2-4

邻近方式	图　示	状态描述	级别划分
既有结构上方施工	新建基坑；新建隧道；既有地铁；既有地铁	当初始水位线高于新建结构底板时，降水作业对既有结构的影响小；当地下水高于既有结构，对既有结构的腐蚀和动水压力作用存在，会影响结构的耐久性；当原始水位位于既有结构以下时，对结构影响性可忽略	Ⅰ
既有结构侧方施工	新建基坑；既有地铁；既有地铁；新建隧道	当初始水位高于新建结构底板时，既有结构位于降水作业产生的降水域边缘区域内，其土体固结压缩会导致既有结构周围土体变形，导致既有结构产生变形或位移，同时，地下水的腐蚀和动水压力作用会导致既有结构耐久性降低，增加变形概率	Ⅱ
既有结构下方施工	既有地铁；新建地铁	如地下水位于新建结构底板上方，则既有结构正好位于降水作业产生的降水域上方，因此其降水施工所导致的土层变形和移动对既有结构的影响较大，同时，如初始水位高于既有结构底板，则会受到土层变化和地下水腐蚀、动力等双重作用	Ⅲ

2.2.3　既有轨道交通工程现状

对于城市轨道交通工程来说，其多修建于地下，在岩土等多项介质中，经长期运营后，受运营时间、地质水文条件、设计和施工等各项因素的影响，有可能发生病害。在影响轨道交通工程安全运营的同时，由于其结构存在缺陷，在其周边进行地下工程施工时使其产生的变形和破坏概率随之增加。因此，既有轨道交通工程结构的优劣直接影响到新建工程施工对其结构及安全运营的影响程度。

因此，穿越既有轨道交通工程前期需要对既有轨道交通结构设施进行现状调查和检测，旨在了解既有轨道交通既有结构现状情况，包括混凝土强度、碳化深度、钢筋保护层厚度、钢筋锈蚀及主体结构外观质量完好程度等，为下一步风险分析提供结构现状实测参数，同时也为后续工程设计及施工提供依据。

既有轨道交通结构情况中会对风险分析产生较大影响的内容包括敷设形式、变形缝分布、线路情况、既有轨道交通结构优劣等。

1）敷设形式

轨道交通的敷设形式主要有地下、地面和高架三种形式。由于不同的轨道交通敷设形式对于变形的要求不同，不同形式下的轨道交通结构变形传递方式不同、受力特性不同等，当新建地下工程邻近施工时，对其产生的影响也不相同。

从受力角度来说，地下线路结构主要受到围岩的各个方向的应力作用，受力环境复杂。周围工程施工造成的土体扰动直接传递到轨道交通结构，其传递路径较少，应力和应变的消耗较少，轨道交通结构所需承受的围岩应力大，因此其变形较明显；地面线路虽然也经过土体直接将应力传递到结构，但其受力和变形模式简单，只有因地面发生沉降所带来的变形；高架线路是三种形式中应力应变传递路径最多的一种，由新建工程导致的地层扰动，周边围岩产生应力重分布后，传递至高架线路桩基，之后由桩基依次传递至墩台、支座、梁体。在传递过程中，有多处减缓措施（如橡胶支座）等，变形发生消减。

从变形可修复性的角度看，地下线路受到变形影响后，可修复性较低，只能针对轨道结构进行线路调整来保证运营安全；地面线路由于可作业面较大，与地下线路相比其修复方式多；高架线路的桥梁结构由于有相对复杂应力应变传递路径，因此针对其变形的修复性也较容易。

通过上述两方面可以说明，新建工程处于同等施工条件时，地下线路受到影响最大，其次为高架线路，最后为地面线路。

2）变形缝分布

既有轨道交通结构的整体刚度较大，故一般认为穿越工程的施工会造成既有轨道交通结构的整体变形。但是由于结构存在变形缝，在其两侧会引起结构的差异沉降。若差异沉降过大就可能导致轨道与道床脱离，严重时会拉裂轨道，影响既有轨道交通的运营安全。因此，在进行风险分析时需要考虑变形缝的位置及其两侧差异沉降的影响。

3）线路情况

线路情况包括线路形式、道床形式等常规属性及线路的调整情况，具体内容包括扣件的类型及调高情况，扣件各零部件、短轨枕完好程度及钢轨磨耗程度等。

根据相关资料和工程实例的结果表明，对于既有轨道交通结构的控制标准，无砟轨道比有砟轨道要求严格，固定区比伸缩区要求严格。

4）结构优劣

既有轨道交通结构性能主要表现在结构裂缝大小和数量、混凝土强度和碳化程度、钢筋锈蚀、渗漏水等方面。既有结构性能的优劣关系穿越工程施工过程中承受、抵抗变形的能力。

2.3 风险等级划分及评价

为了便于风险决策与管理，为风险分析提供参考，在明确风险影响区之后对穿越工程划分不同的风险等级，在风险等级的基础上确定风险单元和评估范围，选用合适的计算假定和参数，建立模型进行分析，得到既有结构或者新建结构的变形，得出最后的结论。

2.3.1　风险等级划分

1）工程风险影响区划分

根据基坑、隧道周围地质及环境受工程扰动的程度，将工程影响分区分为四个：强烈影响区、显著影响区、一般影响区、弱影响区。

（1）基坑周边影响分区

基坑周边影响分区见表2-5和图2-5。

基坑周边影响分区表　　表2-5

受基坑影响程度分区	邻　近　度
强烈影响区	基坑周边0.7H范围内
显著影响区	基坑周边0.7H～1.0H范围内
一般影响区	基坑周边1.0H～2.0H范围内
弱影响区	基坑周边2.0H范围外

注：1. H——基坑开挖深度。

2. 本表适用于深度大于5m的基坑。

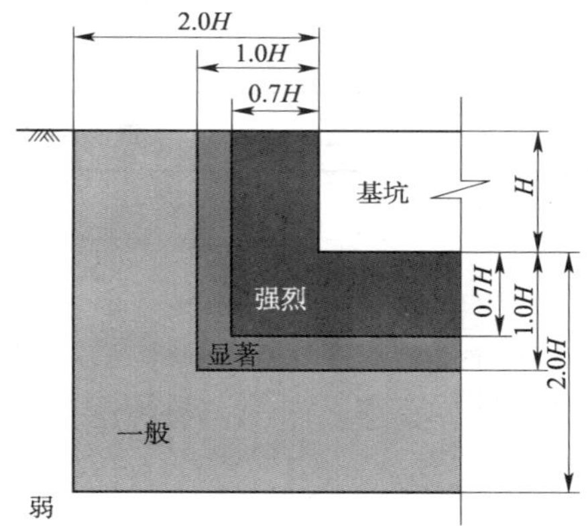

图2-5　基坑周边影响分区示意图

（2）隧道周边影响分区

隧道周边影响分区见表2-6和图2-6。

暗挖法隧道周边影响分区表　　表2-6

受暗挖法影响程度分区	邻　近　度
强烈影响区	隧道正上方及外侧0.7H范围内
显著影响区	隧道外侧0.7H～1.0H范围内
一般影响区	隧道外侧1.0H～1.5H范围内
弱影响区	隧道外侧周边1.5H范围外

注：1. H——隧道底板埋深。

2. 本表适用于埋深小于2B（B为矿山法隧道毛洞宽度）或2D（D为盾构隧道洞径）的隧道，大于2B或2D也可参照本分区。

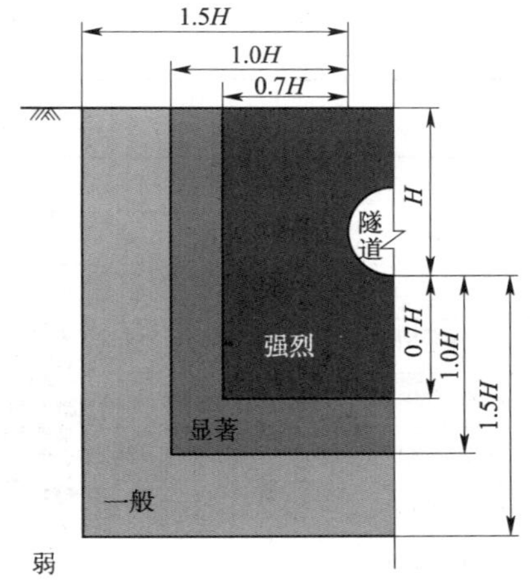

图2-6　隧道周边影响分区示意图

2）风险等级划分

新建地下工程施工对于既有结构的影响程度存在局域性，同时其影响程度也不同，结合各地铁运营公司针对地铁轨行区轨道结构和非轨行区设备结构几何尺寸的控制指标，影响区内新建穿越工程影响特征如表2-7所示。

根据道床形式、穿越方式、影响分区、线路敷设形式以及既有结构的变形预测值对穿越工程的风险评估等级进行划分，将风险等级分为特级、一级、二级、三级，见表2-8，并给出无砟和有砟两种轨道结构形式的风险等级划分,见表2-9、表2-10。

新建穿越工程影响特征 表2-7

影响区划分	特征描述
弱影响区	新建工程施工对既有结构影响很小,可以忽略,不用考虑采取措施
一般影响区	新建工程施工对既有结构影响较小,考虑采取适当措施
显著影响区	新建工程施工对既有结构产生影响,但是影响较弱,不会产生危害
强烈影响区	新建工程施工对既有结构产生影响,且影响性较强,通常会产生危害

既有轨道交通工程的影响评价 表2-8

风险级别		特级	一级	二级	三级
对轨道交通工程的影响评价	对结构的(内力或变形)影响评价	对结构物变形影响达到风险评估等级限值或结构内力变化达到±15%	对结构物变形影响达到风险评估等级限值或结构内力变化±10%	对结构物变形影响达到风险评估等级限值或结构内力变化(±5%)	对结构物变形影响达到风险评估等级限值或结构内力变化忽略不计(±2%)
	对运营或使用功能	影响重大,轨道交通无法正常运营或其他部位使用功能受到影响	影响较大,轨道交通运营时需要采取限速、减速或其他部位使用功能略微受到影响	影响很小,轨道交通可以正常、安全运营或使用功能没有影响	对轨道交通正常、安全运营或使用功能没有影响

无砟轨道风险评估等级划分 表2-9

穿越方式	影响区	预测值(mm)											
		桥梁				路基				隧道			
		<0.5	0.5~2	2~5	>5	<0.5	0.5~2	2~5	>5	<0.5	0.5~1	1~2	>2
下穿	强烈影响区	一级	特级	特级	特级	一级	一级	特级	特级	一级	一级	特级	特级
	显著影响区	二级	一级	特级	特级	三级	二级	一级	特级	二级	一级	特级	特级
	一般影响区	三级	二级	一级	特级	三级	二级	一级	特级	三级	二级	一级	特级
	弱影响区	三级	三级	一级	特级	三级	三级	二级	特级	三级	三级	二级	特级
上穿	强烈影响区	—				—				二级	一级	特级	特级
	显著影响区									三级	二级	一级	特级
	一般影响区									三级	二级	一级	特级
	弱影响区									三级	三级	二级	特级
邻近	强烈影响区	二级	一级	一级	特级	三级	二级	一级	特级	二级	一级	一级	特级
	显著影响区	三级	二级	一级	一级	三级	二级	一级	一级	三级	二级	一级	特级
	一般影响区	三级	三级	二级	一级	三级	三级	二级	一级	三级	三级	二级	一级
	弱影响区	三级	三级	二级	一级	三级	三级	二级	二级	三级	三级	二级	一级

有砟轨道风险评估等级划分 表 2-10

穿越方式	影响区	预测值（mm）													
		桥梁				路基					隧道				
		<0.5	0.5~2	2~5	>5	<0.5	0.5~2	2~5	5~10	>10	<0.5	0.5~1	1~2	2~5	>5
下穿	强烈影响区	二级	一级	特级	特级	三级	二级	一级	特级	特级	三级	二级	一级	特级	特级
	显著影响区	三级	三级	二级	特级	三级	三级	二级	一级	特级	三级	二级	一级	一级	特级
	一般影响区	三级	三级	二级	一级	三级	三级	二级	二级	一级	三级	三级	二级	一级	特级
	弱影响区	三级	三级	三级	二级	三级	三级	三级	二级	一级	三级	三级	三级	一级	特级
上穿	强烈影响区	—				—					三级	二级	二级	一级	特级
	显著影响区										三级	三级	二级	一级	特级
	一般影响区										三级	三级	二级	二级	一级
	弱影响区										三级	三级	三级	二级	一级
邻近	强烈影响区	三级	二级	一级	特级	三级	二级	二级	一级	特级	三级	二级	一级	一级	特级
	显著影响区	三级	三级	二级	一级	三级	三级	二级	一级	一级	三级	三级	二级	二级	一级
	一般影响区	三级	三级	二级	二级	三级	三级	二级	二级	一级	三级	三级	三级	二级	一级
	弱影响区	三级	三级	三级	二级	三级	三级	三级	二级	一级	三级	三级	三级	三级	一级

注:1. 表中数据为建议值,对某些特殊工程应根据工程情况专家评议后确定等级。

2. 评估前检测结果若低于二级或当工程地质和水文地质条件比较复杂时,一般可以将风险评估等级上调一级。

3. 当新建工程采用新工艺,可根据具体情况并结合相关的工程经验确定风险等级。

2.3.2 风险评价内容

1)风险评价的影响因素

下面就轨道交通的轨道以及主体结构在风险评价时需要考虑的因素进行分述。

(1)轨道需要考虑的因素

穿越工程施工时,应保证既有轨道结构的平顺性、安全性、稳定性及耐久性。

穿越工程对既有轨道的影响主要考虑对轨道结构几何形位的影响、对有砟道床稳定性的影响以及对轨道结构及部件状态的影响。

(2)既有主体结构需要考虑的因素

①隧道结构。

穿越工程对既有隧道的影响主要考虑对隧道结构的安全性、稳定性与耐久性的影响,隧道断面的限界要求,对隧道内附属设施使用功能的影响。

②路基或桥梁结构。

穿越工程对既有路基影响仅从路基或者桥梁自身的安全与稳定性方面考虑,运营安全指标由轨道结构控制。

2)风险评价流程

(1)风险辨识、估计及评价单元划分,即新建工程对既有轨道交通工程可能导致的各种潜在风险因素进行系统归类和全面识别,同时根据各处风险源的特点、设计工序,结合计算评估及其针对性的需要,对风险单元进行划分。

(2)现场调研,即全面掌握新建工程周围的环境情况及与既有结构的位置关系。

(3)安全性影响估计,即全面评估计算新建工程施工对既有轨道交通工程结构和轨道安全性的影响程度。

(4)风险控制措施建议:即根据安全性影响评价结果,提出控制指标的建议和下一步有关技术措施或风险控制措施的建议。

风险评价的具体内容主要包括:①确定穿越工程影响范围;②对既有轨道交通结构的影响;③对既有轨道及行车的影响;④提出既有轨道交通结构的变形控制指标,对施工工艺、步序及技术措施的建议;⑤主体结构及轨道结构病害处理建议。

2.3.3 风险单元划分及评价范围的确定

1)控制保护区和风险单元的划分

为了加强城市轨道交通运营管理,保证城市轨道交通正常、安全运营,住建部出台了《城市轨道交通运营管理方法》,同时北京、上海、广州、天津等拥有城市轨道交通的近30个城市也针对自身轨道交通运营的特点,相继出台了城市轨道交通的管理方法,对轨道交通运营的保护区及特别保护区予以明确的规定,同时也规定了在保护区范围内施工需要有第三方客观的评价及其对轨道交通运营的影响。

保护区范围用来初步确定新建工程是否需要进行风险评价以及评价的影响范围,新建工程未进入保护区部分在评估时可不考虑其影响。在城市行政区域内,凡是进入该保护区范围内的所有工程项目都应依据相关要求对轨道交通设施进行安全性影响评估。

《城市轨道交通运营管理办法》第二十条中明确规定了控制保护区的范围,并在第二十一条中规定,在城市轨道交通控制保护区内进行新建、扩建、改建或者拆除建筑物、构筑物;敷设管线、挖掘、爆破、地基加固、打井;在过江隧道段挖沙、疏浚河道;其他大面积增加或减少荷载的活动等作业时,作业单位应当制订安全防护方案,在征得运营单位同意后,依法办理有关行政许可手续,同时作业穿过轨道交通下方时,安全防护方案还应当经专家审查论证,运营单位在不停运的情况下对城市轨道交通进行扩建、改建和设施改造时,应当制订安全防护方案,并报城市人民政府城市轨道交通主管部门备案。

在近30个轨道交通管理办法中,保护的主体主要分为地下车站和隧道、地面和高架车站及线路、城市轨道交通的附属结构三大类,根据结构的敏感程度、抵抗风险能力的不同,确定了相应的保护区范围,部分城市如昆明、苏州、杭州等对保护区加以细分,设立了重点或特殊保护区,对保护区范围的界定,在明确责任的同时,有效地保障了既有线路的运营安全。

一般而言,对于地下建筑的轨道交通结构,其保护区为结构外缘50m范围;对于地面及地上建筑的轨道交通结构,其保护区为结构外缘30m范围;而对于附属的结构,诸如出入口、变电站、通风结构、直升电梯等,其保护区为结构外缘10m或30m范围。

同时根据各城市的不同特点又有其他的规定,例如广州市还规定将城市轨道交通过江隧道两侧各100m范围作为轨道交通控制保护区。

风险单元划分主要根据轨道交通保护区范围、新建工程与既有轨道交通结构的位置关系以及风险分析的需要,将工程整体的风险划分为若干个风险单元,每个风险单元需要进行单独计算分析。对风险点的划分通常可参考以下4个基本原则:

(1)当新建工程同时进入了轨道交通不同类型结构(不同轨道结构形式,轨道交通车站、出入口、风道等)的保护区范围,由于不同轨道交通结构特点不同,因此每种类型的结构都应划为单独风险单元。

(2)当新建工程范围较大,如隧道工程,在不同地点,或以不同方式进入轨道交通保护区范围,每处都应划为单独的风险单元。

(3)当同一既有轨道交通结构保护区范围内存在多个新建工程时,此时该轨道交通结构与进入保护区范围的多个新建工程都应作为一个风险单元综合考虑。

(4)当新建工程进入轨道交通保护区范围较长,且对轨道交通结构影响形式单一时,可以选取最不利位置,对轨道交通结构影响程度最大的区域划为一个风险单元作为典型代表。

2)评估范围的确定

确定评估范围之前,首先需要明确新建工程与既有轨道交通结构的穿越关系,以及相互之间的准确距离尺寸。需要明确新建结构物与既有结构物本身的几何尺寸,外轮廓竖直向的距离,相交的角度,以及结构物与地面的相对位置关系。

根据不同类型的工程,穿越关系主要可分为以下几类:

(1)邻近关系,包括邻近某个点与整个一条线平行进入轨道交通保护区的工况,平面投影与轨道交通工程结构无交叉,需要明确新建结构物与既有结构物本身的几何尺寸,外轮廓的水平与竖直向的距离,以及结构物与地面的相对位置关系。

(2)交叉关系,包括上穿与下穿两种形式,平面投影与轨道交通工程结构有交叉,需要明确新建结构物与既有结构物本身的几何尺寸,外轮廓竖直向的距离,相交的角度,以及结构物与地面的相对位置关系。

(3)接口关系,需要明确新建结构物与既有结构物本身的几何尺寸,新建通道的横断面尺寸,既有轨道交通工程结构的接口位置与破除尺寸,以及结构物与地面的相对位置关系。

在需要进行降水作业的穿越工程当中,还需额外明确降水前后的水位与新建和既有结构之间的竖直方向位置关系。

模型范围的确定通常需要考虑以下因素:

(1)既有结构与新建结构的尺寸范围。

(2)新建结构施工对周围环境扰动影响范围。

(3)既有结构保护区范围与施工扰动影响范围的关系。

(4)既有结构的变形缝位置。

(5)依据既有结构现状对结构性能进行一定的折减。

模型建立应尽量将新建结构的扰动影响范围包括在模型当中,以避免边界约束效应对计算结果的影响,同时也需将影响范围内的既有结构包含在模型当中,当既有结构尺寸远大于施工影响范围时,模型可取至变形缝处。

3)风险单元划分实例

新建轨道交通首都机场线西延东直门站—北新桥站区间工程,设计起点为东直门北桥东侧东直门站后安全线,下穿地铁2号线东直门站后,沿东直门内大街向西敷设,下穿地铁5号线北新桥站后,到达雍和宫大街与东直门内大街相交路口西侧的北新桥站,线路继续向西为站后折返线。风险单元划分如图2-7所示。

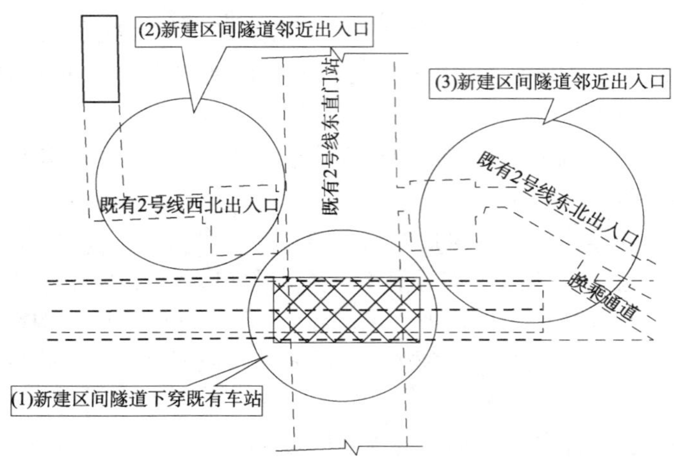

图 2-7　风险单元划分

其中新建隧道下穿既有北京地铁 2 号线东直门站工程，根据风险单元的划分原则，可以将风险单元划分为 3 个：

(1)新建隧道下穿对既有车站的影响。

(2)新建隧道邻近对既有西北出入口的影响。

(3)新建隧道邻近对既有东北出入口和换乘通道对结构影响。

局部平面图如图 2-8 所示，剖面图如图 2-9 所示。

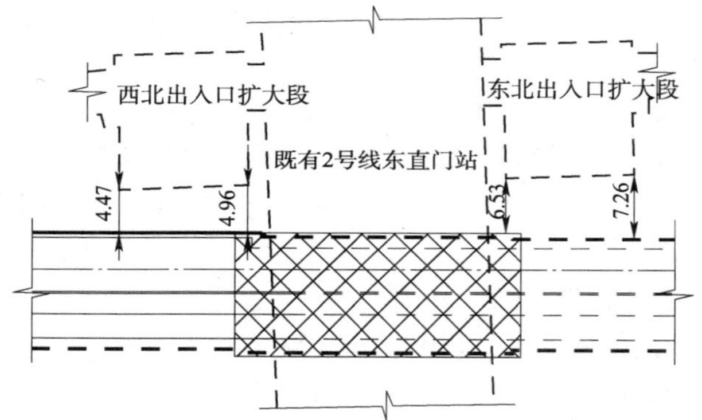

图 2-8　局部平面图（尺寸单位：m）

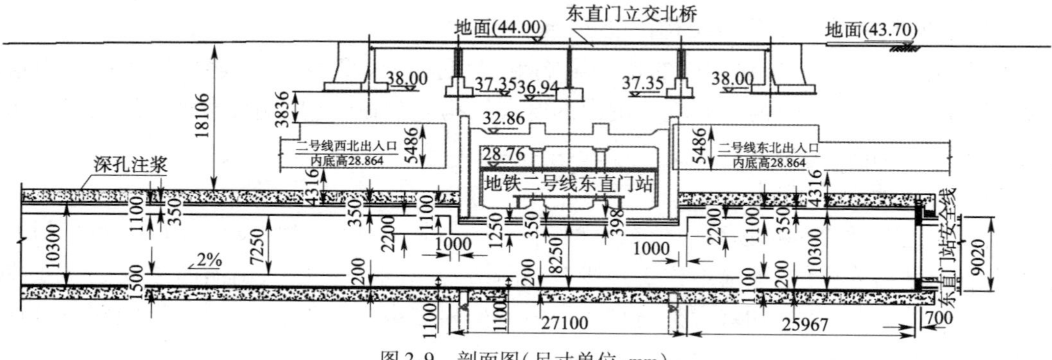

图 2-9　剖面图（尺寸单位：mm）

新建隧道施工位于既有结构的正下方，主要影响的结构为既有地铁 2 号线东直门站及其东北出入口与换乘通道。新建隧道与西北出入口扩大段的最小水平净距为 4.5m，与东北出入口扩大段的最小水平净距为 6.5m。新建隧道结构与既有东直门站的竖向净距为 398mm，与东北出入口的竖向净距为 4.3m。

2.3.4　风险估计

常用的数值模拟分析软件有 ANSYS、$FLAC^{3D}$、ABAQUS、SAP2000、MIDAS 等。

风险估计过程中需要建立既有轨道交通结构、新建结构以及地层环境的模型。既有轨道交通结构一般包括轨道交通隧道、轨道、车站、出入口、风道、桥梁结构等。新建结构一般为基坑工程、隧道工程等，其中隧道工程根据施工方式又可分为暗挖隧道、盾构隧道和顶管隧道等；地层环境主要指地质、水文以及工程场地内其他的与穿越工程有相互影响的环境条件。

1)模型假定

有限元模型均建立在一定假定基础上，以便于模型的建立与计算，不同的模型所采用的假定不同，但根据大多数风险分析案例的情况，通常会做出以下假定：

(1)新建工程施工期间既有轨道交通结构仅考虑正常使用工况，不考虑地震、爆炸等偶然工况。

(2)新建工程施工一般只考虑正常施工时的影响，如需考虑特殊情况，如塌方、涌水等事故，则需单独分析。

(3)既有轨道交通结构为线弹性材料。

(4)新建结构、既有轨道交通结构及土体之间符合变形协调原则。

(5)土体为均匀的理想弹塑性体，简化地表和各层土体，使其均呈匀质的水平层状分布。在一些特殊评估条件下，如分析冲击或者动态荷载，结构与土体之间会出现大面积脱开时，以及土层分布高度不均匀等，以上假定需要进行相应的调整。

2)模型参数选取

模型参数包括建模参数、土层及结构参数、荷载参数。

(1)建模参数

建模参数根据建模所选取单元确定，不同类型单元所需参数不同，参数应根据工程材料与土层实际的材料属性与尺寸选取，模型中常用的单元类型与所需参数如表 2-11 所示。

评估建模常用单元与建模参数　　表 2-11

单元类型	所属模型类型	所需主要参数	选取依据
Beam 梁单元或 Link 杆单元	二维与三维模型	弹模、截面尺寸与形状、重度等	相关规范中规定的材料取值，相关图纸
Plane 平面单元	二维模型	弹模、重度、内摩擦角、黏聚力等	相关规范中规定的材料取值，地勘报告
Solid 实体单元	三维模型	弹模、重度、内摩擦角、黏聚力等	相关中规定的材料取值，地勘报告
Shell 壳单元	三维模型	弹模、重度、厚度等	相关规范中规定的材料取值，相关图纸
Spring 弹簧单元	二维与三维模型	不同方向的弹模、受力规则等	根据规范、地勘报告的参数，需计算得出
Conta 接触单元	二维与三维模型	刚度、接触摩擦系数、最大摩擦应力、最大渗透位移等	部分根据规范、地勘报告的参数计算得出，部分根据经验与类似研究取值

无论是二维模型还是三维模型，土体单元模型一般需将相似土层进行合并，在水平上考虑为均质，其参数根据拟建工程场地的地勘资料进行确定，一般需要确定模型中各层土的密度、弹性模量、泊松比、黏聚力、内摩擦角等参数信息。

(2)土层及结构参数

土层参数的选取需要依据水文地质资料，根据土层的分布情况及相应的土层特性参数将物理性质相近的土划分为同一参数的土层考虑，性质相近的土弹性模量、内摩擦角、密度、泊松比、黏聚力等物理性质相近，既方便计算，同时对计算结果又不会产生较大影响。自地面向下将土体划分为各个土层，选取相应的物理参数来模拟工程施工对既有轨道交通的影响。

新建工程和既有轨道交通结构的参数选取根据原设计图纸进行选取，根据设计说明赋予不同的材料属性。

(3)荷载参数

模型通常需考虑以下荷载：

①土体及既有结构的自重力。

②地面超载。当定性判断新建工程会引起既有轨道交通结构沉降时，按规范要求，计算模型中要施加地面超载，一般情况下取20kPa，若设计文件中有明确的地面超载要求时，则按照设计给定数值进行施加。

③轨道交通车辆荷载。轨道交通车辆荷载的取值主要参照《地铁设计规范》(GB 50157—2013)及相关工程经验，考虑列车荷载的动力系数$(1+\mu)$，μ最大取0.4，如图2-10所示。

④建筑荷载。若拟建工程场地有建筑大楼邻近既有轨道交通结构时，计算模型中要考虑施加建筑荷载，按照《建筑结构荷载规范》(GB 50009—2012)及实际工程设计资料进行核算与施加，其他特殊建筑荷载则根据具体情况进行计算分析。

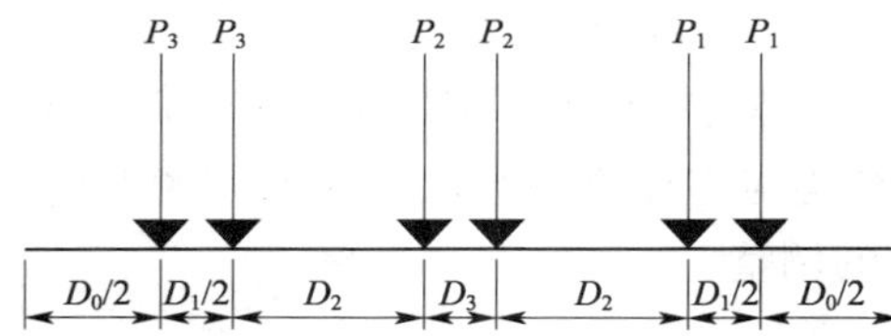

图2-10 车辆荷载标准图示

⑤其他在施工过程中可能会影响既有轨道交通的荷载。

3)模型的验证

模型在正式计算分析前需要进行模型的验证，可按如下几个方面来进行验证：

(1)计算之前根据结构物相对位置关系可对结构的主要变形趋势进行初步预测。

(2)对模型进行试算后，模型的主要变形应符合预测趋势，如变形有异常点，需对模型进行调整。

(3)对于模型的计算内力与变形值，应通过对模型某些点位进行手算或者与类似工程的监测值进行对比(或两者同时进行)来验证，通常选择手算较为便利的点对模型验证，比如地表沉降，地下结构在土压力下的内力等。

2.4 风险分析结论及控制措施

2.4.1 风险分析结论

风险是不利事件的概率与后果的集合。风险分析所得的结论应该是在本行业公认为安全的风险率数值。针对穿越轨道交通工程项目,需要提出具体的技术性指标,比如应监测结构的内力及变形变化值,并存在控制指标,这些控制指标也应该属于风险分析给出的结论之一。

穿越工程风险分析结论应包含以下几个部分:

(1)被评价结构的安全性结论。如变形或内力超过允许值,通常需对方案进行调整,或者采取额外的加固措施,直到满足结构和轨道安全要求。

(2)如施工中采用了加固措施,需对加固措施的效果进行描述。

(3)关键结构部件的变形极值或内力极值。

(4)施工工序较为复杂时,需对施工过程中既有结构的响应进行描述。

(5)确定影响范围,即监测范围及轨道防护范围。

(6)确定是否需要采取轨道防护或者其他额外措施。

2.4.2 新建工程风险控制措施

当地下工程邻近既有轨道结构施工时,为保证既有轨道结构和运营安全,需要对新建工程采取一定的风险控制措施,一般情况下可对地层和轨道结构进行预加固措施。新建工程的常用施工方法有明挖法、浅埋暗挖法、盾构法等,针对不同的施工方法介绍相应的控制措施。

1)明挖法风险控制措施

明挖法施工的工程主要包括基坑工程和明挖隧道工程等。

(1)基坑工程风险控制措施

基坑工程引起的既有结构变形,主要从三个方面考虑:控制基坑围护结构侧向变形、控制既有结构处地下水位下降、控制下部土体抗隆起性能。

①控制基坑围护结构侧向变形。

基坑围护结构侧向变形量直接影响邻近地铁结构的变形量。控制地铁结构变形,必须控制围护结构选型、围护桩(墙)的嵌入深度、截面抗弯刚度和支撑体系或锚拉体系刚度。

a. 围护结构选型。

地铁侧围护结构宜选择挡土挡水合一的地下连续墙;当围护桩深度在25m以内时,可选择钻孔咬合桩;当地层渗透性较小且基坑开挖深度在20m以内时,可选用钻孔灌注密排装加桩间止水,或单独的止水帷幕。

根据变形发展过程和量值控制角度考虑,围护桩/墙的抗弯刚度应足够强,以使每一层土方开挖时形成的变形在控制范围之内,进而使总变形量也能控制在设定范围。

对于基坑深度在6~10m之间,内支撑难以架设又无法打设锚索的基坑,双排桩在控制变形方面效果较好。

b. 土方开挖方法。

按照“时空效应”原理要求的土方分段分层开挖、挖后即刻支撑、支撑后才能开挖下方土体的原则。

c. 逆作法技术。

对于与轨道交通结构距离过近或直接接触的地下结构基坑,可以选用逆作法进行施工。逆作法施工技术的原理是将高层建筑地下结构自上往下逐层施工,即沿建筑物地下室四周施工连续墙或密排桩,作为地下室外墙或基坑的围护结构,同时在建筑物内部有关位置,施工楼层中间支撑桩，从而组成逆作的竖向承重体系，随之从上向下挖一层土方，同时土模浇筑一层地下室梁板结构，当达到一定强度后，即可作为围护结构的内水平支撑，以满足继续往下施工的安全要求。与此同时，由于地下室顶面结构的完成，也为上部结构施工创造了条件，所以也可以同时逐层向上进行地上结构的施工。逆作法可以有效控制土体变形和既有结构变形。

②截留地上水及控制地下水。

基坑支护施工时，坡脚部位不能浸泡，应及时排除坡脚积水。当场地内有地下水时，应根据场地及周边区域的工程地质条件、水文地质条件、周边环境情况和支护结构与基础形式等因素，确定地下水控制方法。施工单位在施工过程中要特别注重施工过程的防水工作，对于基坑施工过程中出现的地下水应采用以堵为主、抽水为辅的防水策略，减少基坑周围土体与水体的流失，防止由于排水不当造成的周边建筑物不均匀沉降，避免由于防水工作不到位增加工程施工难度、拖延工期等情况的发生。当场地周围有地表水汇流、排泻或地下水管渗漏时，应对基坑采取措施。此外，土方开挖时如遇暴雨，基坑周边地下水位可能快速上升，极易发生基坑坍塌事故。因此，在暴雨前要及时收听天气预报，备足排水、遮雨、护坡物资。暴雨中不间断排水，防止基坑被雨水浸泡，尽量降低基坑周边地下水位，把恶劣天气对基坑的危害降低到最低程度。

(2)明挖隧道工程风险控制措施

明挖法是指先将隧道部位的土体全部挖除，然后修建洞身、洞门，再进行回填的施工方法，由于其具有施工简单、快捷、经济、安全的特点，成为城市轨道交通地下车站的主要作业方式。

根据不同的开挖步序可将明挖法分为三种：先墙后拱法、先拱后墙法和墙拱交替法。为了保证施工正常而顺利地进行，需要做好以下风险控制措施：坑壁支护、施工防排水等。

①坑壁支护。

直壁式基坑必须进行支护。在岩石地层和一般黏土地层中，通常采用木支撑支护，有时可配合用锚杆支护。在不稳定含水松软地层中施工时，常用板桩支护，根据具体情况选用工字钢或钢板桩。当基坑较大，不便于架设横撑时，可用土层锚杆代替。

②施工防排水。

穿越工程中尽量采用止水+局部排水措施，减少降水对既有结构的影响。但是为了使地表水和地下水不流入基坑中，以保持坑壁的稳定和创造良好的施工条件，在基坑开挖之前，必须在其周围开挖排水沟拦截地表水。在含水地层中施工时，根据水文地质条件，可选用集水坑水泵抽水、井点降水、钢板桩围堰、压浆堵水或等冻结法施工防排水方法。

2)浅埋暗挖法风险控制措施

当浅埋暗挖隧道下穿轨道交通工程施工，特别是超浅埋暗挖隧道下穿轨道交通路基段时，无疑会对地层造成较大的扰动，影响既有轨道交通的安全运营，为保证既有轨道交通的安全运营，一般情况下需要对地层采取预加固措施，如超前锚杆支护、注浆加固等。此外，在隧道开挖施工后，为进一步控制既有结构沉降，应采取千斤顶及型钢支撑及初期支护背后回填注浆等方式来控制地层沉降。在穿越工程施工中，对围岩进行注浆加固时，应密切关注既有线监测情况，加强隧道内及既有线路路基巡视力度，避免既有结构发生上浮现象。

(1)超前锚杆支护

锚杆支护是在隧道等地下工程中较常采用的一种加固方式,其具有操作简单、使用方便、经济性较强、占用施工空间少等优点。其加固作用主要有以下几点:

①悬吊作用。锚杆支护可以将不稳定的岩层直接悬吊在稳定的岩层上,来增加岩层的稳定性,防止岩层发生垮落。

②组合梁作用。由于锚杆的悬吊作用在无稳定岩层时具有一定的局限性,此时可以利用锚杆的拉力作用将地层组合起来,形成组合梁作用。其基本原理就是通过锚杆的作用将岩层挤紧,增大岩层间的摩擦力作用;同时针对锚杆本身,还能提供抗剪力,能够防止岩层间的层间移动。

③加固作用。锚杆支护能提供足够的支护力,使围岩的承载能力提高,能够有效地减少围岩的变形情况。同时,锚杆可以使围岩的破碎带减少,限制围岩的弹塑性变形的发展,使围岩处于较稳定的弹塑性变形状态。

(2)注浆加固

现阶段中,针对隧道工程的注浆加固措施主要有超前小导管注浆和水平旋喷注浆。

①超前小导管注浆。

一般是将普通小直径带孔钢管等打设在地层中,并通过管壁孔向地层注浆,使其与地层形成类似组合梁结构,使得地层与小导管能够共同工作,增大了围岩的抗变形能力和自稳能力。超前小导管的注浆效果主要与注浆压力和注浆范围有关。

注浆压力的选择和控制是注浆成败的关键,但是,注浆压力与许多因素有关,诸如注浆量、注浆速度、浆液黏度以及扩散半径等。提高注浆压力,一方面可以挤出土壤中的空气和水,使得介质变得更为密实。另一方面,当压力超过一定范围,可能会导致邻近建(构)筑物的变形,甚至破坏。因此,对于静压浅层注浆,通常都要控制注浆的压力值。在邻近施工工程中,超前小导管注浆压力的选择不但要保证注浆的效果,同时还要保证不能发生结构上浮等情况发生。

在邻近施工中,注浆范围主要是根据夹层土体的范围进行确定,其对于夹层土体的加固效果直接影响到既有结构的变形情况。若在影响区域内注浆范围大、注浆效果好,则既有结构的变形有可能控制得较好,但因为小导管注浆的范围本来就比较有限,因此,在地下工程邻近施工中若只采用小导管对围岩进行注浆,应尽可能地扩大注浆范围,提高注浆效果,尤其是对新旧结构之间的土体应该进行有效的注浆加固。

②开挖面深孔注浆。

对于开挖面较大的隧道施工,由于小导管注浆加固范围有限,一般采用开挖面深孔注浆,在城市下穿轨道交通工程中水平旋喷注浆是最常用的注浆方式。

水平旋喷是利用工程钻机,将旋喷注浆管置于预计的地层加固深度,在钻杆旋转退出时,将配制好的浆液,用一定的压力从喷嘴中喷出,把土和浆液搅拌成混合体,随后凝聚固结,形成一种新的有一定强度的水泥土。加固效果直观,浆液固结体强度高。同样,在穿越轨道交通工程施工工程中,深孔注浆压力应根据试验段确定,不但要保证注浆的效果,同时还要保证不能让结构上浮。

针对砂土和黏土两种土体的旋喷注浆,砂土旋喷固结体强度高于黏土旋喷固结体强度。

同时由于黏土层比砂土层密实得多，黏土层不同浆液的旋喷固结体直径小于砂土层相应浆液柱体直径；由于单浆液较双浆液有较低的黏性，因此有较好的可喷性。

(3)管棚支护

管棚支护在隧道下穿公路、铁路、地铁隧道等施工中处于地层加固的重要地位。其作用主要是通过把钢管打入钻好孔的地层中，来支撑管棚上部的荷载。作为浅埋暗挖地下工程的一种辅助工法，在防止隧道塌方、控制地层位移等方面发挥着重要作用。

在施工控制效果上，管棚支护的控制作用主要表现为以下几点：

①防止塌方。管棚减少了工作面上覆的土压力，稳定了围岩，从而避免了土体塌方，即便围岩有一定程度的沉降，也不会发生灾难性事故。

②阻断沉降作用。有研究发现，管棚超前预支护对拱顶沉降的控制达40%，对地表沉降的控制可达30%～35%。

③均匀沉降变形曲线。由于管棚超前支护的承托作用，使得地表沉降槽沉降曲线更加平缓，沉降总量在减少的同时有向两端均匀分布的趋势。

④提高土层稳定性。管棚支护可以增大地层自稳能力，在工程实际中，为了增大管棚与围岩的黏结力和管棚的刚度，常将水泥浆、泡沫尿烷和水玻璃等材料注入管棚内，使得管棚与围岩形成一个整体，增强围岩的自稳能力。

(4)千斤顶及型钢支撑

千斤顶顶升法主要用于控制既有结构的沉降变形。当新建地下工程下穿既有轨道交通结构时，往往会对其上方的既有结构造成沉降变形，引起结构纵向内力的变化，进而致使结构本身受到破坏。因此在工程施工中，用千斤顶的顶升力来调整上方既有线的竖向变形，达到稳定既有结构的作用。

新建隧道工程引起的周围地层变形主要有三方面：一是由于隧道开挖引起的地层损失，二是隧道在外力作用下所产生的变形，三是隧道衬砌周围所产生的椭圆形变形。因此当衬砌结构发生椭圆形变形时，导致周围围岩变形。特殊情况下，当新建隧道衬砌结构刚度较小时，发生椭圆形变形就较大。因此采用型钢支撑等方式在穿越交叉部位增加支撑，能够有效地减少新建隧道衬砌的变形，尤其对于邻近度较小的情况，其支撑作用更加明显。

3)盾构法风险控制措施

盾构法施工风险包括施工本身的工程风险以及施工过程中对周边环境影响而产生的风险。在此重点讨论的是穿越工程施工过程中，盾构施工对周边环境以及既有结构影响的风险控制。

地表的变形是隧道施工过程中尤为重要的问题，主要可以分为突然变形、过度变形、围岩失稳等。

地层结构自身就有一定的缺陷，地层中的不良地质土体导致土体物理力学性质的不均匀、不稳定，同时土的结构特性也决定了施工的扰动必然会造成土体颗粒的结构破坏，导致土体的变形乃至失稳。

变形控制的措施有两种思路，一种是合理控制施工过程中的工法和参数，一种是通过注浆加固等措施对土体的结构进行改造。对于黏性土层为主的上覆土层，土层整体刚度较大，变形以整体变形为主，主要采取由隧道内向上方结构层充填注浆，以及地层预加固等措施确保结构层的稳定。对于砂性土等松散地层,决定地表变形的关键因素是隧道覆土中"冒落拱"是否形成,通过预加固等措施提高拱结构强度和刚度可避免地表过大沉降的发生。

控制变形的过程中一定要合理把握地表沉降与土仓压力、同步注浆量、出渣量的关系。土仓压力与作业面的压力平衡是防止地表沉降的关键因素,同步注浆需要及时填充盾尾间隙的同时,避免过大的注浆压力造成管片破坏和地表的隆起。渣土的排出量必须与掘进的挖掘量相匹配,从而得到合适而稳定的支撑压力。

为了控制盾构施工过程中的地表变形,同时保证穿越工程进行过程中,既有轨道交通的安全运营,需要对盾构推进、姿态控制、土方挖掘、管片拼装、壁后注浆等主要环节进行有效控制。

(1)盾构推进

盾构推进主要通过顶推千斤顶进行控制,顶推过程中需要克服正面土体的阻力,壳体与土体之间的摩擦力、盾尾密封与管片的摩擦力、配套拖车与钢轨的摩擦力等阻力。盾构的总推力通常要满足如下关系:

正面土体主动土压力 + 水压 + 总摩擦力 < 正面土体被动土压力 + 水压 + 总摩擦力。

盾构掘进过程中须合理控制速度,防止盾构后退。在施工过程中需要合理设定土压力,使土仓压力与作业面的压力平衡。

土仓压力一般依靠控制千斤顶的推进速度、螺旋式输送机的转速来维持。

(2)姿态控制

盾构的姿态包括推进坡度、平面方向、自身转角三个参数。出土量、壁后注浆、开挖土层情况、顶推作用力的分布都是影响盾构姿态的因素。盾构推进的轨迹一般为蛇形,必须不断地纠偏才能保证盾构按设计轴线掘进。纠偏过程必须避免纠偏量过大及超挖。

(3)土方挖掘

盾构施工时,刀盘的转速、扭矩、顶推力都直接决定了挖掘量的多少,而出土量的多少则是由螺旋输送机的转速调节的。对于土压平衡式盾构而言,需要依靠土仓压力平衡开挖面的土压和水压,为了减小压力的变化波动,必须通过控制土方的挖掘量和出土量,保证开挖面的稳定。

(4)管片拼装

管片的拼装需要保证环体结构的稳定性,确保管片之间,以及管片与盾尾之间密封,同时防止盾构的后退,保证环面的平整。

(5)壁后注浆

由于盾尾存在间隙,必须及时进行填充注浆,注浆需要保证及时、足量、收缩小,以确保不会因为盾尾的间隙造成地面的沉降。沉降时压入口的压力应大于该处静水压力和土压力之和,防止因压力过小导致填充不及时、不充分,但同时必须控制注浆压力,防止对土层的扰动过大,劈裂跑浆。

除上述措施之外,针对穿越工程而言,在盾构施工之前应该先确定其影响的范围和程度,通过对土层的详勘,按照理论分析、数值分析、经验分析,根据具体的施工方法预测地表的沉降范围、大小以及既有结构受扰动的情况。

2.4.3 既有结构及轨道风险控制措施

当地下工程邻近既有轨道结构施工时,为保证既有轨道结构和运营安全,需要对既有结构或工程采取一定的风险控制措施,一般情况下可对基础和轨道结构采取预加固措施。既有轨道结构由于布置在不同的形式上,需要对既有建筑和轨道结构采取相应的控制措施。

1)既有结构的防护控制措施

针对穿越工程中轨道结构所处的轨下结构的不同形式,以及控制保护区内的车站及出入口等结构,目前加固经验主要包括桥梁桩基托换及结构顶升、既有结构(车站)的加固。

(1)桩基托换及结构顶升

桩基托换是为了转移上部荷载,提前将既有桩基承受的上部荷载有效地转移到新托换结构上。一般新建桩基结构离隧道开挖中心距离比老桩基距离远,受到隧道开挖影响小,桩基承载力损失小。另外,新建桩基结构一般会通过扩大桥梁桩基基础,或者增加群桩数量的方式提高群桩承载力,保证既有桥梁在隧道开挖过程中的承载安全。桩基托换的核心是新桩与老桩之间的荷载转换,要求在托换过程中,托换结构和原有结构的变形限制在允许范围内。

结构顶升是保证桥梁结构安全的重要应急保证措施之一,桥桩一旦发生超出允许范围沉降量,可以立即进行顶升以恢复结构原有的姿态,补偿基础沉降,保证桥梁结构在容许的应力状态下工作。

同步顶升包括顶升位置的确定、顶升力的大小、顶升量的大小、顶升行程及程序、顶升过程控制等技术要点。通过桥梁现状以及结构特点确定顶力及顶升位置;实时监测桥梁的变形,一旦差异沉降超限便进行顶升,由差异沉降值确定顶升量的大小;整个顶升过程应该分阶段按程序进行,根据桥梁现状和顶升量的大小来确定每组千斤顶顶升过程的行程和次序,以保证同步顶升的正常进行以及桥梁结构的安全。一次成功的同步顶升过程应该包括上述几个方面的合理配合。

(2)既有车站结构加固

在穿越工程中,如果既有高架车站处于控制保护区范围内,需要根据既有结构的设计和现状检测情况,计算现有结构的强度和承载能力,考虑是否对既有结构进行加固改造等。

对不满足承载能力的既有结构或改造后结构,需要对其进行加固改造,其中对结构的混凝土框架柱的加固改造是常见的加固措施。在施工过程中应采取以下措施:

①通过优化扩建结构的桩位,使既有结构桩位与新建结构桩位的中心距控制在规定范围内。

②探明施工场地内的地下水情况,严格控制成孔质量,保证不塌孔;同时在上部水位以上填土区采取人工挖孔以避让既有管线,且采取护壁等措施,以保证人工挖孔的安全。

③为保护既有桥桩安全,采用复合锚杆桩隔离措施,复合锚杆桩在扩建新桩施工前施工;扩建桩基紧邻既有桩基础时,不应多桩同步施工,应采取施工措施减少对既有桩的影响。

④扩建结构尽量采用轻质材料以减少结构自重,使改造后的总柱脚反力增大,绝对值尽量小。

⑤施工过程中应加强变形监测,严格控制既有桩基的沉降值,确保既有结构沉降不超

标，施工完成后进行桩身质量检测。

2）既有铁路加固和地铁轨道防护设计

（1）既有铁路加固措施

在穿越工程中，既有铁路下的大跨度框架桥顶进技术中需要对线路进行加固，主要采用3-5-3形式扣轨+纵横梁法，在其铺设扣轨前需对线路进行全面整修，以使线路各项尺寸均达到维修标准，其加固所使用材料及具体方法如下：

①枕木扣轨加固范围内，如遇有混凝土枕木，混凝土枕木须抽换，然后插入长度≥3.2m的普通枕木，间距440mm，并在钢轨处安放绝缘垫板。

②扣轨采用P50轨3-5-3形式加固。扣轨加固范围在管廊两侧≥5m，地下综合管廊影响沿铁路纵向长度为20.9m。每组扣轨的端头设置木梭头，扣轨接头错开≥1.5m。

③横梁在插入的木枕旁穿入145C钢横梁，地下综合管廊工字钢长度为10m、间距440mm，接头错开≥1.5m，加固宽度（沿线路方向长度）为30.9m。施工时应保证水平穿入横向工字钢后，轨顶高程不发生变化，如遇到变化，则插入木板以调整枕木高差。横梁的穿入要基本垂直于线路，先中间、后两侧。

④纵梁、工字钢横梁穿插好后，沿线路方向布置纵梁。铁路线侧每侧采用2根I63C钢并列组成一束，距轨道中心线4.2m进行安装；工字钢接头采用夹板焊接，并保证接头互相错开2m以上。纵梁两端支撑于直径1.2m的钻孔灌注桩基座上或者枕木垛上，并设置木梭头。

⑤连接件枕横向工字钢、扣轨和纵梁用U形螺栓（ϕ22mm）或扣板（$\delta=10$mm）连接，并放于木板或绝缘垫，保证连接牢固并做到安全绝缘。

横梁和纵梁之间要加设绝缘胶垫，以减少对铁路电气信号的干扰，尽量减少纵梁、横梁拼接头的数量，并使接头远离铁路。线路加固流程如下：施工准备→抽换枕木→扣轨→穿横向工字钢→上纵向工字钢→防横向加固。具体布置形式见图2-11。

（2）地铁轨道防护设计

轨道防护是在采取必要的安全措施条件下，通过对轨道的维护和调整，保证轨道的几何形位，从而保证安全行车。根据风险分析结论，对穿越施工过程中既有轨道结构变形较大（北京地铁为1mm）的工程，需要采取相应的轨道防护措施，主要有轨道几何尺寸的调整、道床与结构剥离以及道床裂缝的整治。轨道几何尺寸的调整主要为轨面水平的调整，同时在施工中，应当加强对轨道结构的监控量测，及时反馈轨道结构变形信息，方便地铁线路部门对轨道结构进行修整。目前针对地铁轨道采取的防护设计措施主要有：

图2-11　铁路3-5-3扣轨+纵横梁加固

①轨道结构安全措施。

新建工程施工前，应对既有线轨道结构进行加强，以增加轨道结构对结构变形的能力并保证安全运营。轨道主要采取以下预防措施：

a.施工前再次检查并调整轨道状态，使其维持在相关的轨道交通技术维修规则标准中。

b.整个施工过程中根据监测的轨道几何尺寸

状况，及时调整线路，使其满足相关轨道技术维修规则标准中规定。

c. 受影响段安装作业警示标及解除作业警示标。

d. 在防护段范围内的区间正线，在每股钢轨内侧安装防脱护轨。

e. 在防护段范围内的区间正线，在每股钢轨内侧安装防脱护轨，安装示意图如图 2-12、图 2-13 所示：

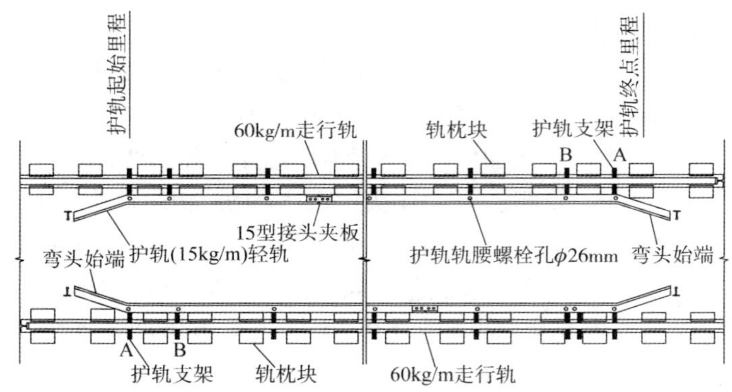

图 2-12　防脱护轨安装平面示意图

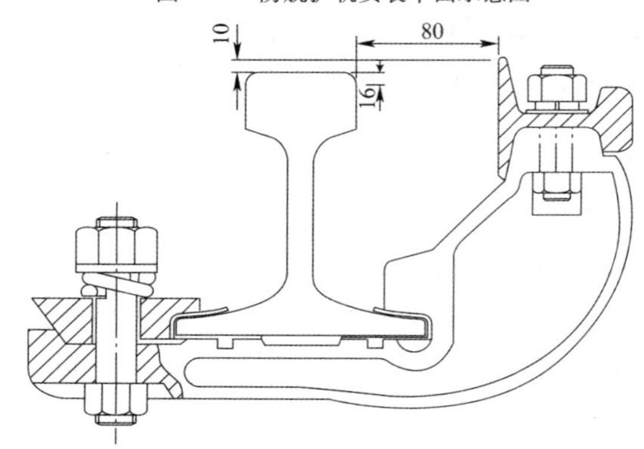

图 2-13　防脱护轨安装横断面示意图

f. 在受影响段终点设置临时位移观测桩。

②发生变形后轨道调整措施。

若轨道结构的竖向和横向最大变形值超出规定值，根据既有线轨道结构特征，可以通过调整轨面水平达到调整轨道几何形位的目的。

根据轨道结构的特点，轨道主要采取调整扣件高度的方法调整轨面高程。调高垫板厚度可分为 2mm、3mm 两种，对应不同的变形值，采用不同厚度的调高垫板或组合。

③道床开裂和道床与结构剥离的整治措施。

一般情况下，轨道结构的道床与主体结构的变形可保持一致。在结构变形缝处，有可能因变形缝两侧的结构差异变形产生道床与主体结构的剥离、道床开裂等。整个施工结束后对道床与结构间存在剥离和道床开裂超过 0.3mm 的地段应进行整治。

④轨道防护措施的撤除。

在新建工程竣工后满一年，且轨道变形监测数据已稳定的条件下，可将轨道防护措施撤除。

第3章　轨道交通结构现状调查与检测

随着轨道交通网络化运营模式的逐渐形成，频繁出现的穿越轨道工程对于正在运营的轨道交通线路是一个重大的安全隐患，因此需要一种方法来评估、预测这种风险性的严重程度。对于轨道交通既有结构进行现状调查与检测，可以得到真实可靠的既有轨道交通结构的相关参数，所得数据均可作为穿越既有轨道交通工程风险评估分析的依据，有助于得到更为可靠的风险评估结果，对于保障既有地铁运营安全，提高穿越施工可靠度具有重要意义。

3.1　现状调查与检测概述

3.1.1　现状调查与检测的概念

检测一般分为工前检测和工后检测。

工前检测评价应在穿越轨道工程初步专项设计方案前进行，为穿越轨道工程的安全评估和专项设计方案的实施提供既有轨道交通设施结构相关现状数据、资料和建议。工前检测包括对既有轨道交通设施结构的性能、破损、渗漏、裂缝、变形缝张开等情况进行观察或测量。当发现既有轨道交通设施存有病害，应以影像记录或检测数据等方式对其发生部位及当前状态进行详细描述。工前检测资料调查应包含既有轨道交通设施的设计、施工、竣工、大修和专项维修、被穿越记录等资料。

工后检测评价应在穿越轨道工程完工一年且既有轨道交通设施变形稳定后。当一年后变形仍不稳定时，继续监测达到稳定，且穿越轨道工程完工不超过两年应进行工后检测。工后检测应对轨道交通设施结构的破损、渗漏、裂缝、变形缝张开等情况进行现场外观初步调查，为评估等级确定提供依据。同时，工后检测成果应与工前检测结果进行对比分析，明确有无新增损伤和原有损伤的变化情况。

通过对既有轨道交通工程结构设施进行系统的检测，全面地了解对既有轨道交通工程结构及实际的服役状况，从而准确地划分出穿越轨道交通工程的风险等级，同时为后续的施工提供真实的现场数据，从而确保工程的顺利进行。

同时通过对既有轨道交通结构的检测，可以初步明确新建工程施工对既有轨道交通及周边环境的影响范围，以及可能产生较大变形的敏感区域。此外，检测的数据结果（如轨道结构的敷设方式、变形缝的位置、结构的优劣）可以作为风险分析的重要依据，通过对模型分析当中既有结构设施的刚度进行一定程度的折减，可以有效提高风险分析结果的准确性，从而更好地指导设计、施工以及监测工作。

3.1.2　现状调查与检测的依据

针对轨道工程，现状调查与检测过程中通常作为参考的依据是现行的国家及行业标准、地方规定和标准以及企业标准，主要包括：

(1)现行的国家行业相关标准，如《混凝土结构工程施工质量验收规范》(GB 50204—2015)、《工程测量规范》(GB 50026—2007)、《国家一、二等水准测量规范》(GB/T 12897—2006)、《混凝土结构设计规范》(GB 50010—2010)、《建筑结构检测技术标准》(GB/T 50344—2004)、《混凝土强度检验评定标准》(GB/T 50107—2010)、《回弹法检测混凝土抗压强度技术规程》(JGJ/T 23—2011)等。

(2)现行的地方相关规定和标准，如北京市的标准《电磁感应法检测钢筋保护层厚度和钢筋直径技术规程》(DB11/T 365—2006)、《城市轨道交通设施养护维修技术规范》(DB11/T 718—2010)、《城市轨道交通设施结构检测技术规程》(DB11/T 1167—2015)等。

(3)现行的企业标准，如北京地铁运营公司的《北京市地铁运营有限公司企业标准技术标准·工务维修规则》[QB(J)/BDY(A)XL003—2015]和京港地铁的《线路检查作业工作指引》(京港地铁 WI-OP-PW-001)等。

(4)其他依据，如设计图纸及相关施工资料；其他相关的国家规范、规程及标准；风险分析技术要求。

3.1.3 现状调查与检测的基本程序

工前检测评价应在穿越轨道工程初步专项设计方案前进行。工前检测评价应为穿越轨道工程的安全评估和专项设计方案的实施提供既有轨道交通设施相关现状基础数据、资料和建议。

检测评价程序包括资料调查、现场踏勘、评价等级确定、检测方案编制、仪器设备确认、现场检测、检测结果分析和检测评价报告编制，程序图如图 3-1 所示。本章将具体对各个步骤进行详细介绍。

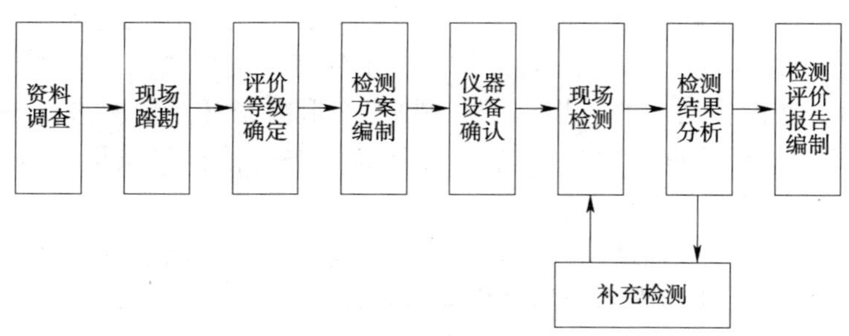

图 3-1 检测评价程序图

3.2 现状调查与检测的内容

轨道交通现状调查与检测的主要内容有线路及轨道结构状况，结构混凝土外观调查，结构混凝土裂缝检测，结构混凝土强度检测，结构混凝土碳化深度检测，结构混凝土保护层厚度检测，结构钢筋锈蚀状况检测，结构变形缝两端高低差测量，混凝土错台检测，限界测量等。

根据穿越工程扰动的影响区域(即强烈、显著、一般、弱影响区)，结合对穿越工程风险分析及风险分级的判定，合理确定既有轨道交通结构的检测范围和检测内容，对影响区域内的既有车站、区间以及其附属结构(如出入口、风道、应急疏散通道等)进行调查检测,具体检测内容见表3-1。

分级检测内容项目表　　表3-1

类别	现状调查检测内容	风险等级			
	名称	特级	一级	二级	三级
结构	渗漏量检测	√	√	√	
	混凝土裂缝检测	√	√	√	
	变形缝调查	√	√	√	
	高架结构支座检测	√	√	√	
	结构周边状况检测	√	√		
	混凝土强度检测	√	√	√	
	碳化深度	√	√	√	
	钢筋锈蚀检测	√			
	混凝土保护层厚度检测	√			
	盾构管片破损检测	√			
	盾构管片错台检测	√			
限界	建筑限界	√			
轨道	钢轨及零部件调查	√	√	√	
	道床裂缝检查	√	√	√	
	道床、结构剥离调查	√	√		
线路	线路情况调查(线路参数与设计图纸复核)	√	√	√	√

3.2.1　线路及轨道结构现状调查与检测

进入检测现场前,应当事先熟悉图纸资料,了解其线路形式、结构特点等。进入现场后,应核实里程位置。

对线路扣件类型及调高情况进行调查,按轨道交通线路维护相关规定进行,根据调查结果记录扣件的型号及调高尺寸,并拍照存档。

对线路扣件各零件、轨枕完好程度及钢轨磨耗程度进行调查,及时准确记录调查结果,并拍照存档。

1)线路几何状态

使用轨距尺测量线路轨距、水平,每公里测点不应少于100处,并按基长6.25m标记三角坑;目测线路方向、高低,如果发现问题,使用10m弦进行测量;使用塞尺测量钢轨轨底与轨下垫层之间的空隙,当空隙超过2mm以上时视为空吊,并在相应的轨枕上做出标记;曲线正矢可使用20m弦进行测量。

2)钢轨和联结零件

使用超声波探伤仪等工具检测钢轨锈蚀、剥落掉块和裂纹等伤损情况,判定伤损等级,并在钢轨上做出标记。

使用轨缝尺和直尺测量钢轨接头的轨缝和错牙,以下情况应在钢轨上做出标记:25m钢轨地段每公里轨缝总误差超出 ±80mm;12.5m 钢轨地段每公里轨缝总误差超出 ±160mm;绝缘接头轨缝小于6mm 或超出构造轨缝;出现连续 3 个及以上瞎缝或轨缝大于构造轨缝;内侧顺向错牙大于 2mm,内侧逆向错牙大于 1mm;轨面错牙大于 2mm。

检查接头夹板是否发生折断、裂纹等伤损。

检查接头螺栓及垫圈是否齐全,作用是否良好,是否发生下列伤损:接头螺栓折断、严重锈蚀、丝扣损坏或杆径磨耗超过 3mm,不能保持规定的扭力矩;垫圈折断或失去弹性。

检查扣件是否齐全、有效,是否发生下列伤损:螺旋道钉折断或浮起,螺帽或螺杆丝扣损坏、严重锈蚀;铁垫板折断、变形、严重锈蚀;垫圈损坏或作用不良;弹条、扣板(弹片)损坏或不能保持应有的扣压力;扣板、轨距挡板严重磨损,与轨底边离缝超过 2mm;橡胶垫板压溃或变形丧失作用,橡胶垫片损坏。

检查钢轨磨耗情况。

3)道岔

检查道岔尖轨、基本轨、辙叉及其他零件的作用状态。使用轨距尺、直尺等测量工具,检查道岔各部位几何尺寸。

检查尖轨和可动心轨是否出现下列伤损或病害:两尖轨相互脱离;在转辙杆连接处,尖轨与基本轨不密贴;尖轨被轧伤,或轮缘有爬上尖轨的危险;尖轨头部宽 50mm 及以上断面处,尖轨较基本轨低 2mm 及以上;尖轨损坏。

检查基本轨是否出现下列伤损或病害:基本轨垂直磨耗,在正线上超过 6mm,在其他线上超过 10mm;基本轨损坏。

检查辙叉部分几何尺寸及部件是否出现下列伤损或病害:查照间隔小于 1391mm,护背距离大于 1348mm,测量位置按设计图纸规定;在辙叉心宽 40mm 的断面处,辙叉心垂直磨耗,在正线上超过 6mm,在其他线上超过 10mm;辙叉心、辙叉翼损坏;护轮轨螺栓出现折损。

检查道岔各部件是否出现下列伤损或病害:各种螺栓、连杆、顶铁和间隔铁损坏、变形或作用不良;滑床板损坏、变形或滑床台磨耗大于 3mm;轨撑损坏、松动,轨撑与轨头下颚或轨撑与垫板挡肩离缝大于 2mm;护轨垫片折损、窜动或侵限;弹片、销钉、挡板损坏;弹片与滑床板挡肩离缝、挡板前后离缝大于 2mm;其他各种零件损坏、变形或作用不良。

4)轨枕

检查轨枕有无偏斜,状态是否良好。

5)道床

整体道床检查是否出现裂纹、下沉、隆起或翻浆冒泥,支撑块是否松动、破损。检查记录宽度在 2mm 以上道床裂缝的分布、位置、走向、宽度及深度。碎石道床检查道砟是否饱满、均匀、整齐、密实、脏污,道床是否发生翻白及翻浆冒泥现象。

6)接触轨及其防护设备

使用接触轨检测尺测量接触轨水平和方向。检查接触轨弯头、绝缘子和托架是否损坏,检查是否有异物侵入接触轨限界。检查接触轨系统各连接螺栓是否齐全、紧固。

7)无缝线路

以观测桩为基准检查无缝线路爬行量。检查钢轨伸缩调节器的钢轨和基本轨是否密贴，尖轨或基本轨顶面有无压溃飞边。检查轨条有无不正常的伸缩，固定区或无缝道岔是否出现严重的不均匀位移。

8）轨道加强设备

检查轨距杆、防爬器、防爬支撑和防脱护轨等加强设备是否齐全、有效。检查轨道加强设备是否发生下列伤损：轨距杆折断或丝扣损坏，螺帽、垫圈、铁卡损坏或作用不良；轨撑损坏或作用不良；防爬器折损，穿销不紧或作用不良；防爬支撑断面小于 $110cm^2$，损坏，腐朽或作用不良；防脱护轨支架、护轨、扣板、横向弹性调距垫块、绝缘缓冲垫片和联结紧固部件之间的组装面配合不良，各部件缺损或失效。

9）线路标志

检查线路标志是否完整、鲜明、准确。

3.2.2 区间隧道现状调查与检测

对区间隧道（含 U 形槽）的主体结构、附属结构及附属设施进行全面细致的检查，主体结构主要检查行车隧道；附属结构主要检查联络通道、迂回风道、区间风道及活塞风道；附属设施主要检查防排水设施和疏散平台。

1）主体结构

检查衬砌开裂情况，是否存在压溃、错台、张裂现象，并使用钢尺、比尺、折尺等工具检查记录宽度 0.5mm 以上的结构裂缝的分布、位置、走向、宽度及深度。若出现下列情况，应做出标记：裂缝宽度大于 0.05mm，拱部压溃范围大于 $0.5m^2$，掉块厚度大于 6mm。

检查变形缝缝宽有无缝宽变化、错位情况，并使用钢尺、比尺、折尺等工具测量变形缝缝宽。变形缝缝宽变化值大于等于 20mm 时应做出标记。检查变形缝填塞物有无脱落。对于盾构隧道，还应检查管片螺栓孔、注浆孔填塞物有无脱落。检查洞体结构有无渗漏水现象，重点检查变形缝，盾构隧道管片螺栓孔、注浆孔和管片接缝处，衬砌开裂和腐蚀等部位。检查衬砌混凝土是否发生起毛、酥松、蜂窝麻面、起鼓、剥落等腐蚀现象，并使用钢尺等工具测量腐蚀深度和面积。检查衬砌是否有局部小掉块、钢筋外露、锈蚀现象，并做出标记。盾构隧道管片是否破损，是否存在错台、空鼓，并做出标记。检查整体道床与底板结构间是否存在间隙。

2）排水设施

检查排水设施结构物是否完好，重点检查排水沟、排水管、集水井有无开裂、漏水、淤积、堵塞、沉沙、滞水等现象，钢水管有无锈蚀。检查隧道变形缝及衬砌防水设施是否完好，有无渗漏水。

3）疏散平台

检查疏散平台板上有无杂物，结构是否完好。检查疏散平台固定螺丝是否松动。检查疏散平台板是否有掉角开裂。

3.2.3 桥涵现状调查与检测

1）桥面系

检查栏杆、步行板、排水设施、伸缩缝、声屏障等设施是否完整、有效；检查桥面板连接处有无裂缝、钢筋有无锈蚀。

伸缩缝检查应包括以下内容：伸缩缝是否堵塞、梁端缝宽不小于设计值的1.2倍；锚固连接是否牢固，连接件是否松动；密封橡胶带是否老化、拉开、开裂、失效；钢构件是否锈蚀、变形，有无局部破损、开裂。

混凝土栏杆有无裂缝、露筋；金属栏杆油漆是否失效、锈蚀等。

2）钢筋混凝土梁及预应力混凝土梁

用裂纹仪检查梁体表面已标记裂缝的发展情况：检查裂缝宽度、长度、发生位置、形状，并在梁体上做标记；检查预应力混凝土梁封端混凝土是否出现裂缝、渗漏水、脱落，锚具是否外露；检查混凝土梁是否出现空洞、蜂窝麻面、龟裂，表面是否出现风化。检查梁体有无渗漏水。检查梁体表面混凝土有无锈斑、剥落、露筋。

3）钢梁

检查油漆涂膜是否粉化、起泡、裂纹、脱落、点锈等。钢梁是否锈蚀。检查钢梁、杆件、拼接板、焊缝是否出现裂纹，对出现裂纹的处所应做标记。检查钢梁联结件是否松动，检查铆钉和高强度螺栓是否流锈、松动、折断。检查铆钉是否存在松动、烂头等不良情况。检查钢梁杆件是否压屈稳定、弯曲变形。检查钢梁梁体是否局部损伤，结合部位混凝土有无开裂、渗水。

4）组合梁

检查组合梁连接面有无渗漏水。检查钢—混凝土组合梁桥面板的裂缝宽度、长度、位置、密度及发展程度。检查跨中区域桥面板有无压裂、压碎、磨损等情况。检查钢梁和混凝土之间的剪力连接件是否完好，连接件附近是否有疲劳裂缝。

5）墩台及基础

检查裂缝和已标记裂缝的发展情况。检查裂缝发生位置、宽度、长度，并做标记，重点检查是否存在贯通裂缝。检查墩柱、桥台、盖梁混凝土是否有裂缝、表面风化、钢筋外漏、混凝土剥落的情况。检查墩台表面有无腐蚀、剥落、露筋现象。检查墩台有无空鼓、麻面。检查基础有无冲刷。

6）附属结构

桥台护锥和背后盲沟及防护设施有无下沉、损坏、空洞；砌石勾缝有无脱落。梁、墩防护设备有无撞击损坏。横向限位螺栓是否松动，防磨板与梁体是否密贴。检查抗震销棒是否倾斜、变形、断裂、锈蚀、顶死、缺失，销棒固定端混凝土是否破损。检查抗震销棒有无裂缝，并测量裂缝的长度、宽度和深度。检查桥台护锥有无下沉、残缺，并测量下沉和残缺量。检查桥梁的防护栏杆、防护栅、防护栏、隔离带、防撞墩、防撞护栏等是否有断裂、松动、错位、缺件、剥落、锈蚀等损坏现象，并测量防撞墩裂缝的长度、宽度和深度。检查梁体、墩台是否被撞，是否有漏筋情况，梁体防撞钢板、墩台防撞钢板是否损坏。检查限高架设置情况。

7）拉索结构

拉索防护层有无裂缝、老化和漏水。拉索护筒、套管有无裂缝、破损、松动脱落。检查锚固端是否流锈，锚固构件有无浸水、锈蚀、裂纹等。检查拉索振动情况。

8）主塔

检查塔身及斜拉索锚座处混凝土有无剥落。检查锚螺栓、连接螺栓有无松动、断裂、锈蚀；钢构件、钢锚箱有无锈蚀、裂纹。检查钢构件是否锈蚀、脱焊，钢锚箱、连接螺栓是否损伤。检查拉索锚座钢垫板是否锈蚀。检查主塔扒梯的可靠性。检查塔身与梁体之间橡胶横向限位装置的橡胶老化程度。

9）支座

检查锚螺栓有无剪断，螺母有无松动、锈蚀。检查钢件是否锈蚀、有无裂纹、有无脱焊。检查支承垫石是否裂损、翻浆。检查与梁体、墩台连接是否密贴，是否存在“三条腿”现象。检查支座的上下钢板是否水平、脱空和翘曲。检查板式橡胶支座橡胶板有无裂纹、不均匀鼓凸变形、钢板外露；位移、剪切角是否超限等项目。检查盆式橡胶支座的位移和转角是否超限，密封圈有无开裂和破损等项目。

10）涵洞

检查涵身有无变形、损坏；有无漏水；涵身结构有无裂缝，表面是否蜂窝麻面，涵身是否露筋，涵洞铺砌是否裂损，是否淤塞。检查防护设施是否有裂缝，端墙翼墙护锥是否倾斜、挤出。检查排水设施是否完好，管节接缝是否透水渗漏。

3.2.4 车站现状调查与检测

车站的检查主要包括对地下、地面、高架车站的外露主体结构、附属结构、装饰面及附属设施的外观检查。主体结构的检查包括钢结构、钢筋混凝土结构、预应力混凝土结构的外观检查；附属结构的检查包括出入口、疏散口、风道、过街天桥、地下通道的外观检查；装饰面的检查包括墙面、顶面、柱面、地面、屋面、门窗、盥洗设施、安全疏散标志及排水设施的外观检查；附属设施的检查主要包括栏杆、雨棚等。

检查以人工检查为主，辅以简单的检测工具。

1）钢结构

检查钢结构表面油漆是否脱落、锈蚀。检查钢结构表面有无裂纹。检查钢结构柱脚螺栓有无松动、脱落或断裂。检查屋架、立柱等处是否出现裂纹、锈蚀现象；接缝是否开焊；防锈漆是否脱落，防火涂料是否开裂。对于钢结构，检查屋架、立柱等处是否出现裂纹、锈蚀现象；接缝是否开焊；防锈漆是否脱落，防火涂料是否开裂。对于轻质隔墙，检查是否开裂、变形和倾斜。对地下车站电缆墙，检查是否有空鼓、裂缝或渗漏。检查结构是否有渗漏，导流管是否工作正常。

2）钢筋混凝土结构及预应力混凝土结构

检查结构表面有无渗漏水；检查结构表面混凝土有无锈斑、剥落；检查结构有无露筋、开裂、破损。检查墙体是否有裂缝，楼板是否有裂缝；结构变形缝是否完好。检查结构是否有渗漏，导流管是否工作正常。

3）屋面

检查车站屋顶、屋面装饰面伸缩缝盖板孔（门）、透气孔网等外观是否完好；对于地上车站，还要检查采光板屋面及金属屋面是否有污点、腐蚀，采光是否良好，隔热层及防潮板功能是否有效。检查屋面防水卷材是否起鼓、开裂，封边是否牢固，屋顶是否洇水、漏水等。

4)顶面

对普通涂饰类顶面,检查是否空鼓、起皮、脱落或开裂;检查吊顶有无松动、脱落、破损。检查吊顶的面板、扣件、龙骨是否破损,扣件是否牢固。检查吊顶有无下垂,龙骨有无松动,吊件有无腐蚀、松动。对于地上车站,还应检查格栅类吊顶格栅分格是否均匀、方正,表面是否平顺、起拱,是否有塌陷;垂片类吊顶龙骨是否水平,吊件和龙骨是否紧固。

5)墙面

对涂饰类装饰面,检查有无起皮、脱落或开裂;对于挂类装饰面,检查是否平整,有无开裂,嵌缝是否密实,金属挂件是否结实,吊挂是否牢固、翘起;对于湿贴类装饰面,检查表面是否平整,有无空鼓、裂缝,绑扎或粘贴是否牢固。检查变形缝是否完好,局部是否翘起,装饰面是否开胶。

6)地面

对于整体铺设地面,检查是否平整,有无脱皮、空鼓、裂纹、麻面和起砂等现象;对于板块地面,检查是否平整,有无松动、空鼓、裂纹、掉角、缺楞、翘曲等现象;对于大理石地面,检查是否有开裂、破损、渗漏水等现象。检查站内沟盖板有无出槽、变形、断裂或丢失,胶皮是否脱落。检查站台板是否松动,有无空鼓、破损。检查盲道砖是否空鼓,防滑功能是否有效;检查无障碍标志是否翘起、脱落和破损。检查散水是否破损。变形缝检查参照主体结构检测中的内容。

7)门窗

对普通门窗,检查是否完好,有无松动、开焊、开裂和变形;开关是否灵活;小五金是否有缺损;玻璃安装是否牢固,有无缝隙裂纹等。对特种门,检查开启是否正常,配件是否齐全,位置是否正确、是否牢固,插销件是否损坏、掉漆,骨架是否腐蚀,功能是否满足使用及性能要求。

8)楼梯

检查台阶有无破损、松动、露筋或裂缝;防滑条有无破损、翘起;水泥抹灰有无脱落。检查木质扶手、栏杆是否存在缺失、线条不顺直、对缝不严密整齐的情况。检查不锈钢扶手、栏杆是否存在变形、连接处开焊的情况。检查钢质扶手、栏杆是否存在变形、开焊、锈蚀、掉漆的情况。

9)盥洗设施

检查站内卫生间洁具设施是否完好、小五金配件是否缺失。

10)安全疏散标志

检查站厅、售票厅、出入口、通道柱、墙面和台阶等处的安全疏散标志及导向标识是否清晰,有无翘起、脱落或破损。

11)出入口

检查出入口顶面、墙面、地面以及楼梯有无渗水情况。

3.2.5 车辆段及附属结构现状调查与检测

车辆段的检查主要包括对停车列检库、架修库、月修库、定修库、洗刷库、轨道车库、过街天桥、料棚、站台、防雨雪棚的外观检查;区间附属建筑的检查主要包括对风亭和变电站的钢结构、钢筋混凝土结构、检修沟、天窗及附属设施的外观检查。检查以人工检查为主,辅以简单的检查工具。停车列检库、架修库、月修库、定修库、洗刷库、轨道车库的日常检查主要包括对结构、顶面、墙面、柱面、地面、门窗、检修沟的检查。

1)过街天桥

检查台阶有无破损、松动。检查过街天桥栏杆、扶手是否存在变形、开焊、锈蚀及掉漆情况。

2)料棚

检查料棚顶面是否渗漏水。检查钢结构表面油漆是否脱落、锈蚀。检查屋架、立柱等处是否出现裂纹、锈蚀现象。检查接缝是否开焊。检查防锈漆是否脱落,防火涂料是否开裂。

3)站台

检查站台板是否松动,有无空鼓、破损。检查盲道砖是否空鼓,防滑功能是否有效;检查无障碍标志是否翘起、脱落和破损。

4)检修沟

检查车辆段电客车及轨道车检修沟是否发生沉降、开裂。

5)天窗

检查车辆段天窗是否清洁、是否破损,开启是否自由,配件是否齐全。

6)附属结构

围墙应检查是否破损、开裂和变形。检查雨棚、围栏、车辆空调检修平台是否破损、锈蚀。道路应检查路面是否有坑洼、破损、开裂和下沉。

3.2.6 路基现状调查与检测

路基的检查主要包括对路基本体、排水设施、防护加固设施等的外观及使用状态检查。

1)路基本体

检查基床是否出现渗水、渗流、下沉外挤及翻浆冒泥现象;冬季还应检查基床是否发生冻害。检查边坡是否坍滑、风化剥落、溜坍、陷穴、裂缝、零星活石或松动孤石;侧沟平台和堑坡平台上有无杂物堆积。检查路肩是否平整,有无缺损,有无外高内低、积水、塌陷、挤出或隆起;路肩面和肩缘下 2m 范围内有无弃砟弃土堆积。

2)排水设施

检查排水沟有无淤积物和排水不良现象,两侧是否整洁,沟帮上有无杂物堆积;周边杂草植物是否侵入。检查地下排水设施的沟口和泄水孔有无淤塞物;盲沟出水口排水是否畅通;出水口边坡有无冲沟或坍塌。

3)防护加固设施

检查护栏网片有无损坏、缺损和锈蚀,护栏有无断裂;护栏基础和立柱有无损坏。检查声屏障骨架是否松动、脱落,隔音板是否变形、损坏。检查护坡是否出现坍滑;泄水孔有无堵塞;平台及堑坡砌体有无杂物堆积;挡土墙有无开裂、蚁穴、坍塌、墙后堵塞积水;周围地基是否有错台或出现空隙。检查检修通道有无积水、杂物堆积妨碍行走。

3.3 现状调查与检测的方法

轨道交通现状调查与检测主要包括混凝土抗压强度,混凝土结构裂缝,钢筋配置,钢筋锈蚀以及线路平面的平纵断面等。结合对穿越工程风险分析及风险分级的判定,合理确定既有轨道交通结构的检测范围和检测内容。本书通过对以下几种检测方法的分析,能够很好地解决轨道交通现状调查与检测过程中遇到的主要问题。

3.3.1 轨道几何形位检测的方法

轨道的几何形位主要包括轨距、水平、前后高低、轨向等。

北京地区地铁线路平面检测依据的现行标准有《北京地铁运营有限公司企业标准技术标准・工务维修规则》[QB(J)BDY/(A)XL003—2015]、《线路检查作业工作指引》(WI-OP-PW-001)等。

轨道几何形位的检测用到的仪器设备有轨距尺、轨检车。

轨道几何形位的检测的前期准备工作有确定工程名称、地点及设计、建设等单位名称;收集被检测区间的设计图纸、设计变更、施工记录、施工验收和工程地质勘察等资料;调查被检测区间现状缺陷,环境条件;向有关人员进行调查;进一步明确委托方的检测目的和具体要求,并了解是否已进行过检测等。

1)测量方法

(1)轨距、水平

采用轨距尺对左右两股钢轨轨距、水平进行人工测量。测量时轨距尺与钢轨保持垂直,轨距尺一端紧靠一股钢轨内侧,另一端做少量移动,记录最小读数即为该测点轨距值。水平测量与轨距测量同时进行,在每一测点同时读取轨距与水平两个读数。同一测点处轨距值与水平值应进行三次重复测量,并记录读数。轨距测量结果大于标准轨距的偏差用"+"表示,小于标准轨距的偏差用"-"表示,曲线段轨距测量应扣除规定的加宽值。水平测量结果,直线段面向线路前进方向,以左股钢轨为基准,左股高于右股时的偏差用"+"表示,低时用"-"表示;曲线部分以内股钢轨为基准,外股钢轨轨顶高度大于超高值时的偏差用"+"表示,小于超高值时的偏差用"-"表示。

(2)轨向、高低

采用10m弦线及钢直尺对线路左右两股钢轨轨向、高低进行人工检测。对线路轨向测量时,应满足下列要求:

①直线段轨道目视观测轨向有异常时,确定测点,由持弦人将10m弦线两端安置于测点前后5m距离的弦位,安置点为轨头内侧面的轨面向下16mm处,弦线应拉紧,测量人员使用钢直尺量取钢轨头部内侧与弦线之间的矢度。

②如钢轨出现反弯,可在按弦处增设20mm厚度的垫块,此时读数要根据垫块附加厚度进行换算。线路高低测量时先目视轨面平顺,在有坑洼处采用10m弦线在轨面测量矢度,操作方式与测量轨向相同;当轨面隆起时,必须增设20mm厚垫块,但测量结果须进行换算。同一测点处轨向或水平应进行三次重复读数,并进行记录。

2）原始数据记录样表

轨道几何形位测量记录见表3-2。

轨道几何形位测量记录表 表3-2

<table>
<tr><td colspan="4">轨道几何形位测量记录表</td><td colspan="2">第 页 共 页</td></tr>
<tr><td>工程名称</td><td colspan="3"></td><td>工程编号</td><td></td></tr>
<tr><td>施工单位</td><td></td><td>检测日期</td><td></td><td>天气、温度</td><td></td></tr>
<tr><td>检测依据</td><td colspan="5"></td></tr>
<tr><td>仪器名称</td><td></td><td>仪器型号</td><td></td><td>仪器编号</td><td></td></tr>
<tr><td>仪器状态</td><td colspan="3">检测前：</td><td colspan="2">检测后：</td></tr>
</table>

断面及里程	轨距（mm）	水平实测值（mm）	水平设计值（mm）

测量人		记录人		复核人	

3.3.2 地铁线路平面检测的方法

地铁线路平面检测依据的现行的标准有《工程测量规范》（GB 50026—2007）、《国家一、二等水准测量规范》（GB/T 12897—2006）、《地铁工程监控量测技术规程》（DB11 490—2007）。

地铁线路平面检测用到的仪器设备有全站仪、三脚架、棱镜等。

地铁线路平面检测的前期准备工作有要求委托单位提供线路测量的任务委托书；收集设计资料；对设计资料进行研究，了解线路的设计情况；进行现场踏勘，熟悉施工现场环境；制订切实可行的测量方案等。

1）测量方法

（1）基准点的选取。选择稳固的基标作为地铁平面测量的基准点，观测区域两端各选择2个铺轨基标作为基准点。

（2）基准点的检核。基准点作为测量工作的基准，决定了测量工作的准确性，在使用之前对选择的基标进行检核。全站仪架设在一个基准点上，后视另一个基准点，测量第三个基准点，按国家精密导线技术要求进行水平角和距离观测，当测量数据满足规范要求，此3个基标可作为地铁平面测量的基准点，反之，则重新选取基准点。

（3）平面控制测量。沿线路方向，以选择的基准点为起始依据布设一条附合导线或多个结点的导线网作为平面控制网。

①精密导线选点要求：相邻边长不宜相差过大；精密导线点的位置应选在沉降变形区域以外的地方；相邻点之间的视线距障碍物的距离以不受旁折光影响为原则；宜在前、后期两

条线路相交叉的地方，设置公用的导线点。

②水平角采用测回法进行观测，根据精密导线技术要求，须观测 4 个测回。观测过程中应始终保持照准部水准气泡居中；仪器的转动应平稳、匀称，照准目标时，应按规定方向旋转；角度测量应在目标成像清晰稳定的有利规定时间进行；水平角观测时，2C 不应超过 9″，半测回互差不应超过 6″，测回间互差不应超过 6″，若限差超限，则重测，直至符合。

③精密导线边长应根据精密导线技术规范执行，每条边应往返观测各二个测回，每测回间应重新照准目标，每测回应 3 次读数。测距时，一测回三次读数的较差应小于 3mm，测回间平均值的较差应小于 3mm，往返平均值的较差应小于 5mm。

④精密导线观测完成后，计算闭合差，若符合规范要求，则可作为轨面平面测量的控制点使用；若不符合，则检查有问题的测站，并重新进行观测，直至符合。

⑤轨面测点间距的确定：依据方案将轨面线路间距呈 5m 进行测点布设，并做标记。

(4)轨道轨面平面测量。

①测量方法：将全站仪架设在测区控制点上，后视另一个控制点，采用测回法测量各轨面平面待测点，每个观测点均测角测距各一个测回，以保证待测点位置的准确性。

②水平角观测时，2C 不应超过 9″，半测回误差不应超过 6″。若限差超限，则重测，直至符合。

③距离观测，一测回中读两次数，其互差不能大于 3mm，取平均值为最终观测值。

(5)数据计算。上述完成后，可进行内业计算，求出各测点的平面坐标。

2)原始数据记录样表

平面测量记录见表 3-3。

平面测量记录表 表 3-3

地铁平面测量记录表		第 页 共 页			
工程名称		工程编号			
仪器型号		仪器编号			
工程地点		检测日期			
位置坐标 / 断面号及里程	外侧轨		内侧轨		
	横坐标 X	纵坐标 Y	横坐标 X	纵坐标 Y	
备注：					
检测人		记录人		复核人	

3.3.3 地铁线路水准检测的方法

地铁线路水准检测依据的现行标准有《工程测量规范》(GB 50026—2007)、《国家一、二等水准测量规范》(GB/T 12897—2006)、《地铁工程监控量测技术规程》(DB11 490—2007)。

地铁线路水准检测用到的仪器设备有数字水准仪、三脚架、水准尺、尺垫等。

地铁线路水准检测的前期准备工作有要求委托单位提供线路测量的任务委托书;收集设计资料,如设计单位提供的基标点高程、铺轨图、线路轨面高程;对设计资料进行研究,了解线路的设计情况;进行现场踏勘,熟悉施工现场环境;制订切实可行的测量方案等。

1)测量方法

(1)基准点的选取。选择隧道内稳固的基标作为测量的基准点,观测区域两端各选择2个铺轨基标作为基准点。

(2)基准点的检核。基准点作为测量工作的基准,决定了测量工作的准确性,在使用之前对选择的基标进行检核。将3个基准点布设成环状水准路线,按国家一级水准测量技术要求进行观测,当符合规范要求时,此3个基标可作为本次水准测量的基准点,当不符合规范要求时,则重新选取基准点。

(3)测区水准测量布设。采用闭合水准路线的形式,按二级水准测量技术要求进行观测。

(4)线路间距的确定。依据方案将线路间距呈5m进行测点布设,并做标记。

(5)一测站操作。在通视基础上尽量使前后视距离相等,以消除 i 角误差影响;且除路线拐弯外,测站、前后视标尺位置尽量接近一条直线。

①首先将仪器整平(望远镜绕垂直轴旋转,圆气泡始终位于指标环中央):对向转动两个脚螺旋,使气泡移至两个脚螺旋方向中间,转动第三个脚螺旋,使气泡居中。

②将望远镜对准后视标尺(此时,标尺应按圆水准器整置于垂直位置),用垂直丝照准条码中央,精确调焦至条码影像清晰,按测量键;读数精确至0.001m。

③显示读数后,旋转望远镜照准前视标尺条码中央,精确调焦至条码影像清晰,按测量键。

④显示读数后,重新照准前视标尺,按测量键。

⑤显示读数后,旋转望远镜照准后视标尺条码中央,精确调焦至条码影像清晰,按测量键。显示测量成果,测站检核合格后迁站,否则重新对本站进行测量,直至合格为止。

(6)数据的可靠性评定。闭合环线测量完成后,对所采集的数据进行闭合差及每公里水准测量的偶然误差和全中误差的计算,若符合规范要求,则此组数据为可靠,方可使用,反之,则重新测量。

(7)高程计算。上述步骤完成后,可进行数据传输,利用专业软件进行平差,求出各被测点的高程。

2)原始数据记录样表

轨面高程记录见表3-4。

轨面高程记录表 表3-4

地铁轨面高程记录表		第　页　共　页	
工程名称		工程编号	
仪器型号		仪器编号	
工程地点		检测日期	
高程 断面号及里程	观测高程(m)		线路内外轨高程较差(mm)
	外侧轨	内侧轨	
备注:			

测量人		记录人		复核人	

3.3.4 混凝土抗压强度检测的方法

混凝土抗压强度检测依据的现行标准有《回弹法检测混凝土抗压强度技术规程》(JGJ/T 23—2011)、《回弹法、超声回弹综合法检测泵送混凝土强度技术规程》(DBJ/T 01—78—2003)、《建筑结构检测技术标准》(GB/T 50344—2004)等。

混凝土抗压强度检测用到的仪器设备有数字回弹仪、校验钢砧、碳化深度仪等。

混凝土抗压强度检测的前期准备工作有确定工程名称、地点及设计、建设等单位名称;确定混凝土的强度、标号、生产厂家、生产日期及浇筑方式;收集被检测建筑结构的设计图纸、设计变更、施工记录、施工验收和工程地质勘察等资料;调查被检测建筑结构现状缺陷,环境条件,使用期间的加固与维修情况和用途与荷载等变更情况;向有关人员进行调查;进一步明确委托方的检测目的和具体要求,并了解是否已进行过检测等。

1)检测方法

(1)结构或构件混凝土抗压强度的检测,可采用回弹法、超声回弹法、超声回弹综合法、钻芯法。本书只对回弹法做具体介绍,回弹法特殊条件下结合取芯修正。

(2)结构或构件混凝土强度检测可采用下列两种方式,其适用范围及结构或构件数量应符合下列规定:

①单个检测:适用于单个结构或构件的检测。

②批量检测:适用于在相同的生产工艺条件下,混凝土强度等级相同,原材料、配合比、成型工艺、养护条件基本一致且龄期相近的同类结构或构件。按批进行检测的构件,抽检数

量不得少于同批构件总数的30%且构建数量不得少于10件。抽检构件时，应随机抽取并使所选构件具有代表性。

（3）每一结构或构件的测区应符合下列规定：

①每一结构或构件测区数不应少于10个，对某一方向尺寸小于4.5m且另一方向尺寸小于0.3m的构件，其测区数量可适当减少，但不应少于5个。

②相邻两测区的间距应控制在2m以内，测区离构件端部或施工缝边缘的距离不宜大于0.5m，且不宜小于0.2m。

③测区应选在使回弹仪处于水平方向检测混凝土浇筑侧面。

④测区宜选在构件的两个对称可测面上，也可选在一个可测面上，且应均匀分布。在构件的重要部位及薄弱部位必须布置测区，并应避开预埋件。

⑤测区的面积不宜大于0.04m^2。

⑥检测面应为混凝土表面，并应清洁、平整，不应有疏松层、浮浆、油垢、涂层以及蜂窝麻面，必要时可用砂轮清除疏松层和杂物，且不应有残留的粉末或碎屑。

⑦对弹击时产生颤动的薄壁、小型构件应进行固定。

（4）检测时，回弹仪的轴线应始终垂直于结构或构件的混凝土检测面，缓慢施压，准确读数，快速复位。

（5）测点宜在测区范围内均匀分布，相邻两测点的净距不宜小于20mm；测点距外露钢筋、预埋件的距离不宜小于30mm。测点不应在气孔或外露石子上，同一测点只应弹击一次。每一测区应记取16个回弹值，每一测点的回弹值读数估读至1mm。

（6）回弹值测量完毕后，应在有代表性的位置上测量碳化深度值，测点不应少于构件测区数的30%，取其平均值为该构件每测区的碳化深度值。当碳化深度值极差大于2.0mm时，应在每一测区测量碳化深度值。

（7）碳化深度值的测量应符合下列规定：

①可采用工具在测区表面形成直径约15mm的孔洞，其深度应大于混凝土的碳化深度。

②应清除孔洞中的粉末和碎屑，且不得用水擦洗。

③应采用浓度为1%～2%的酚酞酒精溶液滴在孔洞内壁的边缘处，当已碳化与未碳化界限清晰时，应采用碳化深度测量仪测量已碳化与未碳化混凝土交界面到混凝土表面的垂直距离，并应测量3次，每次读数应精确至0.25mm。

④应取三次测量的平均值作为检测结果，并应精确到0.5mm。

2）数据处理

（1）计算测区平均回弹值，应从该测区的16个回弹值中剔除3个最大值和3个最小值，余下的10个回弹值应按下式计算。

$$R_m = \frac{\sum_{i=1}^{10} R_i}{10}$$

式中：R_m——测区平均回弹值，精确至0.1；

R_i——第i个测点的回弹值。

（2）结构或构件第i个测区混凝土强度换算值，可按前面所求得的平均回弹值及所求得的平均碳化深度值由《回弹法检测混凝土抗压强度技术规程》(JGJ/T 23—2011)规程附录A查表得出,当有地区测强曲线或专用测强曲线时,混凝土强度换算值应按地区测强曲线或专用测强曲线换算得出。

(3)结构或构件的测区混凝土强度平均值可根据各测区的混凝土强度换算值计算,测区数为10个及以上时,应计算强度标准差。平均值及标准差应按下列公式计算。

$$m_{f_{cu}^{c}}=\frac{\sum_{i=1}^{n}f_{cu,i}^{c}}{n}$$

$$s_{f_{cu}^{c}}=\sqrt{\frac{\sum(f_{cu,i}^{c})^{2}-n(m_{f_{cu}^{c}})^{2}}{n-1}}$$

式中:$m_{f_{cu}^{c}}$——结构或构件测区混凝土强度换算值的平均值(MPa),精确0.1MPa;

n——对于单个检测的构件,取一个构件的测区数;对批量检测的构件,取被抽检构件测区数之和;

$s_{f_{cu}^{c}}$——结构或构件测区混凝土强度换算值的标准差(MPa),精确至0.01MPa。

(4)结构或构件的混凝土强度推定值($f_{cu,e}$)应按下列公式确定:

①当该结构或构件测区数小于10个时:

$$f_{cu,e}=f_{cu,min}^{c}$$

式中:$f_{cu,min}^{c}$——构件中最小的测区混凝土强度换算值。

②当该结构或构件的测区强度值中出现小于10.0MPa时:

$$f_{cu,e}<10\text{MPa}$$

③当该结构或构件测区数不小于10个或按批量检测时,应按下列公式计算:

$$f_{cu,e}=m_{f_{cu,e}^{c}}-1.645s_{f_{cu}^{c}}$$

(5)对按批量检测的构件,当该批构件混凝土强度标准差出现下列情况之一时,则该批构件应全部按单个构件检测:

①当该批构件混凝土强度平均值小于25MPa时:

$$s_{f_{cu}^{c}}>4.5\text{MPa}$$

②当该批构件混凝土强度平均值不小于25MPa时:

$$s_{f_{cu}^{c}}>5.5\text{MPa}$$

3)原始数据记录样表

回弹法检测混凝土抗压强度原始记录见表3-5。

回弹法检测混凝土抗压强度原始记录表 表3-5

回弹法检测混凝土强度原始记录表			第　页　共　页	
工程名称			工程编号	
施工单位			浇筑日期	
强度等级		检测日期	天气、温度	
检测依据				
仪器名称		仪器型号	仪器编号	
仪器状态	检测前:		检测后:	

续上表

编号		回弹值 R_i																碳化深度（mm）	回弹平均值 R_m
构件名称		1	2	3	4	5	6	7	8	9	10	11	12	13	14	15	16		
	1																		
	2																		
	3																		
	4																		
	5																		
	6																		
	7																		
	8																		
	9																		
	10																		
侧面状态												测试角度 α							
□侧面 □表面 □底面 □干燥 □潮湿 □光洁 □粗糙 □泵送混凝土												□水平 □向上 □向下							
备注：																			
检测人						记录人									复核人				

碳化深度测试原始记录见表3-6。

碳化深度测试原始记录表 表3-6

碳化深度测试原始记录表						第 页 共 页	
工程名称						工程编号	
施工单位						浇筑日期	
强度等级		检测日期				天气、温度	
检测依据							
仪器名称		仪器型号				仪器编号	
仪器状态	检测前：			检测后：			
侧面状态	□侧面 □表面 □底面 □干燥 □潮湿 □光洁 □粗糙 □泵送混凝土						
构件名称	位置	碳化深度测量值(mm)			碳化深度测量平均值(mm)	备注	
		1	2	3			
备注：							
检测人		记录人				复核人	

3.3.5 混凝土结构裂缝检测的方法

混凝土结构裂缝检测依据的现行标准有《建筑结构检测技术标准》(GB/T 50344—2004)、《超声法检测混凝土缺陷技术规程》(CECS 21:2000)等。

混凝土抗压强度检测用到的仪器设备有裂缝宽度仪、裂缝深度仪等。

混凝土结构裂缝检测步骤:裂缝查找→裂缝位置测量→测试位置选取与确定→长度测量→裂缝宽度量测→测深参数率确定→裂缝深度量测→异常情况复核验证→记录、拍照并存档→数据处理及结果分析。

混凝土抗压强度检测的前期准备工作有确定工程名称、地点、机构设计概况及设计、建设等单位名称;收集结构设计图纸及相关文件;检测仪器准备,核定校验情况;编制监测方案等。

1)检测方法

(1)裂缝外观检测

仔细观察构件表面裂缝部位,目测并绘制裂缝分布图,准确记录裂缝的形态、条数、位置、长度和走向,可用拍照或绘图方法获得。

(2)裂缝宽度检测

①将仪器和摄像头连接好,打开电源,进入测试状态。

②将摄像头紧靠在被测裂缝上,使裂缝的上、下端部穿过屏幕的上下边界线。

③裂缝测试部位为裂缝与标尺相交的部位,测试时要尽量保证裂缝与水平线垂直,保证测试的精度。

④移动探头,调整裂缝显示位置,使裂缝的一个边缘对准一个整的刻度线,读取另一边缘的刻度值。两个边缘的刻度值之差为裂缝的宽度值,记录裂缝的宽度值,完成测试。

(3)裂缝深度检测

当结构的裂缝部位只有一个可测表面,估计裂缝深度又不大于500mm时,可采用单面平测法。其检测步骤为:

①在被检测裂缝上确定缝深测试点,作测点编号标记。

②将一对换能器分别移动到支架上标示为100处,按第一种换能器间距(100mm)进行缝深测试,支架中心(支架底部中间透明有机玻璃板的中心)对准被测裂缝测点的精确位置上,保证换能器与混凝土表面耦合良好,按确定键后显示第一间距的声时和缝深,完成第一种间距的测试。

③第一间距的测试完成后,屏幕自动提示第二间距的标示(50或150),按提示的标示间距,将换能器分别移动到支架上的相应位置,按上述方法测试第二间距。

④少数情况下屏幕提示需要进行第三间距(100或200)的测试,方法同上。

2)原始数据记录样表

混凝土结构裂缝检测记录见表3-7。

混凝土结构裂缝检测记录表 表 3-7

混凝土结构裂缝检测记录表				第 页 共 页	
工程名称				工程编号	
施工单位				浇筑日期	
强度等级		检测日期		天气、温度	
检测依据					
仪器名称		仪器型号		仪器编号	
仪器状态	检测前:		检测后:		
序号	裂缝编号	裂缝位置	裂缝宽度(mm)	裂缝深度(mm)	裂缝长度(m)
备注:					
检测人		记录人		复核人	

3.3.6 钢筋配置检测的方法

钢筋配置检测依据的现行标准有《电磁感应法检测钢筋保护层厚度和钢筋直径技术规程》(DB11/T 365—2006)、《混凝土结构工程施工质量验收规范》(GB 50204—2015)等。

钢筋配置检测用到的仪器设备有钢筋位置测定仪等。

钢筋配置检测的前期准备工作有确定工程名称、地点、结构设计概况及设计、建设等单位名称;收集结构设计图纸及相关文件;了解钢筋规格、配置情况;检测仪器准备,核定校验情况;编制检测方案等。

1)检测方法

(1)初步确定钢筋位置:将探头放置在被检测部位表面,沿被测钢筋走向的垂直方向匀速缓慢移动探头,根据信号提示判定钢筋位置,在对应钢筋位置的混凝土表面处作出标记,每根钢筋应至少用3个标记初步确定其位置。

(2)方法检测与被测钢筋垂直的箍筋或横向钢筋,并标记出其位置。

(3)确定被测钢筋的检测部位:在相邻箍筋或横向钢筋的中间部位,沿被测钢筋的垂直方向进行检测。

(4)确定钢筋准确位置后,检测钢筋保护层厚度。

(5)钢筋保护层厚度测量允许偏差应符合以下规定:

①钢筋保护层厚度在40mm(含)以下时,测量允许偏差为±1mm。

②钢筋保护层厚度在40~60mm(含)时,测量允许偏差为±2mm。

③钢筋保护层厚度在60mm以上时,其测量允许偏差应不大于钢筋保护层厚度设计值的10%。

(6)如果钢筋直径已知,应预置钢筋直径后再检测钢筋保护层厚度;如果钢筋直径未知,可同时检测钢筋直径和钢筋保护层厚度。

(7)每个构件的钢筋保护层厚度检测应符合下列规定:

①被检测构件的全部受力钢筋,均应测定其钢筋保护层厚度,每根钢筋应检测1点。

②对每根钢筋测点应选取钢筋保护层厚度有代表性的部位,且宜选在结构构件受力的不利部位。

③多根钢筋保护层厚度测定时,应在被测构件的同一断面上进行。

④每一测点应重复测试3次,取最小值为该测点的钢筋保护层厚度。

(8)设计图纸不详,需要测定已有建筑结构内的钢筋直径,或对工程中钢筋的直径有怀疑时,可采用电磁感应法检测钢筋直径。

(9)钢筋直径、保护层厚度,可根据工程实际情况采用其他测试手段进行验证。

2)数据处理

(1)单个测点钢筋保护层厚度合格判定:纵向受力钢筋保护层厚度的允许偏差,对梁类柱类构件为+10mm,-7mm;对板类、墙类构件为+8mm,-5mm。

(2)钢筋保护层厚度检测结果中,不合格点的最大偏值差若大于规定的允许偏差的1.5倍,应提请设计对局部结构安全进行核算。

(3)钢筋保护层厚度检测的抽样数量合格判定应按照《建筑结构检测技术标准》(GB/T 50344—2004)规定执行。

(4)结构验收时,钢筋保护层厚度的检测结果评定应按《混凝土结构工程施工质量验收规范》(GB 50204—2015)规定执行。

3)原始数据记录样表

钢筋保护层厚度及钢筋的位置、直径原始记录见表3-8。

钢筋保护层厚度及钢筋的位置、直径原始记录表 表3-8

钢筋保护层厚度及钢筋的位置、直径原始记录表				第　页　共　页	
工程名称				工程编号	
施工单位				浇筑日期	
强度等级		检测日期		天气、温度	
检测依据					
仪器名称		仪器型号		仪器编号	
仪器状态	检测前:		检测后:		
侧面状态	□侧面　□表面　□底面　□干燥　□潮湿　□光洁　□粗糙　□泵送混凝土				

续上表

构件名称	测点位置	钢筋直径(mm)						保护层厚度(mm)						钢筋间距(mm)				
		1	2	3	4	5	6	1	2	3	4	5	6	1	2	3	4	5
备注:																		
检测人		记录人						复核人										

3.3.7 钢筋锈蚀检测的方法

钢筋锈蚀检测依据的现行标准有《建筑结构检测技术标准》(GB/T 50344—2004)、《混凝土中钢筋检测技术规程》(JGJ/T 152—2008)、《混凝土结构工程施工质量验收规范》(GB 50204—2015)等。

钢筋锈蚀检测用到的仪器设备有钢筋锈蚀仪等。

钢筋锈蚀检测的前期准备工作有确定工程名称、地点及设计、建设等单位名称;确定结构设计图纸及相关文件;了解钢筋规格、配置情况;检测仪器准备,核定校验情况;向有关人员进行调查;编制检测方案等。

1)检测方法

(1)使用钢筋位置测定仪检测钢筋的分布情况,清洁混凝土表面,采用饮用水[可加入适量(约2%)家用液态洗涤剂]浸湿混凝土表面。

(2)开机后选择锈蚀测试,进入测试界面。

(3)设置参数,用左右箭头移动光标位置,上下箭头进行设置,完成后按确定键。设置测区号、测点间距、测试类型及环境温度,并对测区进行钢筋锈蚀测试。用连接杆连接两个点位电极,用连接线与锈蚀仪相连。

(4)锈蚀测试,把点位电极放在点位测点上,电位值稳定后按确定键,移动电极到下一个测点上,依此类推。当一行(列)完成后,按下箭头(或右箭头),进行下一行(列)测试。

(5)将钢筋锈蚀仪中的数据传输至计算机,进行锈蚀数据处理,并编写锈蚀检测报告。

2)原始数据记录样表

混凝土结构钢筋锈蚀状况检测记录见表3-9。

混凝土结构钢筋锈蚀状况检测记录表　　表 3-9

混凝土结构钢筋锈蚀状况检测记录表				第　页　共　页	
工程名称				工程编号	
施工单位				浇筑日期	
强度等级		检测日期		天气、温度	
检测依据					
仪器名称		仪器型号		仪器编号	
仪器状态	检测前：		检测后：		
测面状态	□侧面　□表面　□底面　□干燥　□潮湿　□光洁　□粗糙　□泵送混凝土				
构件名称	测点位置		钢筋锈蚀数据(mV)		
备注：					
检测人		记录人		复核人	

3.3.8　轨道交通限界检测的方法

轨道交通检测依据的现行标准有《城市轨道交通工程测量规范》(GB 50308—2008)、《工程测量规范》(GB 50026—2007)、《地铁限界标准》(CJJ 96—2003)、《国家一、二等水准测量规范》(GB/T 12897—2006)等。

轨道交通限界检测用到的仪器设备有全站仪等。

轨道交通限界检测的前期准备工作有要求委托单位提供隧道断面尺寸测量的任务委托书;确定工程名称、地点及设计、建设等单位名称;确定结构设计图纸及相关文件;进行现场踏勘,熟悉施工现场环境;检测仪器准备,核定校验情况;向有关人员进行调查;编制检测方案等。

1)检测方法

检测范围内线路每 5m 布设一个限界断面,每个断面测量 8 个测点。利用钢尺量距法确定各断面处轨道中心点,将中心点投至地面上,在各断面的轨道中心点上架设全站仪,以轨道中心线为基准线,通过免棱镜方式采集各断面测量点三维坐标数据。结构横断面测量点的位置,应为建筑限界控制点或设计指定位置的断面点。区间隧道的限界控制点应位于两侧边墙和顶底板上,限界控制点的高度应根据车辆尺寸和其上、中、下影响列车运行三个限界比较紧张的位置和顶、底板的线路中线而定。断面测量点布置见图 3-2。

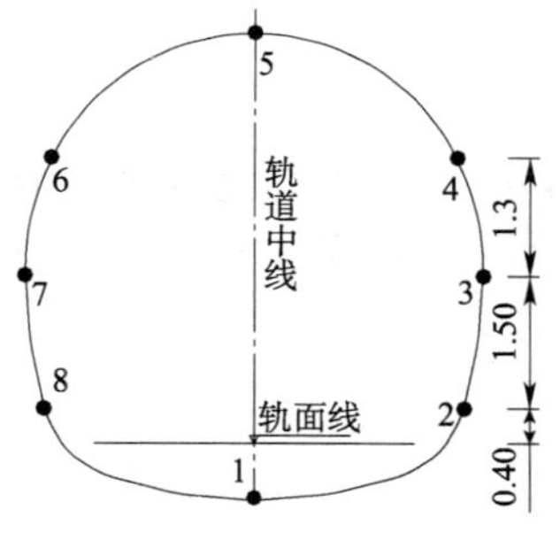

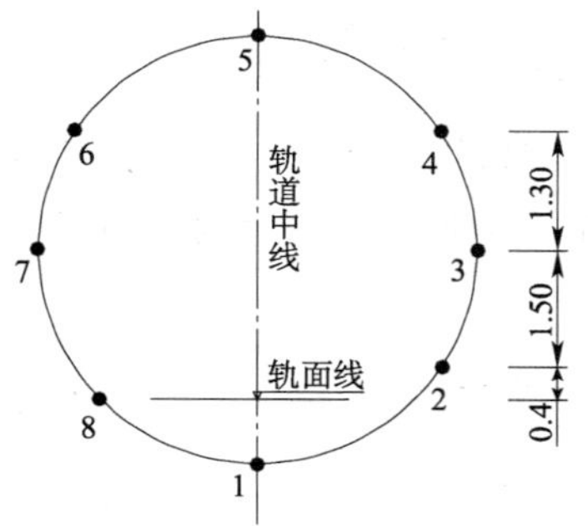

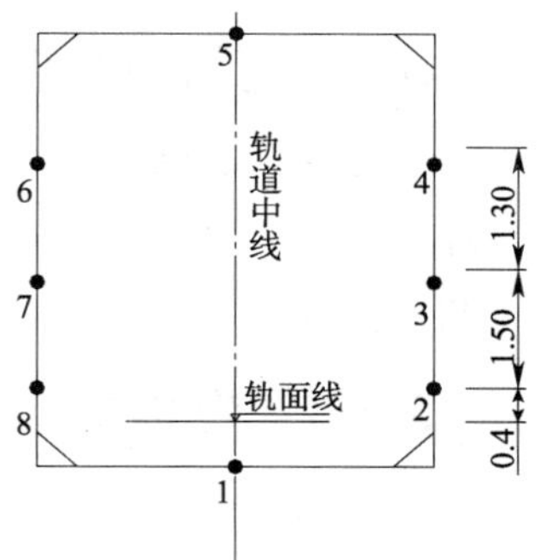

图 3-2 断面测量点布置图（尺寸单位：m）

2）原始记录样表

隧道横断面净空测量记录见表 3-10。

隧道横断面净空测量记录表 表 3-10

<table>
<tr><td colspan="10">隧道横断面净空测量记录表</td><td colspan="5">第 页 共 页</td></tr>
<tr><td colspan="2">工程名称</td><td colspan="6"></td><td colspan="3">工程编号</td><td colspan="4"></td></tr>
<tr><td colspan="2">施工单位</td><td colspan="3"></td><td colspan="2">检测日期</td><td colspan="1"></td><td colspan="3">天气、温度</td><td colspan="4"></td></tr>
<tr><td colspan="2">检测依据</td><td colspan="13"></td></tr>
<tr><td colspan="2">仪器名称</td><td colspan="3"></td><td colspan="2">仪器型号</td><td colspan="1"></td><td colspan="3">仪器编号</td><td colspan="4"></td></tr>
<tr><td colspan="2">仪器状态</td><td colspan="6">检测前：</td><td colspan="7">检测后：</td></tr>
<tr><td colspan="15">左/右线里程自 K ________ 至 K ________</td></tr>
<tr><td rowspan="2">里程</td><td colspan="4">线路中线至左墙</td><td colspan="4">线路中线至右墙</td><td colspan="3">底板高程</td><td colspan="3">顶板高程</td></tr>
<tr><td colspan="2">设计宽度（m）</td><td>实测宽度（m）</td><td>差值（mm）</td><td colspan="2">设计宽度（m）</td><td>实测宽度（m）</td><td>差值（mm）</td><td>设计值（m）</td><td>实测值（m）</td><td>差值（mm）</td><td>设计值（m）</td><td>实测值（m）</td><td>差值（mm）</td></tr>
<tr><td rowspan="3"></td><td>上</td><td></td><td></td><td></td><td>上</td><td></td><td></td><td></td><td></td><td></td><td></td><td></td><td></td><td></td></tr>
<tr><td>中</td><td></td><td></td><td></td><td>中</td><td></td><td></td><td></td><td></td><td></td><td></td><td></td><td></td><td></td></tr>
<tr><td>下</td><td></td><td></td><td></td><td>下</td><td></td><td></td><td></td><td></td><td></td><td></td><td></td><td></td><td></td></tr>
<tr><td rowspan="3"></td><td>上</td><td></td><td></td><td></td><td>上</td><td></td><td></td><td></td><td></td><td></td><td></td><td></td><td></td><td></td></tr>
<tr><td>中</td><td></td><td></td><td></td><td>中</td><td></td><td></td><td></td><td></td><td></td><td></td><td></td><td></td><td></td></tr>
<tr><td>下</td><td></td><td></td><td></td><td>下</td><td></td><td></td><td></td><td></td><td></td><td></td><td></td><td></td><td></td></tr>
<tr><td rowspan="3"></td><td>上</td><td></td><td></td><td></td><td>上</td><td></td><td></td><td></td><td></td><td></td><td></td><td></td><td></td><td></td></tr>
<tr><td>中</td><td></td><td></td><td></td><td>中</td><td></td><td></td><td></td><td></td><td></td><td></td><td></td><td></td><td></td></tr>
<tr><td>下</td><td></td><td></td><td></td><td>下</td><td></td><td></td><td></td><td></td><td></td><td></td><td></td><td></td><td></td></tr>
<tr><td rowspan="3"></td><td>上</td><td></td><td></td><td></td><td>上</td><td></td><td></td><td></td><td></td><td></td><td></td><td></td><td></td><td></td></tr>
<tr><td>中</td><td></td><td></td><td></td><td>中</td><td></td><td></td><td></td><td></td><td></td><td></td><td></td><td></td><td></td></tr>
<tr><td>下</td><td></td><td></td><td></td><td>下</td><td></td><td></td><td></td><td></td><td></td><td></td><td></td><td></td><td></td></tr>
<tr><td rowspan="3"></td><td>上</td><td></td><td></td><td></td><td>上</td><td></td><td></td><td></td><td></td><td></td><td></td><td></td><td></td><td></td></tr>
<tr><td>中</td><td></td><td></td><td></td><td>中</td><td></td><td></td><td></td><td></td><td></td><td></td><td></td><td></td><td></td></tr>
<tr><td>下</td><td></td><td></td><td></td><td>下</td><td></td><td></td><td></td><td></td><td></td><td></td><td></td><td></td><td></td></tr>
<tr><td rowspan="3"></td><td>上</td><td></td><td></td><td></td><td>上</td><td></td><td></td><td></td><td></td><td></td><td></td><td></td><td></td><td></td></tr>
<tr><td>中</td><td></td><td></td><td></td><td>中</td><td></td><td></td><td></td><td></td><td></td><td></td><td></td><td></td><td></td></tr>
<tr><td>下</td><td></td><td></td><td></td><td>下</td><td></td><td></td><td></td><td></td><td></td><td></td><td></td><td></td><td></td></tr>
<tr><td colspan="15">备注：</td></tr>
<tr><td colspan="2">测量人</td><td colspan="3"></td><td colspan="2">记录人</td><td colspan="1"></td><td colspan="3">复核人</td><td colspan="4"></td></tr>
</table>

3.4 现状调查与检测的结论及建议

既有轨道交通结构情况中会对风险分析产生较大影响的内容包括：既有轨道交通线路情况优劣、既有轨道交通混凝土结构优劣等。结合前面给出的内容和方法，我们可以得到调查与检测的基本结论。

3.4.1 现状调查与检测的结论

1）既有轨道交通线路情况优劣

线路情况包括线路形式、道床形式等常规属性及线路的调整情况，具体表现形式有线路为直线或曲线、是否有道岔、扣件的类型及调高情况，扣件各零部件、短轨枕完好程度及钢轨磨耗程度等。

根据相关资料和工程实例的结果表明，对于既有轨道交通结构的控制标准，道岔区的标准较高，无砟轨道比有砟轨道要求严格，固定区比伸缩区要求严格。《北京地铁运营有限公司企业标准技术标准·工务维修规则》[QB(J)/BDY(A)XL003—2015]日常养护维修线路轨道静态几何尺寸容许偏差管理值如表3-11所示。

日常养护维修线路轨道静态几何尺寸容许偏差管理值（单位：mm）　　表3-11

项目	整体道床		碎石道床	
	正线	其他线	正线	其他线
轨距	6	7	7	8
	-3	-3	-4	-4
水平	6	8	7	9
高低	6	8	7	9
轨向	6	8	7	9

注：1. 轨距偏差不含曲线上规定的轨距加宽值，但最大轨距（含加宽值和偏差）不得超过1456mm。
2. 轨向偏差和高低偏差为10m弦测量的最大矢度值。

2）既有轨道交通混凝土结构优劣

既有轨道交通结构性能的优劣主要包括裂缝大小和数量、混凝土强度和碳化程度、渗漏水等方面。

（1）混凝土结构裂缝

一般情况下，裂缝的产生原因主要有温度变化、自身干缩变形、结构变形以及外荷载作用等。

温度变化和干缩变形主要集中在混凝土浇筑初期，混凝土结构表层与内部在水分散失和温度变化方面不能保持一致，因此导致干缩裂缝和温度裂缝产生。这种裂缝的初期一般都是微裂缝，通常都是无害裂缝。当结构受到变形影响和外荷载作用时，在微裂缝处容易产生应力集中，微裂缝长度和宽度不断发展和连通，发展成为肉眼可见的裂缝。变形裂缝的产生使得变形力得以释放，应力集中情况随之消失，因此变形裂缝一般不影响结构的承载力；当结构由于受到外荷载的作用产生裂缝时，说明结构承载力不足，此时裂缝的存在会影响结构安全性。

混凝土裂缝是混凝土的病害之一，其贯穿或者深入内部后会破坏混凝土结构的整体性，改变混凝土的受力结构，最终导致局部混凝土结构发生破坏。

轨道交通隧道中，裂缝多出现在区间隧道封顶块和标准块管片、车站结构的侧墙和顶板处。对裂缝进行评定的过程中，由于裂缝长度和宽度能较直观地反映裂缝现有状态，一般情况下选其作为评定指标。

目前，美国、日本等都对隧道结构裂缝进行了研究，并进行了量化分级。美国在其铁路和公路中对隧道裂缝的评判标准主要以裂缝的宽度为指标，未考虑裂缝长度的影响；日本和我国以裂缝长度和宽度对铁路隧道进行了标准分级，在其判定过程中，以有无发展情况为基准。我国《铁路桥隧建筑物劣化评定标准——隧道》(TB/T 2820.2—1997)采用定量与定性相结合的方法，综合考虑了裂缝的宽度和长度对裂缝进行等级评定，如表3-12所示。

铁路隧道混凝土裂缝等级分类 表3-12

分级	裂缝状态描述
Ⅰ	轻微。一般龟裂或无发展状态
Ⅱ	中等。长度小于5mm并且宽度小于3mm
Ⅲ	较重。长度小于5mm并且宽度处于3～5mm，有发展趋势，但速度不快
Ⅳ	严重。长度处于5～10mm、宽度大于5mm，衬砌呈块状，在外力作用下有可能崩塌和剥落
Ⅴ	极严重。长度大于10mm、宽度大于5mm，变形情况继续发展，拱部开裂呈块状，有可能掉块

由于轨道交通对隧道结构要求更高，根据《城市轨道交通设施养护维修技术规范》(DB11/T 718—2016)将隧道状态分为更为详细的五级，见表3-13。

城市轨道隧道分项状态评定标准 表3-13

分级	洞体裂缝
Ⅰ	一般龟裂或无发展状态
Ⅱ	钢筋混凝土衬砌裂缝宽度 $\delta<0.3$mm；普通混凝土衬砌裂缝宽度 $\delta<3$mm 且长度 $L<5$m
Ⅲ	钢筋混凝土衬砌裂缝宽度 $0.5\text{mm}\geqslant\delta\geqslant0.3\text{mm}$；普通混凝土衬砌裂缝宽度 $5\text{mm}\geqslant\delta\geqslant3\text{mm}$，长度 $L<5$mm 且裂缝有发展，但速度不快
Ⅳ	衬砌出现贯通裂缝；钢筋混凝土衬砌裂缝宽度 $\delta>0.5$mm；普通混凝土衬砌裂缝宽度 $\delta>5$mm，长度 $10\text{m}\geqslant L\geqslant5\text{m}$ 且裂缝密集
Ⅴ	钢筋混凝土衬砌裂缝宽度 $\delta>0.5$mm；普通混凝土衬砌裂缝宽度 $\delta>5$mm，长度 $L>10$m，且变形继续发展；拱部开裂呈块状，有可能掉落

(2)混凝土强度和碳化程度

混凝土在工程结构中扮演着重要角色，在轨道交通结构中混凝土承受周围岩土的各种应力作用，因此其强度优劣直接关系到轨道交通结构的各项安全指标。

①混凝土强度。

混凝土强度分为抗压强度、抗拉强度等，其中以抗压强度为主。在结构设计施工时，出于对抗拉强度的需求，在混凝土中加入钢筋来增强混凝土的抗拉强度和抗弯强度。

在国内外针对隧道衬砌结构的分析中，以有效衬砌厚度和设计衬砌厚度之比来表示隧道结构衬砌的变化情况。其中有效衬砌厚度指混凝土强度不小于设计标准强度的衬砌的厚度。在轨道交通结构针对混凝土的检测过程中，其现状下的强度和厚度较容易得到，因此针对轨道交通混凝土结构强度的判定以实际状态下混凝土的强度与设计强度的比值来确定当前混凝土的强度等级分类，如表3-14所示。

轨道交通结构混凝土强度等级分类　　表 3-14

分级	Ⅰ	Ⅱ	Ⅲ	Ⅳ	Ⅴ
现状强度/设计强度	>4/5	3/4 ~ 4/5	2/3 ~ 3/4	1/2 ~ 2/3	<1/2

②混凝土碳化。

混凝土碳化是指混凝土受到物理、化学作用，暴露在空气中的混凝土水化物与空气中的二氧化碳发生化学反应，生成碳酸盐和其他物质。碳化使混凝土成分、结构、性能等发生变化。由于碳化后在混凝土表面形成的碳酸盐等物质硬度较高，使得混凝土表面硬度增加，回弹性增强，因此混凝土碳化本身对混凝土并无破坏作用。但是，随着碳化深度的不断增加，使得混凝土内部由于水泥水化作用而形成的强碱性降低，钢筋表面形成的钝化膜保护层受到破坏，混凝土对钢筋的保护作用减弱，沿钢筋产生裂缝，水、空气进入裂缝，最终造成钢筋的锈蚀。同时碳化还会影响到混凝土收缩、强度、结构等性质。

针对混凝土的碳化作用，通常使用碳化深度来评定。根据上文提到的检测方法进行检测，每次测读至 0.5mm。轨道交通结构混凝土碳化分类情况如表 3-15 所示。

轨道交通结构混凝土碳化等级分类　　表 3-15

分级	碳　化　程　度
Ⅰ	碳化深度小于混凝土保护层厚度，钢筋未锈蚀
Ⅱ	碳化深度接近混凝土保护层厚度，钢筋表面出现局部锈斑
Ⅲ	碳化深度大于混凝土保护层厚度，钢筋出现严重锈蚀

(3)渗漏水

渗漏水是隧道工程中较常见的缺陷，尤其在地下水较丰富的地区。由于渗漏水的存在，导致隧道结构本身混凝土碳化速度加快，混凝土结构受到破坏，使轨道交通隧道耐久性降低，当渗漏水具有腐蚀性时，此类现象更加明显。同时，渗漏水使得隧道结构内部经常处于潮湿的状态下，使得轨道交通内设备发生破坏以及隧道内道床和轨道结构发生积水现象，影响轨道交通的安全运营。除上述外，当渗漏水水量较大时，隧道结构周边地下水位会由于渗漏情况的发生而改变，导致隧道周边岩土应力状态发生变化，轨道交通衬砌结构产生变形。

渗漏水的渗漏状态可以用渗流速度来反映。美国在《公路和铁路交通隧道检查手册》对渗流速度进行了分类，混凝土表面发生潮湿现象为轻度、流速小于 30 滴/s 为中度、流速大于 30 滴/s 为严重情况。根据《地下防水工程质量验收规范》(GB 50208—2011)中相关规定，结合国内外公路和铁路对于隧道结构渗漏水的各种标准，在此基础上提出了针对轨道交通隧道结构的渗漏水判定标准，如表 3-16 所示。

轨道交通结构漏水等级分类　　表 3-16

分级	渗流速度(滴/s)	状态描述
Ⅰ	0	无渗流
Ⅱ	<5	混凝土表面潮湿
Ⅲ	5 ~ 60	结构管片接头、裂缝处滴水
Ⅳ	60 ~ 300	结构管片接头、裂缝处渗水
Ⅴ	>300	出现连续性的渗流

3.4.2 现状调查与检测的建议

1）既有轨道交通线路整治建议

对于检测过程中超限的检测项目，需进行适当的养护维修来满足日常运行需求。针对以上几种线路的基本情况，若有超限情况，可以按照以下建议进行整治。

(1)对整体道床线路可通过起道、改道等作业矫正线路不良几何状态。

(2)对碎石道床线路可通过起道、拨道、改道等作业矫正线路不良几何状态。

(3)起道作业可按照以下方法进行：

①整体道床线路可采用垫板方法。

②混凝土枕地段可采用捣固与垫板或垫砟相结合的方法。

③木枕地段可采用起道捣固的方法进行。

(4)拨道作业可按照以下方法进行：

①线路直线地段轨向不良，可用目测方法拨正。

②曲线地段轨向不良，可用绳正法。

③如需改变曲线头尾位置、缓和曲线长度与曲线半径，应用经纬仪、全站仪等仪器测量拨正。

(5)改道作业可按照以下方法进行：

①整体道床线路可采用铁垫板调边、调整不同号码轨距垫等方法进行。

②碎石道床混凝土枕线路可采用调整不同号码轨距垫等方法进行；木枕线路可采用调整不同号码轨距垫、铁垫板调边、移动铁垫板等方法进行。

2）既有轨道交通混凝土结构整治建议

对于检测过程中超限的检测项目需进行适当的养护维修来满足日常运行需求。针对混凝土结构的基本情况，若有超限情况，可以按照以下建议进行整治。

(1)混凝土结构裂缝

①表面涂抹水泥砂浆。将裂缝附近的混凝土表面凿毛，或沿深进裂缝凿成凹槽，扫除并洒水湿润，先刷水泥净浆一层，然后用水泥砂浆涂抹，并用铁抹压密抹光。

②表面涂抹环氧胶泥。用钢丝刷、砂纸、毛刷清除干净并洗净，油污可用二甲苯或丙酮擦洗一遍，如表面潮湿，应用喷灯烤干燥、预热，以保证环氧胶泥与混凝土黏结良好，若基层难以干燥，则用环氧煤焦油胶泥(涂料)涂抹。

③表面涂刷油漆、沥青。涂刷前，混凝土表面应干燥。

④表面凿槽嵌补。沿混凝土裂缝凿一条V形或U形深槽，V形槽用于一般裂缝的治理，U形槽用于渗水裂缝的治理。槽内嵌水泥砂浆或环氧胶泥、聚氧乙烯胶泥、沥青油膏等，表面作砂浆保护层。

⑤用压浆泵将胶结材料压入裂缝中，由于其凝结、硬化而起到补缝作用，以恢复结构的整体性。这种方法适用于对结构整体性有影响，或有防水、防渗要求的裂缝修补。常用的灌浆材料有水泥和化学材料，可按裂缝的性质、宽度、施工条件等具体情况选用。一般对宽度大于0.5mm的裂缝，可采用水泥灌浆，对宽度小于0.5mm的裂缝，或较大的温度收缩裂缝，宜采用化学灌浆。

⑥当裂缝影响到混凝土结构的性能时，就要考虑采取加固法对混凝土结构进行处理。用锚杆、钢板、钢筋混凝土等材料对结构作补强加固，可扼制裂缝进一步发展，恢复结构的整体性。

（2）混凝土强度和碳化程度

①对于衬砌混凝土酥松、起鼓、剥离、掉块、露筋，凿去松动混凝土，清除钢筋锈迹后进行修补。

②检查衬砌是否有局部掉块、钢筋外露、锈蚀现象，并做出标记；对衬砌出现局部掉块的部位进行修补。

③材料发生劣化时需查明原因进行整治，必要时可采取专项评估、专项设计和专业施工队伍施工的方式进行病害整治。

（3）渗漏水

①孔洞渗漏水的处理。

a. 一般在水压不大（水压 2N 以下）、孔洞较小的情况下，根据渗漏水量大小，以漏点为圆心剔成凹槽（直径 × 深度为 1cm × 2cm，2cm × 3cm，3cm × 5cm），凹槽壁尽量与基层面垂直，并用水将凹槽冲洗干净。用配合比为 1:0.6 的水泥胶浆捻成与凹槽直径相接近的圆锥体，待胶浆开始凝固时，迅速将胶浆用力堵塞于凹槽内，并向槽壁四周挤压碾碎石油毡实，使胶浆立即与槽壁紧密黏合，堵塞持续半分钟即可，随即按漏水检查方法进行检查，确定无渗漏胶管后，抹上防水层。

b. 下管堵漏法。水压在 2 ~ 4N，孔洞较大，可按下管堵漏法处理。下管堵漏法是将漏水处剔成孔洞，深度视漏水情况决定，在孔洞底部铺碎石，碎石上面盖一层与孔洞面积大小相同的油毡（或铁片），用一胶管穿透油毡到碎石中。如系地面孔洞漏水，则在漏水处四周砌筑挡水墙，将水引出墙外。然后用促凝剂水泥胶浆（水灰比为 0.8 ~ 0.9）把孔洞一次注满，待胶浆开始凝固时，立即用力将孔洞四周压实，并使胶浆表面略低于基层面 1 ~ 2cm。擦干表面，经检查孔洞四周无渗水时，抹上防水层的第一二层，待防水层有一定强度后，将管拔出，按直接堵塞法，将管孔堵塞，最后抹防水层的第三四层等。

c. 木楔子堵塞法。本法适用于水压很大（水位在 5m 以上）、漏水孔洞不大的情况下。用胶浆把一铁管（管径视漏水量而定）稳牢于漏水处剔成的孔洞内，铁管顶端应比基层面低 2cm，管四周空隙用砂浆、素灰抹好，待有强度后，把一浸过沥青的木楔打入管内，簪顶处再抹素灰、砂浆等，经 24h 后，检查无漏水现象，随同其他部位一起做好防水层。

d. 预制套盒堵漏法。在水压较大（水头在 4m 以上）、漏水严重、孔洞较大时，可采用预制套盒堵漏法处理。将漏水处剔成圆形孔洞，在孔洞四周筑挡水墙。根据孔洞大小制作混凝土套盒，套盒外半径比孔洞半径小 3cm，套盒壁上留有数个进水孔及出水孔，套盒外壁做好防水层，表面做成麻面。在孔洞底部铺碎石及芦席，将套盒反扣在孔洞内。在套盒与孔洞壁的空隙中填碎石及胶浆，并用胶浆把胶管插稳于套盒的出水孔上，将水引到挡水墙外。在套盒顶面抹好素灰、砂浆层，并将砂浆表面扫成毛纹。待砂浆凝固后，拔出胶管，按直接堵塞法的要求将孔眼堵塞，最后随同其他部位做好防水层。

②裂缝渗漏水的处理。

a. 直接堵塞法。先沿缝方向以裂缝为中心剔成八字形边坡沟槽，并清洗干净，把搅拌好的水泥胶浆捻成条形，待胶浆快要凝固时，迅速填入沟槽中，向槽内或槽两侧用力挤压密实，使胶浆与槽壁紧密结合，若裂缝过长可分段堵塞。堵塞完毕经检查无渗水现象，用素灰和砂浆把沟槽抹平并扫成毛面，凝固后(约 24h)随其他部位一起做好防水层。

b. 下线堵漏法。适用水压较大的慢渗或快渗的裂缝漏水处理。先按裂缝漏水直接堵塞法一样剔好沟槽，在沟槽底部沿裂缝放置一根小绳(直径视漏水量确定)，长度为 20 ~ 30cm，将胶浆和绳填塞于沟槽中，并迅速向两侧压密实。填塞后，立即把小绳抽出，使水顺绳孔流出。缝隙较长时可分段堵塞，每段间留 2cm 空隙。根据漏水量大小，在空隙处采用下钉法或下管法使其缩小。下钉法是把胶浆包在钉杆上，插于 2cm 的空隙中，待胶浆快要凝固时，用力将胶浆向空隙四周压实，同时转动钉杆立即拔出，使水顺钉眼流出。经检查除钉眼处其他部位无渗水现象，沿沟槽抹素灰、砂浆各一层。待凝固后，再按孔洞漏水直接堵塞法将钉眼堵塞。

c. 下半圆铁片堵漏法。水压较大的急流漏水裂缝，可采用下半圆铁片堵漏法处理。处理前，把漏水处剔成八字形边坡沟槽，尺寸可视漏水量大小而定。沟槽底部扣上半圆铁片，每隔 50 ~ 100cm 放一个带有圆孔的半圆铁片，把胶管插入铁片孔内。处理时，按裂缝漏水直接堵塞法分段堵塞，漏水顺管流出。经检查无渗漏后，在缝隙处抹一、二层防水层，凝固后拔出胶管，按孔洞漏水直接堵塞法将管眼堵好，最后随其他部位一起做好防水层。

d. 墙角压铁片堵漏法。墙根阴角漏水可根据水压大小，分别按上述三种办法处理。如混凝土结构较薄或工作面小，无法剔槽时，可采用墙角压铁片堵漏法处理。这种做法不用剔槽，可将墙角漏水处清刷干净，把长 30 ~ 100cm，宽 4 ~ 5cm 的铁片斜放在墙角处，用胶浆逐段将铁片稳牢，胶浆表面呈圆弧形。在裂缝尽头，把胶管插入铁片下部的空隙中，并用胶浆稳牢。胶浆上按抹面防水层要求抹一层素灰和一层砂浆，经养护具有一定强度后，再把胶管拔出，按孔洞漏水直接堵塞法将管孔堵塞，最后随同墙、地面一起做好防水层。

③大面积渗漏水的处理。

大面积严重渗漏水一般采用综合治理的方法，即刚柔结合多道防线。首先疏通漏水孔洞，引水泄压，在分散低压力渗水基面上涂抹速凝防水材料，然后涂抹刚柔性防水材料，最后封堵引水孔洞。并根据工程结构破坏程度和需要采用贴壁混凝土衬砌加强处理。其处理顺序是：大漏引水→小漏止水、涂抹快凝止水材料→柔性防水→刚性防水、注浆堵水，必要时贴壁混凝土衬砌加强。最常用的大面积渗漏水修补材料可选择水泥砂浆抹面、膨胀水泥砂浆、氯化铁防水砂浆、环氧煤焦油涂料、环氧贴玻璃布等。

第4章　穿越轨道交通工程风险监测

新建工程在穿越轨道交通过程中，监测单位应根据评估单位提供的监测范围、敏感部位（如穿越位置对应既有轨道交通工程中心位置）的变形控制指标对影响范围内的既有轨道交通结构设施进行全面、系统的监测，尤其是采用能够进行实时监测的自动化设备，才能对周围环境的影响程度有全面的了解，以确保工程的顺利进行，在出现变形超限的情况时及时反馈，并采取必要的工程应急措施，调整施工工艺或施工参数。

4.1　风险监测概述

4.1.1　风险监测的概念与意义

穿越轨道交通工程风险监测是指由建设管理单位通过招标形式确定具体的监测单位，通过一定的测量技术和方法，对既有轨道交通及其周边环境进行科学监测，并通过监测数据的处理和分析，评估所监测工程的安全状况，提出合理化的加固保护建议措施，以保障既有轨道交通的安全。

轨道交通穿越工程施工过程中支护结构垮塌，周围岩土土体坍塌以及建（构）筑物、地下管线等周边环境对象的过大变形或破坏等安全风险事件时有发生，因此，在地下工程施工过程中开展工程风险监测工作，对安全风险事件的预防、预报和控制安全风险事件的发生具有十分重要的意义。

穿越轨道交通工程风险监测可验证设计、施工和环境保护方案的安全性和合理性、优化设计和施工参数，判定并预测新建工程和既有轨道交通结构的安全状态和变形趋势，为实施信息化施工提供资料等。具体表现在以下几个方面：

（1）验证工程勘察资料的可靠性。工程勘察为设计和施工提供详细的工程地质资料和技术参数，是工程建设的基础工作。然而，受到勘察时间、勘察设备精确度、人员操作规范性等因素的影响，工程勘察资料的可靠性需要再次检验。施工过程中的工程监测能够检验工程勘察资料的可靠性，并防止因工程勘察失误、勘察资料不足对结构安全和施工安全产生影响。

（2）为信息化施工提供依据。通过监测随时掌握岩土层和支护结构内力、变形的变化情况以及周边环境中各种地下结构、设施的变形情况，将监测数据与设计值进行对比、分析，以判断前步施工是否符合预期要求，确定和优化下一步施工工艺和参数，以此达到信息化施工的目的，使得监测成果成为现场施工工程技术人员做出正确判断的依据。

（3）为既有轨道交通的安全提供保障。通过对轨道交通的现场监测，验证新建工程保护方案的正确性，及时分析出现的问题并采取有效措施，以保证既有轨道交通的安全。

通过工程监测可掌握新建工程各施工阶段地层、支护结构以及既有轨道交通结构的动态变化,监测异常荷载和结构的过大反应,把握施工过程中监测对象的安全状态。如果有潜在工程安全问题,工程监测能及时发生危险的先兆,促使施工方案采取必要的工程措施,避免工程破坏事故和环境事故的发生。此外,当出现一些不可抗力而引起的工程事故或者意外时,可通过勘察资料界定责任。

(4)为优化设计提供依据并提高结构可靠性。工程监测是验证设计的重要方法,设计计算中未曾考虑或考虑不周的各种复杂因素,可以通过对现场监测结果的分析、研究,加以局部的修改、补充和完善,因此工程监测可以为动态设计和优化设计提供重要依据。

工程监测成果可以通过对比实测结果与理论值,验证工程设计假设,检验设计方案的合理性。将监测结果反馈于设计,以便进行设计变更,优化设计方案,从而提高结构设计的可靠性。同样,借助反分析方法导出的工程设计理论可指导今后类似工程的设计。

(5)监测工作还是发展新建工程设计理论的重要手段。监测方案应以保证新建工程及周边环境安全为前提,以监测技术的先进性为保障,同时也要考虑监测方案的经济性。在保证监测质量的前提下,降低监测成本,达到技术先进性与经济合理性的统一。

因此,风险监测的意义也就在于通过监测工作的实施,掌握新建工程在施工过程中影响范围内的既有轨道交通结构及轨道状况的变化,明确工程施工对既有轨道交通及周边环境的影响程度及可能产生变形较大的薄弱环节,为建设及运营单位提供及时可靠的数据和信息,评定施工对既有轨道交通结构和轨道的影响,为及时判断既有轨道交通结构安全和运营安全状况提供依据,对可能发生的事故提供及时、准确的预报,使有关各方有时间作出反应,避免恶性事故的发生,确保既有轨道交通线路的安全运营。

4.1.2 风险监测的依据

监测的依据主要来源于新建工程穿越既有轨道交通工程的设计资料、风险分析报告、施工资料、岩土工程勘察报告、沿线既有轨道交通结构物调查的图集以及既有轨道交通工程测量规范。包括国家、地方与企业标准和要求,与既有轨道交通工程监控测量相对应的规范具体如下:

(1)现行的国家行业相关标准,如《地铁设计规范》(GB 50157—2013)、《工程测量规范》(GB 50026—2007)、《城市轨道交通工程测量规范》(GB 50308—2008)、《城市测量规范》(CJJ/T 8—2011)、《建筑变形测量规范》(JGJ 8—2016)等。

(2)现行的地方规定和标准,执行各个城市的地方标准,如北京市的地方标准《地铁工程监控测量规程》(DB11/490—2007)、《城市轨道交通设施养护维修技术规范》(DB11/T 718—2016)、《穿越城市轨道交通设施检测评估及监测技术规范》(DB11/T 915—2012)等。

(3)现行的企业标准,执行各个城市的地铁运营养护单位的相关标准,如《北京市地铁运营有限公司企业标准技术标准 · 工务维修规则》[QB(J)/BDY(A)XL003—2015]、《线路检查作业工作指引》(京港地铁 WI-OP-PW-001)、《上海轨道交通工程技术标准》(暂行)(STB/ZH-000001)、《地下区间土压平衡盾构施工风险控制建设指导意见》(STB/DQ-010002)等。

(4)其他依据,如设计图纸及相关施工资料;其他相关的国家规范、规程及标准;风险分析技术要求等。

4.1.3 风险监测的分类

穿越轨道交通工程风险监测服务于穿越工程施工阶段全过程，从施作支护结构或工程降水前开始，直到土建施工完成之后。土建施工完成后可结束支护结构的监测工作，周边环境变形趋于稳定时可结束周边环境的监测工作。

穿越轨道交通工程风险监测包括施工监测和第三方监测两类。

1)施工监测

施工监测是指施工单位按照施工图设计文件、施工组织设计及标准规范等要求，对工程支护结构、主体结构、岩土体、既有轨道交通结构等进行的监测工作。

施工单位应根据施工合同、设计文件及相关标准要求，科学编制监测方案，合理布置监测点，设专人监测，及时分析监控数据，按时报监理单位、建设单位、运营单位及产权单位。对监测过程中发现的问题要及时采取措施，发生超预警值等情况时，应及时组织专家进行论证处理。

2)第三方监测

第三方监测是指受建设单位委托的监测单位，按照合同及标准规范要求，对工程支护结构、既有结构关键部位及重要周边环境等进行监测。

第三方监测单位独立于施工单位、监理单位及设计代表，不得与所监测工程的施工单位有隶属关系或其他利害关系。

《轨道交通工程安全质量管理暂行办法》(建质〔2010〕5 号)明确规定，建设单位应当委托工程监测单位进行第三方监测，从事轨道交通第三方监测业务的工程监测单位应当具有相应勘察资质。

穿越轨道交通工程通过引入第三方监测，对施工单位的施工监测数据进行督察、对比和检验，并利用现代数理统计理论对监测数据进行处理、分析和预测，使建设单位及时掌握独立、客观、公正的监测数据和施工信息，可有效地保证施工安全，避免重大事故发生。

3)施工监测与第三方监测的关系

施工监测与第三方监测都是为保证工程质量与施工安全而进行的现场监测活动，都是施工安全风险控制的重要手段。但是施工监测与第三方监测在监测目的、监测内容、实施主体、实施程序等方面有一定的区别。

(1)监测目的不同。施工监测作为施工工序的组成部分，主要是为施工单位指导其自身的信息化和施工安全、质量、进度控制服务。第三方监测的目的：一是为建设单位风险监控预警、险情处置、事故分析以及工后评估等提供服务，二是为建立单位核实及验证施工监测数据提供基础数据。

(2)监测内容不同。施工单位主要针对一个标段的主体结构、工程围护结构和周边环境，监测项目较多，监测频次高。第三方监测一般是对整条线路或多个施工标段进行监测，其监测重点是主体结构、工程围护结构的关键部位、既有轨道交通结构，监测项目和监测频次根据风险大小不同存在差异。

(3)实施主体不同。施工监测主要是以施工图设计为基础，编制施工监测方案，报监理单位审查。监测数据主要是为施工单位自身所用，报监理单位、设计单位。第三方监测的监测数据报建设单位、监理单位、设计单位、运营单位及产权单位。发现异常时，及时通知施工单位。

施工过程中，施工单位与第三方监测机构通过加强交流、沟通和协商，监测数据相互对比印证，及时发现、分析、解决问题。

4.2　风险监测的内容

4.2.1　收集资料

1）工作内容

收集工程范围内的地质、水文条件和设计资料，详细调查各线路邻近的建（构）筑物和市政基础设施的种类、规模、修建年代、结构形式、材质、质量状况、安全状况以及与既有轨道交通线路的位置关系。收集穿越工程结构设计和施工方案，熟悉所要监测风险点结构形式、开挖时间、支护顺序与工程进展、既有轨道交通的结构形式等情况。在对风险点所有资料进行初步研究后，确定现场踏勘的查看内容和重点。在各个风险点取得相应监测项目的初始值之后，每次进行现场数据采集之前还应检查施工方所测得相关数据，以确认施工方进行了施工监测。

2）管理办法

技术负责人在接收到监测任务后，通知前期准备工作负责人准备资料（须发放任务通知书），同时安排行政协调人员进行配合。前期准备工作负责人准备好资料后向技术负责人提交资料清单。

4.2.2　现场踏勘

1）工作内容

组织参与风险点监测工作的技术人员进行现场踏勘，核实既有资料的准确性，熟悉风险点的工作环境，同时记录现场查看的情况，提出实施监测工作时需要注意的事项。在去现场之前，先与施工方及监理方联系，要求他们派代表参加现场踏勘。对于风险点中存有疑问之处，向施工方了解清楚；同时，监理方有需要了解的情况，监测单位向其解释明白。在完成现场踏勘工作后，结合现场记录的情况，对既有资料进行进一步的分析，根据风险点的地质情况、基坑与隧道结构、施工方案和周围建（构）筑物的分布列出监测重点，并且制定专门的实施方法。

2）管理办法

技术负责人在踏勘前组织技术人员对所收集的资料进行初步研究，提出踏勘重点，并组织人员看现场。由技术负责人组织技术人员在现场踏勘完毕后立即对风险点的监测重点做详细分析并形成文字，同时在会议上确定风险点监测方案的技术人员（要有签到记录和会议内容记录），并向其下达编写方案的通知。

4.2.3　监测方案编制

1）工作内容

通过分析既有资料、现场踏勘和风险点的监测重点，编制可行、合适的监测方案。方案内容需包括风险点各方面内容的介绍，侧重针对风险点的具体情况制订相应的监测手段和作业流程。对不同的工法，列出其风险要素，便于在实施监测的过程中能把握风险点的关键所在，同时也便于做工程的风险评估。明挖法、盾构法和矿山法的主要风险要素简述如下：

明挖法，其风险要素包括：工程地质和水文地质情况、相邻环境（如地下管线、相邻建（构）筑物、道路等）、地面堆载、施工季节、支护方式、支护结构刚度、基坑平面几何形状、开挖深度、施工工艺、开挖的空间顺序、施工进度等。

矿山法，其风险要素包括：工程地质和水文地质情况、开挖断面大小、形式、施工分块及分步、支护类型、超前支护方式、施工进度等。

盾构法，其风险要素包括：工程地质和水文地质情况、盾构隧道埋深、盾构直径、结构形式、盾构施工工艺、盾构隧道与旁边大型及公用管道的间距、隧道施工影响范围内既有房屋、既有轨道交通结构及各种构筑物的结构特点、形状尺寸及其与隧道轴线的相对位置等。

2）管理办法

监测方案编制人员把方案编制好后提交工程审核人进行审核（审核前由前期准备工作负责人进行校对），有需要修改的地方在原稿上进行修改，并在修改处签字；工程审核人修改后提交技术负责人进行审批，同样在原稿上写明修改意见并签字；方案编制人员拿回修改稿进行修改，形成正式稿，交由工程审核人和技术负责人签字通过，同时提交一份方案评分表，由工程审核人及技术负责人进行评审。方案通过后交由现场数据采集负责人，进行技术交底。方案、方案修改稿及方案评分表均需存档（要填写存档记录表）。

4.2.4 监测仪器及要求

1）监测仪器

监测使用的仪器设备应在校准周期内，精度和量程满足需要。监测工作所涉及的主要仪器见表4-1。

监测仪器 表4-1

序号	监测仪器	序号	监测仪器
1	标尺	11	裂缝观测仪
2	轨道尺	12	分层沉降仪
3	收敛计	13	频率接受仪
4	测力计	14	断面扫描仪
5	钢筋计	15	电测水位计
6	应变计	16	多点位移计
7	应力计	17	全站仪及配套觇牌
8	测斜仪	18	GPS自动化监测系统
9	土压力盒	19	DCM自动化监测系统
10	游标卡尺	20	电子水准仪及配套条码尺

2）监测要求

风险监测应根据穿越轨道交通工程的安全评估报告、施工图专项设计及运营管理要求，综合施工安全性专家评审意见确定。根据以往监测工程经验，对监测技术有以下要求：

(1)监测实施方案编制时应根据施工图专项设计并结合工前检测报告、安全评估报告、施工方案等。

(2)监测实施方案应包括工程概况、监测项目、依据、测点布置、监测方法、仪器设备、人员、频率及周期、监测控制值、监测数据管理、日常巡视内容及要求、监测工作计划、质量安全保证措施等。

(3)应在穿越轨道交通工程施工前取3次稳定观测数据的平均值作为初始值。

(4)监测初始值应在穿越轨道交通工程施工前反馈至轨道交通运营单位和穿越轨道交通工程建设单位。

(5)监测使用的仪器设备应在检定或校准周期内,仪器设备精度应满足施工图专项设计的要求。

(6)测点布设时,应根据设计单位、评估单位及相关部门的意见,在穿越敏感部位进行测点加密,监测时应适当增加监测频率。

4.2.5 监测项目

穿越轨道交通工程监测的对象主要有新建工程结构及周围岩土体(包括工程支护结构、二次结构、周边土体、地下水)、既有轨道交通结构(包括桥梁、路基、车站结构、区间隧道及轨道结构)。通过监测可以获取各对象的现状数据,预测各对象的变化趋势,及时有效地对可能发生的安全风险进行预警。

对于不同的监测对象,其监测的项目也有所不同。

1)新建工程结构及周围岩土体监测项目

(1)浅埋暗挖法施工监测项目见表4-2。

浅埋暗挖法施工监测项目 表4-2

序号	监测项目	序号	监测项目
1	地下水位	7	邻近建(构)筑物沉降
2	地表沉降	8	初期支护结构净空收敛
3	钢管柱受力	9	土体分层沉降及水平位移
4	钢筋格栅应力	10	围岩压力及支护间接触应力
5	地下管线沉降	11	初期支护结构拱顶(部)沉降
6	洞内及洞外观察	12	初期支护(喷射混凝土)、二次衬砌内应力

(2)盾构法施工监测项目见表4-3。

盾构法施工监测项目 表4-3

序号	监测项目	序号	监测项目
1	管片内力	5	地表沉降(或隆起)
2	地下管线沉降	6	邻近建(构)筑物沉降
3	管片衬砌变形	7	土体分层沉降及水平位移
4	洞内及洞外观察	8	管片衬砌和地层间接触应力

(3)明(盖)挖法施工监测项目见表4-4。

明(盖)挖法施工监测项目　　表 4-4

序　号	监测项目	序　号	监测项目
1	地下水位	9	围护桩(墙)变形
2	地表沉降	10	竖井井壁净空收敛
3	支撑轴力	11	基坑及其周围环境描述
4	孔隙水压力	12	邻近建(构)筑物变形
5	地下管线沉降	13	盖挖法立柱沉降及内力
6	基坑底部隆起	14	锚杆(锚索、土钉)受力
7	盖挖法顶板内力	15	土体分层沉降及水平位移
8	围护桩(墙)内力	16	围护桩(墙)顶水平位移和垂直位移

2)既有轨道交通结构监测项目

(1)穿越轨道交通高架线路监测项目见表 4-5。

穿越轨道交通高架线路监测项目　　表 4-5

序　号	监测项目	序　号	监测项目
1	高架结构变形	5	高架结构变形缝
2	高架结构应力	6	轨道几何形位变化
3	桥区地表沉降	7	道床竖向变形和水平变形
4	高架结构裂缝	8	自动扶梯等重要设备与结构连接状况

(2)穿越轨道交通地面线路监测项目见表 4-6。

穿越轨道交通地面线路监测项目　　表 4-6

序　号	监测项目	序　号	监测项目
1	地表沉降	4	路基及附属构造物变形
2	深层土体变形	5	道床竖向变形和水平变形
3	轨道几何形位变化		

(3)穿越轨道交通地下线路监测项目见表 4-7。

穿越轨道交通地下线路监测项目　　表 4-7

序　号	监测项目	序　号	监测项目
1	轨道几何形位变化	4	道床竖向变形和水平变形
2	隧道结构裂缝的变化	5	隧道结构竖向变形和水平变形
3	隧道结构变形缝的变化	6	人防门、自动扶梯、屏蔽门等重要设备与结构连接状况

4.3　风险监测的方法

4.3.1　监测方法概述

根据既有轨道交通线路的敷设形式,将穿越工程分为穿越既有轨道交通隧道、桥梁以及路基 3 种类型。目前对既有轨道交通的监测采用的方法分为现场巡视、人工监测和自动化监测 3 种。其中,自动化监测又主要有测量机器人、静力水准、光纤光栅传感器、大气激光准直仪、测斜仪、位移计、测缝计等。

穿越工程中对既有结构及轨道变形的监测不同于一般的监测项目，轨道交通长时间处于运营状态，且列车的振动会对穿越工程产生扰动，如果不采用自动化监测，难以保证既有轨道交通的运营安全，这就要求根据穿越风险等级的大小，对既有轨道交通采取经济合理的监测措施，必要时采取全天候的监测手段。

依据风险分析中对风险等级的判定，对不同的风险等级采取相应的监测措施。具体分级见表4-8。

分级监测措施 表4-8

风险等级	特级	一级	二级	三级
监测措施	自动化监测	自动化监测	人工监测 现场巡视	现场巡视
	人工监测	人工监测		
	现场巡视	现场巡视		

注：对于特级，自动化及人工监测相关测点应适当加密，监测频率应适当提高。

自动监测预警系统是由测量系统、数据采集传输系统和数据分析预警系统组成的，如表4-9和图4-1所示。

自动化监测系统组成及功能表 表4-9

序号	子系统名称	子系统主要组件	主要功能
1	测量系统	自动监测物位计	自动测量结构垂直位移的高程
2		物位计保护装置	保护物位计，达到防水、防腐、抗拉拽
3		物位计安装件	使物位计固定安装在结构表面
4		储液箱	密封储藏测量专用液体，连通气、液传输管
5		气、液、信号传输总线	将压力和信号进行传输的组线
6		线路保护套管	保护传输总线，达到防水、防腐、抗拉拽、抗压
7	数据采集传输系统	工控设备箱	承载和保护数据采集设备、无线传输设备和电源设备（蓄电池）
8		数据采集模组	实时控制物位计工作和采集物位计测量数据
9		电源管理设备	蓄电池和太阳能板为采集模组和物位计提供电源
10		电力传输线路	为测量系统和数据传输采集系统提供电力
11		信号传输线路	包括采集模组与物位计连接的信号线和无线传输模块的发射天线
12	后台设备	通信管理系统软件	对数据传输采集系统与后台服务器通信进行管理
13		数据处理分析系统软件	进行数据解析、筛选、计算、分析等工作
14		数据发布系统软件	将沉降数据结果发布到各种平台显示
15		数据预警系统软件	根据预警规则提供显示、声音、短信、E-mail等方式的预警
16		应用服务器	软件运行平台与数据库管理
17		热备机	在应用服务器出现故障时接管应用服务器工作保证持续提供服务
18		磁盘阵列	为应用服务器与热备机提供安全性高、可扩展、大容量的存储空间
19		以太网交换机	用于系统内数据交换
20		PC终端	监视沉降分析图表、控制管理系统

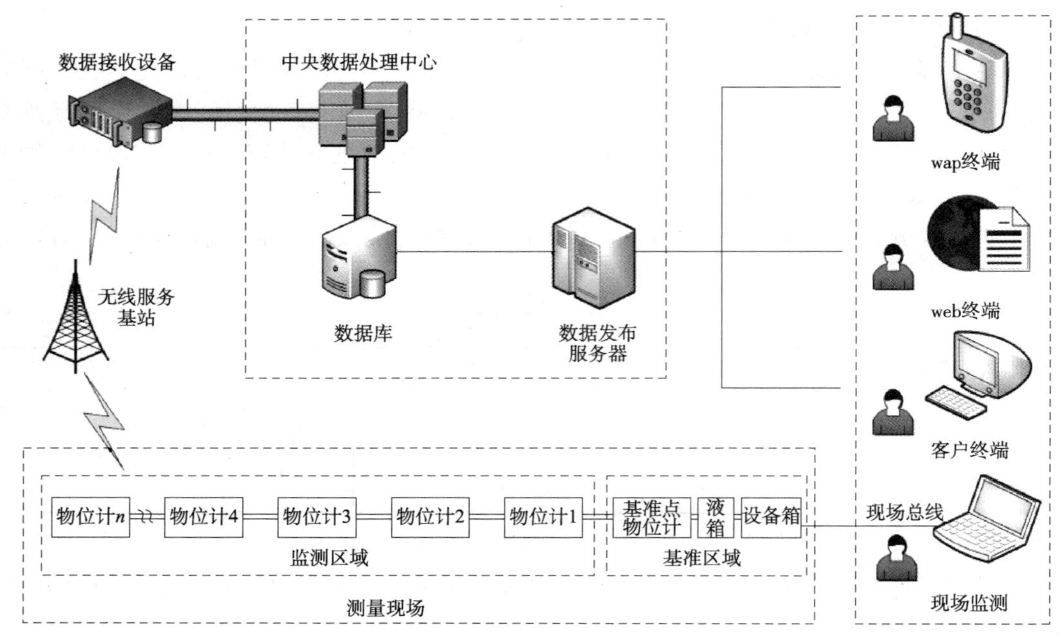

图4-1　自动化监测系统工作流程图

1)常用自动化监测方法

测量机器人是一种能够自动寻找、识别、精确照准目标、自动测量、计算并且自动存储测量信息的完全代替人工测量的智能化全站仪。测量机器人使用自照准原理、图像处理功能和发射红外光束,能够对测量目标自动分辨、寻找和测量,能够24小时全天候监测。测量机器人已经被成功地应用在我国很多城市的地铁隧道自动化监测中,并且积累了很多宝贵的经验。

按导线测量的方法测量测站点(基准点)至其他基准点和监测点的斜距、水平角和垂直角,将具有代表性气象条件的基准点测量值与其基准值(基准网的测量值)相比,求得差值。由于变形观测采用同样的仪器和作业方法,并且基准点均埋设在稳定地段,认为基准点是稳定的,故将这一差值认为是受外界条件影响的结果。每站观测可以在短时间内完成,可认为基准点和监测点同时观测,外界条件对基准点和监测点的影响是相同的,因此可把基准点的差异加到监测点的观测值上进行差分处理,计算监测点的三维位移量。

如图4-2所示,以全站仪的工作基站为原点,测点的铅垂线为Z轴,以隧道纵向为X轴,建立右手直角坐标系$O\text{-}XYZ$。设全站仪测量观测点的观测值分别为:水平角α(即方位角),垂直角β(即仰角)和斜距S,测点在该坐标系下的坐标见式(4-1)。

$$\begin{cases}X=S\cos\beta\sin\alpha\\Y=S\cos\beta\cos\alpha\\Z=S\sin\beta\end{cases}\tag{4-1}$$

式(4-1)表示测量点在测站独立坐标系下的坐标计算公式,当利用全站仪联测两个或两个以上已知点坐标时,经过适当的数据处理方法便可以得到测站独立坐标系与已知控制点所在坐标系的关系。

静力水准自动化监测系统是通过物位计对液体和气体压差的测量,将压力信号转化为电信号，通过采集卡和信号线路传输到数据处理平台，数据平台将差压换算为位移高程，系统内可设定基准点和测点，测点相对基准点的相对位移的高程就是相对沉降值。

静力水准仪由主体容器、连通管、电容传感器等部分组成，如图4-3所示。当仪器发生高程变化时，主体容器产生液面变化，引起装有中间极的浮子与固定在容器顶的一组电容极板间的相对位置发生变化，通过测量装置测出电容比的变化即可计算出测点的相对沉陷。

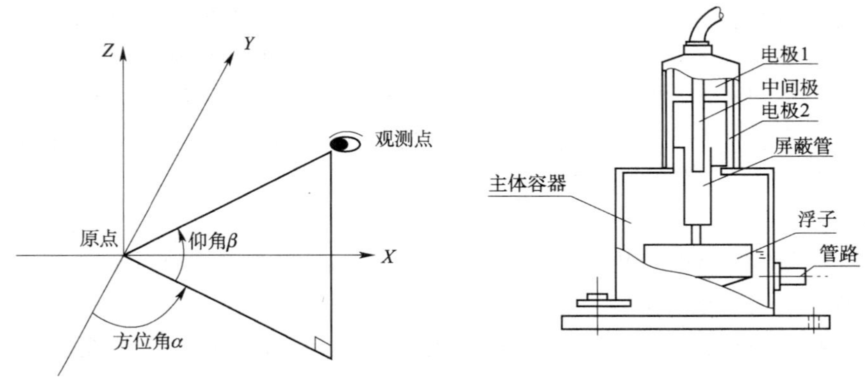

图4-2 极坐标测量示意图　　图4-3 静力水准仪构造图

每条监测线所连接的设备包括监测点物位计、基准点物位计、传输总线、液箱、工控设备箱（内含数据采集设备、无线传输设备和供电设备）。

光纤自动化监测系统是一种利用计算机通信技术、光纤特性测试技术，对光纤传输网进行远程分布式的光缆线路的状况集中收集、处理和存储的自动化监测系统。主要采用先进的振警、测试、数据库、网络控制、业务流程控制和地理信息系统等技术，将光纤测试报警与维护体系全面结合起来，对光缆实时自动监视、报警信息自动分析，并自动启动相应的测试；对故障进行自动定位、派修，从而压缩障碍历时，把损失降到最低。

以电为基础的传统传感器是一种把测量的状态转变为可测的电信号的装置。它的电源、敏感元件、信号接收和处理系统以及信息传输均用金属导线连接。光纤传感器则是一种把被测量的状态转变为可测的光信号的装置，由光发送器、敏感元件（光纤或非光纤的）、光接收器、信号处理系统以及光纤构成。

光是一种电磁波，其波长从极远红外的1mm到极远紫外线的10nm。它的物理作用和生物化学作用主要因其中的电场而引起。因此，讨论光的敏感测量必须考虑光的电矢量E的振动，见式(4-2)。

$$HX = \boldsymbol{A}\sin(\omega t + \varphi) \tag{4-2}$$

式中：$\boldsymbol{A}$——电场E的振幅矢量；

ω——光波的振动频率；

t——光的传播时间；

φ——光相位。

可见，只要使光的强度、偏振态（矢量$\boldsymbol{A}$的方向）、频率和相位等参量之一随被测量状态的变化而变化或受被测量调制，那么，通过对光的强度调制、偏振调制、频率调制或相位调制等进行解调，可获得所需要的被测量的信息。

2）自动化远程监测

远程监测是通过远程自动化监测系统来实现的，该系统由监测数据的自动采集和监测信息系统两部分组成。

数据自动采集系统由自动化测量仪器、数据采集智能模块、监控主机、管理计算机、数据采集软件构成。

采集软件包括人工采集和自动化采集两部分。对于人工采集，软件提供了一个人机界面窗口，人工方式输入进库；自动化采集软件是一套图视化的窗口软件，所有测点均显示在布置图中，每一个测点都与数据库相联结。同时，布置图中的每一个测点又与现场对应仪器相通。因此，操作和选择屏幕上的测点状态就可以完成对测点的采集（单点、选测、巡测、定时等）、换算、处理、入库等全部过程。

3）监测方法选择

首先是变形精度的测定和选择，应采用所能获得的最好的测量仪器和技术，达到其最高精度，变形测量的精度越高越好。

其次是观测周期数和一周期内观测时间的确定。观测周期数取决于变形的大小、速度及观测的目的，且与工程规模、监测点的数量、位置以及观测一次所需时间的长短有关。在工程监测初期，变形速度较快，观测周期应多一些，随着变形趋向稳定，可以减少观测次数，但仍应坚持长期观测，以防出现异常变化。及时进行第一周期的观测有重要意义，因为延误初始测量就可能失去已经发生的变形，以后各周期的测量成果是与第一期相比较的，应特别重视第一次观测的质量。

一周期所有的测量工作需在所允许的时间间隔 δ_t 内完成，否则观测周期内的变形不能正确反映监测点的坐标值。对于长周期变形监测，δ_t 可达几天甚至数周，故可选用各种大地测量仪器和技术；对于短周期变形，δ_t 仅为数分甚至数秒，对于日周期，δ_t 为 10 多分钟，这时人工测量方法将无能为力，需要考虑采用摄影测量方法或自动化测量方法。

有的变形监测实施需要极高的技术要求，可能造成其他工作的停顿，而停产将造成经济损失，因此，在选择测量方法时这一点可能起决定性的作用。只有在一定的时候才能到达变形体，而在大多数时间在变形体上工作都有特别的危险性，这时，许多测量方法也不能采用。

4.3.2 轨道结构监测

1）监测主要内容

穿越既有轨道交通工程的监测项目应与新建工程设计方案、施工方案相匹配。应抓住关键部位，做到重点观测、项目配套，形成有效的、完整的监测系统。

轨道结构监测项目主要包括轨道结构竖向变形、轨道几何形位、道床结构竖向变形及差异变形，监测的重点应是轨道结构竖向变形。依据实际情况，可选择增加其他监测项目。

2）人工监测

（1）人工监测主要内容

穿越轨道交通工程轨道结构人工监测项目见表 4-10。

轨道结构人工监测 表4-10

序号	监测对象	监测项目	监测仪器	监测精度
1	轨道结构	人工巡查	—	—
2		轨道结构竖向变形	电子水准仪	0.3mm
3		道床结构裂缝检查	游标卡尺	0.01mm
4	轨道	轨道几何形位检查	轨道尺	1.0mm
5		无缝线路钢轨位移	标尺	0.3mm

(2)人工监测项目测点布设及监测方法

①轨道结构竖向变形监测。

a. 水准基点及测点布置。

监测网布设形式:轨道结构竖向变形监测采用几何水准测量方式,基准点以既有轨道交通的铺轨基标高程控制系统为基准建立,采用附合或闭合水准路线形式,起始并闭合于既有轨道交通铺轨控制基标上。监测点以基准点为依据,分段布设成附合或闭合水准路线形式。

水准基点布设原则:轨道结构变形监测控制网(点)以既有轨道交通线路铺轨控制基标系统为基准建立,起始并附合于轨道交通控制基标点上。控制网同观测点一起布设成闭合环网、附合网或附合线路等形式。

轨道结构布点原则:沿既有轨道方向每10~20m布设一个断面(特级风险每10m布设一个断面,一级风险每15m布设一个断面,二级风险每20m布设一个断面),结构缝处增设1个断面,每个断面在轨道两侧各布1个监测点,且在以下部位必须布设监测点:既有轨道结构距离新建工程边线最近部位;结构变形缝两侧;前评估报告中给出的变形量、挠度、弯矩较大的部位;前评估报告中给出的既有结构变形敏感及应力集中处对应的轨道部位。

以穿越工程中某轨道交通地下线人工测点布设情况为例,如图4-4所示。

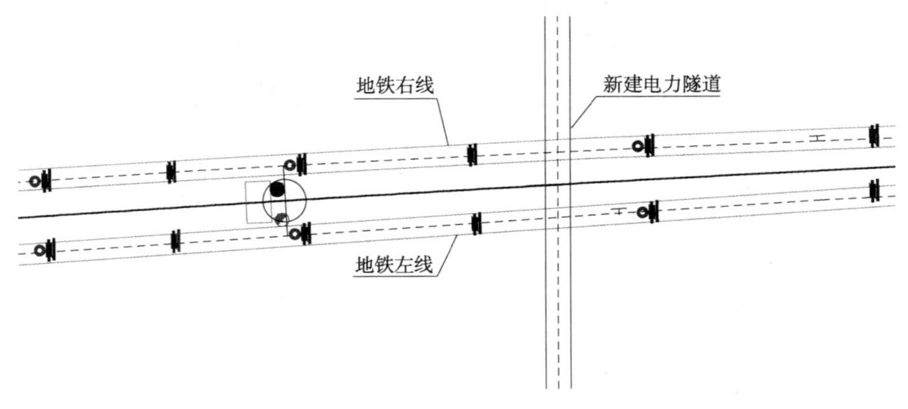

图4-4 人工测点布点图

b. 观测方法及数据采集。

水准网观测采用几何水准测量方法,使用电子水准仪(例如Trimble DINI12)进行观测,采用电子水准仪自带记录程序,记录外业观测数据文件。监测仪器及主要技术指标见表4-11。

水准网观测仪器及主要技术指标　　表4-11

仪器名称	仪器照片	主要技术指标
精密水准仪(配套铟钢尺)		每公里往返测高程中误差≤0.3mm

基准网观测按《工程测量规范》(GB 50026—2007)一等垂直位移监测网技术要求观测，其主要技术要求见表4-12。

垂直位移基准网观测主要技术指标及要求　　表4-12

序号	项目	限差
1	相邻基准点高差中误差	±0.3mm
2	每站高差中误差	±0.15mm
3	往返较差及环线闭合差	$\pm 0.3\sqrt{n}$ mm(n为测站数)
4	检测已测高差较差	$\pm 0.4\sqrt{n}$ mm(n为测站数)
5	视线长度	30m
6	前后视的距离较差	0.5m
7	任一测站前后视距差累计	1.5m
8	视线离地面最低高度	0.5m

监测点按《工程测量规范》(GB 50026—2007)二等垂直位移监测网技术要求观测，主要技术指标及要求见表4-13。

监测点观测主要技术指标及要求　　表4-13

序号	项目	限差
1	监测点与相邻基准点高差中误差	±0.5mm
2	每站高差中误差	±0.30mm
3	往返较差及环线闭合差	$\pm 0.6\sqrt{n}$ mm(n为测站数)
4	检测已测高差较差	$\pm 0.8\sqrt{n}$ mm(n为测站数)
5	视线长度	50m
6	前后视的距离较差	2.0m
7	任一测站前后视距差累计	3m
8	视线离地面最低高度	0.3m

观测采用闭合水准路线时可以只观测单程，采用附合水准路线形式必须进行往返观测，取两次观测高差中数进行平差。观测顺序：往测为“后、前、前、后”，返测为“前、后、后、前”。

观测注意事项包括：

i. 对使用的电子水准仪、条码水准尺应在项目开始前和结束后进行检验，项目进行中也应定期进行检验。当观测成果异常，经分析与仪器有关时，应及时对仪器进行检验与校正。

ii. 观测应做到三固定，即固定人员、固定仪器、固定测站。

iii. 观测前应正确设定记录文件的存储位置、方式，对电子水准仪的各项控制限差参数进行检查设定，确保符合观测要求。

iv. 应在标尺分划线成像稳定的条件下进行观测。

v. 仪器温度与外界温度一致时才能开始观测。

vi. 数字水准仪应避免望远镜直对太阳,避免视线被遮挡,仪器应在生产厂家规定的范围内工作,震动源造成的震动消失后,才能启动测量键,当地面震动较大时,应随时增加重复测量次数。

vii. 每测段往测和返测的测站数均应为偶数,否则应加入标尺零点差改正。

viii. 由往测转向返测时,两标尺应互换位置,并应重新整置仪器。

ix. 完成闭合或附合路线时,应注意电子记录的闭合或附合差情况,确认合格后方可完成测量工作,否则应查找原因直至返工重测合格。

②无缝线路钢轨位移监测。

a. 监测方法。

无缝线路钢轨位移监测采用弦测法。沿左右线线路法向道床上埋设观测墩,中心放入铜制标志,标志顶面基本与轨底面平齐,用细线将两标志连接,在每条钢轨轨腰上粘贴一个固定标尺,使标尺中心的零刻度与细线对齐。通过读取各观测期观测墩顶细线标志与标尺中心的距离,计算每条钢轨沿线路方向的相对变化量从而得出钢轨爬行量。

b. 观测点布设及数量。

在施工影响范围外测边缘布设一组无缝线路位移观测测点,每条轨上设 1 个无缝线路临时位移观测标尺。布点如图 4-5 所示。

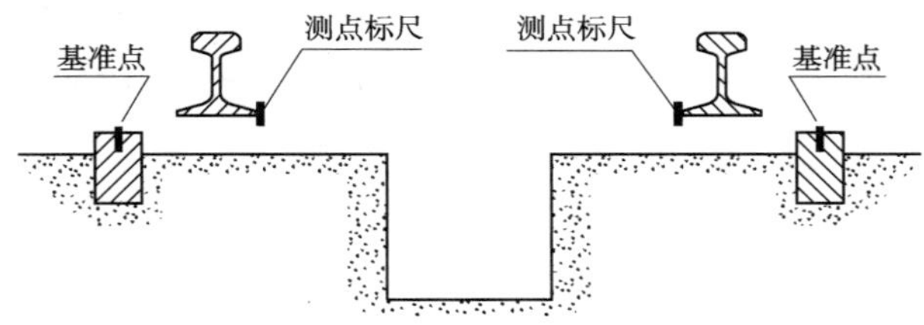

图 4-5 无缝线路钢轨位移测点标志埋设形式图

③道床结构裂缝监测。

使用游标卡尺、数字显微镜等工具,对道床结构裂缝宽度变化情况进行监测。

3)人工巡视

(1)巡视内容

巡视内容有影响范围内既有轨道结构有无裂缝及发展情况、轨道结构与轨道设备的连接情况等。

(2)巡视方法

①工前巡视。

在施工前对隧道做工前调查,工前初次巡视的重点是调查轨道结构的现状。有裂缝的地方做好标识,记录裂缝的位置、形态,用裂缝显微镜测量、记录裂缝的宽度,并采用拍照的方式进行影像资料存档。

②过程巡视。

一般情况下对在工前初次巡视中发现的既有裂缝,测量其宽度并与初始宽度进行现场比较。发现道床新增裂缝或裂缝发展速率超过预警标准等异常情况及时通报,并进行分析。

巡视过程中，填写现场安全巡视表。

4）自动化监测

（1）自动化监测主要内容

自动化监测项目、仪器、精度及周期见表4-14。

穿越既有轨道交通轨道结构自动化监测 表4-14

监测对象	监测项目	监测仪器	精　度	周　期
轨道结构	竖向变形	静力水准仪	0.1mm	工程施工前一周开始至施工完成后10天

（2）监测点的布设

根据新建工程与既有轨道交通的平面位置关系，区间布点原则为：在监测范围内沿线路方向每5～10m布设一个断面（特级风险每5m布设一个断面，一级风险每10m布设一个断面），每个断面布设4个测点，在穿越中心及其附近变形缝两侧各布设一个断面。以穿越工程中某地铁自动化测点布设情况为例，如图4-6所示。

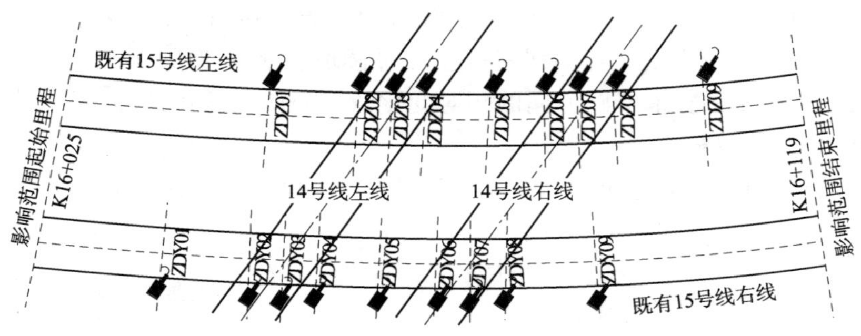

图4-6　自动化布点图

5）监测频率、周期及控制值

（1）轨道结构人工监测

①轨道结构人工监测频率。

轨道结构人工监测频率见表4-15。

人工监测频率 表4-15

施工方法	监测范围	监测频率
暗挖法施工段	开挖面距监测断面前后 < 2*B*	1次/d
	开挖面距监测断面前后 < 5*B*	1次/2d
	开挖面距监测断面前后 > 5*B*	1次/周
	开挖面距监测断面前后 > 10*B*	1次/2周
盾构法施工段	测点距掘进面 < 20m	1次/d
	测点距掘进面 < 50m	1次/2d
	测点距掘进面 > 50m	1次/周
	测点距掘进面 > 100m	1次/2周
明挖法施工段	基坑开挖	1次/2d
	主体结构施工	1次/周

注：1. 基本稳定后1次/月（*B*为隧道直径或跨度）。

2. 对于风险较大或施工进度较快的工程，应适当增加监测频率。

②轨道结构人工监测周期。

a. 一般规定：由于穿越既有轨道交通施工对隧道结构产生的沉降影响可能发生在穿越施工完成后的一段时间内，因此对于轨道的正常维修养护应延长一段时间，监控量测时间为穿越施工完成后 1 年，且变形达到稳定。

b. 停测标准：判断标准按《穿越城市轨道交通设施检测评估及监测技术规范》（DB11/T 915—2012）相关内容确定，即"当最后 100d 的平均沉降速率不大于 0.01mm/d"时可认为已经进入稳定阶段。变形稳定后，满足轨道交通管理部门要求，经过相关单位评估后停止监测。

（2）轨道结构自动化监测

自动化监测在穿越工程施工期间为实时监测，每 20 ~ 40min 采集数据一次（特级风险监测时 20min，一级风险监测时 40min）。施工结束后按实际情况降低数据采集频率，继续监测至施工完成后半年。

当出现下列情况之一时，应加强监测，提高监测频率：

①监测数据达到报警值。

②监测数据变化较大或者速率加快。

③超深、超长开挖或未及时加撑等未按设计工况施工。

④周边地面突发较大沉降或出现严重开裂。

⑤邻近既有轨道交通结构突发较大沉降、不均匀沉降或出现严重开裂。

（3）监测控制值

穿越既有轨道交通监测的轨道结构变形控制指标应参照评估单位提供的变形控制指标。

4.3.3　隧道结构监测

1）监测主要内容

穿越既有轨道交通工程的监测项目应与新建工程设计方案、施工方案相匹配。应抓住关键部位，做到重点观测、项目配套，形成有效的、完整的监测系统。

穿越既有轨道交通隧道工程监测的主要项目应包括隧道结构变形、变形缝差异沉降、轨道结构竖向变形。监测的重点应是隧道结构上浮或沉降及变形缝两侧的差异沉降。依据实际情况，可选择增加其他监测项目。

2）人工监测

（1）人工监测主要内容

隧道结构的人工监测项目见表 4-16。

隧道结构人工监测　　表 4-16

序号	监测对象	监测项目	监测仪器	监测精度
1	隧道结构	人工巡查	—	—
2		竖向变形	电子水准仪	0.3mm

（2）人工监测项目测点布设及监测方法

①水准基点及测点布置。

监测网布设形式：隧道结构竖向变形监测采用几何水准测量方式，基准点以既有轨道交通的铺轨基标高程控制系统为基准建立，采用附合或闭合水准路线形式，起始并闭合于既有轨道交通铺轨控制基标上。监测点以基准点为依据，分段布设成附合或闭合水准路线形式。

水准基点布设原则为隧道结构变形监测控制网（点）以既有轨道交通线路铺轨控制基标系统为基准建立，起始并附合于轨道交通控制基标点上。控制网同观测点一起布设成闭合环网、附合网或附合线路等形式。

区间隧道结构布点原则为沿既有轨道方向每 10 ~ 20m 布设一个断面（特级风险每 10m 布设一个断面，一级风险每 15m 布设一个断面，二级风险每 20m 布设一个断面），结构缝处增设 1 个断面，每个断面在隧道两侧结构侧墙上布 1 个监测点。且在以下部位必须布设监测点：既有隧道距离新建工程边线最近的顶部、底部或侧部等部位；隧道结构变形缝两侧；前评估报告中给出的变形量、挠度、弯矩较大的部位；前评估报告中给出的既有隧道结构变形敏感及应力集中的部位。

②观测方法及数据采集。

水准网观测采用几何水准测量方法，使用电子水准仪进行观测，采用电子水准仪自带记录程序，记录外业观测数据文件。仪器及主要技术指标参见 4.3.2 节中表 4-11。

基准网观测按现行《工程测量规范》（GB 50026—2007）一等垂直位移监测网技术要求观测，其主要技术要求参见 4.3.2 节中表 4-12。

监测点按现行《工程测量规范》（GB 50026—2007）二等垂直位移监测网技术要求观测，主要技术指标及要求见 4.3.2 节中表 4-13。

观测采用闭合水准路线时可以只观测单程，采用附合水准路线形式必须进行往返观测，取两次观测高差中数进行平差。观测顺序：往测为“后、前、前、后”，返测为“前、后、后、前”。

观测注意事项与 4.2.2 节轨道结构观测注意事项相同。

3）人工巡视

（1）巡视内容

影响范围内既有隧道结构有无渗漏水、隧道结构有无裂缝及发展情况、轨道结构与轨道设备的连接情况、隧道内管线等设施有无异常情况等。

（2）巡视方法

①工前巡视。

在施工前对隧道做工前调查。工前初次巡视的重点是调查隧道现状，巡视该隧道有无裂缝、剥落状况。有裂缝的地方做好标识，记录裂缝的位置、形态，用裂缝显微镜测量并记录裂缝的宽度，墙面或梁体出现渗水、滴水的地方也做好标识，记录渗水的位置、渗水量大小，并采用拍照的方式进行影像资料存档。

②过程巡视。

一般情况下对在工前初次巡视中发现的既有裂缝，测量其宽度并与初始宽度进行现场比较。发现隧道结构、道床新增裂缝或裂缝发展速率超过预警标准等异常情况及时通报，并进行分析。巡视过程中，填写现场安全巡视表。

4）自动化监测

（1）自动化监测主要内容

隧道结构自动化监测项目、仪器、精度及周期见表4-17。

隧道结构自动化监测　　表4-17

监测对象	监测项目	监测仪器	监测精度	监测周期
隧道结构	竖向变形	静力水准仪	0.1mm	工程施工前一周开始至施工完成后10天
	收敛变形	测量机器人	0.2mm	

(2)监测点的布设

根据新建工程与既有轨道交通的平面位置关系,区间布点原则为:在监测范围内沿线路方向每5~10m布设一个断面(特级风险每5m布设一个断面,一级风险每10m布设一个断面),每个断面布设4个测点,在穿越中心及其附近变形缝两侧各布设一个断面,如图4-7和图4-8所示。

图4-7　隧道结构沉降测点横断面布置

图4-8　静力水准布设实景图

5)监测频率、周期及控制值

(1)隧道结构人工监测

①隧道结构人工监测频率。

隧道结构人工监测频率与轨道结构监测频率相同,见表4-15。

②隧道结构人工监测周期。

a.一般规定:由于穿越既有轨道交通施工对隧道结构产生的沉降影响可能发生在穿越施工完成后的一段时间内,因此对于隧道监测的正常维修养护应延长一段时间,监控量测时间为穿越施工完成后1年,且变形达到稳定。

b.停测标准:判断标准按《穿越城市轨道交通设施检测评估及监测技术规范》(DB11/T 915—2012)相关内容确定,即"当最后100d的平均沉降速率不大于0.01mm/d"时可认为已经进入稳定阶段。变形稳定后,满足轨道交通管理部门要求,经过相关单位后评估后停止监测。

(2)隧道结构自动化监测

自动化监测在穿越工程施工期间为实时监测,每20~40min采集数据一次(特级风险监测时20min,一级风险监测时40min)。施工结束后按实际情况降低数据采集频率,继续监测至施工完成后半年。

当出现下列情况之一时，应加强监测，提高监测频率：

①监测数据达到报警值。

②监测数据变化较大或者速率加快。

③存在勘察未发现的不良地质。

④超深、超长开挖或未及时加撑等未按设计工况施工。

⑤周边地面突发较大沉降或出现严重开裂。

⑥邻近既有轨道交通结构突发较大沉降、不均匀沉降或出现严重开裂。

(3)监测控制值

穿越既有轨道交通隧道工程监测的隧道结构变形控制指标应参照评估单位提供的变形控制指标。

4.3.4 桥梁结构监测

1)监测主要内容

穿越既有轨道交通桥梁工程的监测项目应与新建工程设计方案、施工方案相匹配。应抓住关键部位，做到重点观测、项目配套，形成有效的、完整的监测系统。

在穿越既有轨道交通桥梁时，应对桥梁墩台、梁体结构进行穿越施工全过程监测，应按要求加密监测频率，对变形敏感的重要桥梁应根据设计要求进行24小时的远程实时监测，具体监测内容应包括桥梁墩台的沉降及倾斜、梁体结构的沉降及差异沉降、桥梁结构裂缝及桥区地表沉降。

2)人工监测

(1)监测的主要内容

桥梁结构的人工监测项目见表4-18。

桥梁结构人工监测 表4-18

序号	监测对象	监测项目	监测精度
1	桥墩结构	人工巡查	—
2		桥墩结构竖向变形	0.3mm
3		桥墩结构倾斜	2″

(2)人工监测项目测点布设及监测方法

遇到以下情况必须布设监测点：新建工程中心线最近的桥梁基础或承台部位，结构变形缝两侧，前评估报告给出的桥梁变形量较大、挠度较大、弯矩较大的部位，前评估报告给出的对变形敏感及应力集中的桥梁结构部位。

①桥墩结构竖向变形监测。

a.监测网布设形式。

桥墩竖向变形监测采用几何水准测量方式，控制网采用一等水准测量精度要求施测，观测点采用二等水准测量精度要求施测。监测点以基准点为依据，分段布设成附合或闭合水准路线形式。

b.水准基点及监测点布设原则。

基准点作为竖向变形测量的起算依据，其稳定性是十分重要的。基准点的布置除需要考虑到基准点的稳定性、长期性、使用方便的特点外，还应选在穿越工程施工影响范围以外的区域。所以在施工影响范围之外较稳定的区域设置3~4个基准点(风险等级较大的工程，应适当增加基准点)构成竖向变形监测控制网。在使用前复测水准基点间的高差，在允许范围内方可使用。

影响范围内桥墩竖向变形监测点布设于各桥墩的墩台上，影响范围内施工邻近的每个墩台布设1个测点。竖向变形监测点的埋设形式见图4-9。

观测数据采集方法同第3章。

②桥墩结构倾斜监测。

a. 测点布置原则。

在影响范围内施工邻近的桥墩上布设倾斜监测点。

b. 测点埋设及技术要求。

根据对桥梁墩柱倾斜项目的监测经验，为了保证监测精度，应首先在要监测的位置选取合适位置粘贴1块100mm×80mm普通玻璃，增加监测面的光滑和平整度，然后采用仪器进行观测。监测仪器采用倾斜仪，如图4-10所示为JY-8000型双轴倾斜仪。

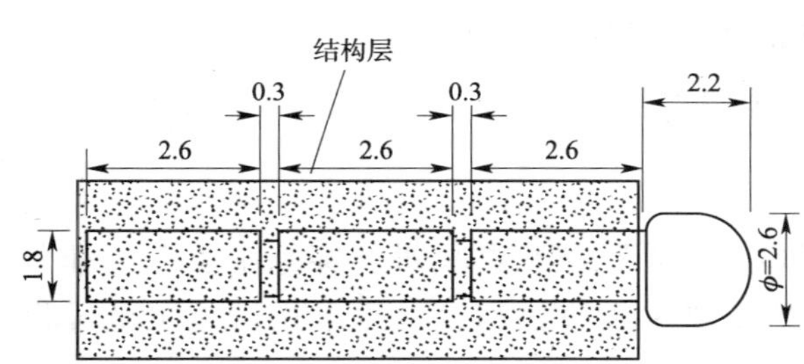

图4-9 桥墩竖向变形点布置图(尺寸单位:cm)

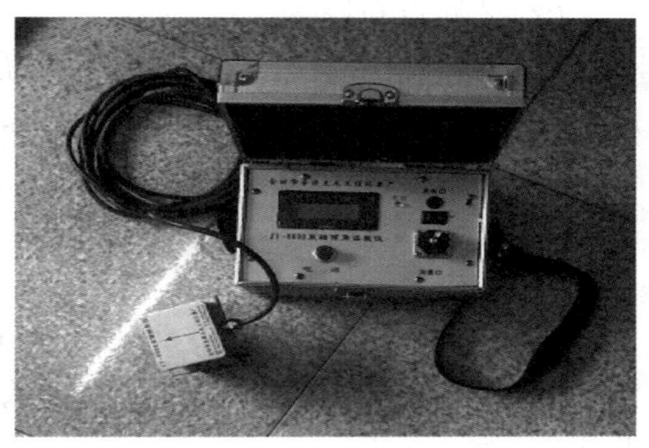

图4-10 JY-8000型双轴倾斜仪

(3)监测方法、数据采集及分析处理

用倾斜仪测出其电压值，根据式(4-3)可以计算出倾角，从而计算出倾斜率。

$$\theta = K \times (V_i - V_0) \tag{4-3}$$

式中：θ——倾斜仪的倾斜角度(°)；

V_i——倾斜仪的当前输出值(mA)；

V_0——倾斜仪的初始(安装)输出值(mA)；

K——倾斜仪的转换系数(°/mA)。

3)人工巡视

(1)巡视内容

影响范围内梁体结构、桥梁墩台有无裂缝及发展情况、桥梁上的管线等设施有无异常情况等。

(2)巡视方法

①工前巡视。

在施工前对构筑做工前调查。工前初次巡视的重点是调查构筑物现状,巡视该既有轨道交通结构物有无裂缝、剥落状况。有裂缝的地方做好标识,记录裂缝的位置、形态,用裂缝显微镜测量并记录裂缝的宽度,墙面或梁体出现渗水、滴水的地方也做好标识,记录渗水的位置、渗水量大小,并采用拍照的方式进行影像资料存档。

②过程巡视。

一般情况下对在工前初次巡视中发现的既有裂缝测量其宽度,并与初始宽度进行现场比较。发现墙面或梁体、墩柱新增裂缝或裂缝发展速率超过预警标准等异常情况及时通报,并进行分析。巡视过程中,填写现场安全巡视表。

4)自动化监测

(1)自动化监测的主要内容

桥梁结构自动化监测项目见表4-19。

桥梁结构自动化监测 表4-19

序号	监测对象	监测项目	监测仪器	监测精度
1	梁体结构	竖向变形	桥梁沉降变形自动监测系统	0.5mm
2		横向变形		

(2)监测点布设

在穿越工程影响范围内,应在每个桥墩上方桥梁体结构缝处左右各布设1个测点,在穿越中心附近要适当加密测点。自动化基准点布设在工程影响范围外。

以某轨道交通高架线测点布设情况为例,如图4-11所示。

5)监测频率、周期及控制值

(1)人工监测频率及周期

在穿越既有轨道交通桥梁时,应对桥梁墩台、盖梁、梁板结构进行穿越施工全过程监测,并应按要求加密监测频率,对变形敏感的重要桥梁应根据设计要求进行施工全过程监测。

当达到报警指标或观测值变化速率加快或出现危险事故征兆时,遇大雨、基坑受扰动或变形量有突变后立即观测并加大观测频率,具体监测频率参见表4-15。

监测周期对于桥梁监测的正常维修养护应延长一段时间,监控量测时间控制在穿越施工完成后一年且变形趋于稳定后。判断标准按《穿越城市轨道交通设施检测评估及监测技术规范》(DB11/T 915—2012)相关内容确定,即"当最后100d的平均沉降速率不大于0.01mm/d"时可认为已经进入稳定阶段。变形稳定后,满足轨道交通管理部门要求,经过相关单位后评估后停止监测。

(2)自动化监测频率及周期

自动化监测频率为每30~60min采集数据一次(特级风险监测时30min,一级风险监测时60min),施工结束后按实际情况降低数据采集频率,继续监测至施工完成后半年。

(3)监测控制值

穿越既有轨道交通桥梁工程监测时,梁体结构、桥墩结构等变形控制指标应参照评估单位提供的变形控制指标。

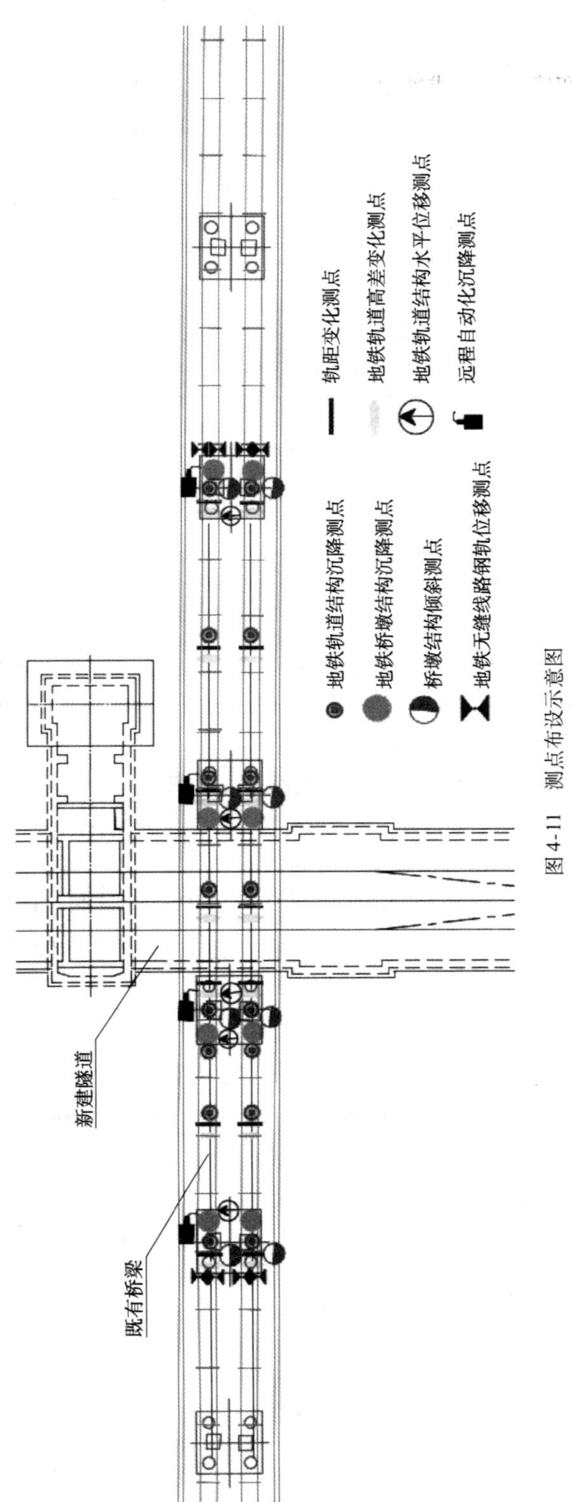

图 4-11 测点布设示意图

4.3.5 路基结构监测

1)监测主要内容

穿越既有轨道交通工程的监测项目应与新建工程设计方案、施工方案相匹配。应抓住关键部位,做到重点观测、项目配套,形成有效的、完整的监测系统。

监测项目包括路基竖向变形及差异沉降、轨道几何形位检查及无缝线路钢轨位移。

2)人工监测

(1)监测的主要内容

路基结构人工监测对象、项目见表4-20。

路基结构人工监测　　表4-20

序号	监测对象	监测项目
1	路基结构	人工巡查
2		路基竖向变形及差异沉降

(2)人工监测项目测点布设及监测方法

①高程基准网布设形式。

沉降变形监测高程基准网(点),以施工高程系统为基础建立,起始并附合于轨道交通施工精密水准点上。高程基准网由高程基准点和工作基点组成,布设成局部的独立网,同观测点一起布设成闭合环,或形成由附合路线构成的结点网。

根据现场情况,在影响区域外不小于60m的范围内,选取3~4个精密水准点作为人工监测方法的水准基准点。

②工作基点布置原则。

工作基准点布设于便于观测监测点的相对稳定且易于保存的区域,另外,工作基点布设时需考虑方便引测高程基准点。根据实际需要,在施工影响范围之外较稳定的场地布设4个工作基准点。

③测点布设方法。

路基监测范围内每隔5~15m布设一个监测断面(特级风险每5m布设一个断面,一级风险每10m布设一个断面,二级风险每15m布设一个断面),每个监测断面上左右线路两侧各布设1个路基竖向变形监测点。

以穿越工程中某轨道交通路基人工测点布设情况为例,如图4-12所示。

3)人工巡视

(1)巡视内容

影响范围内路基及周围地表有无明显沉降,路基上轨道结构与轨道设备的连接情况,路基两侧设施有无异常情况等。

(2)巡视方法

①工前巡视。

在施工前对地上线路做工前调查。工前初次巡视的重点是调查线路现状、巡视该路基有无塌陷状况,及道床结构的现状,且有塌陷的地方做好标识。

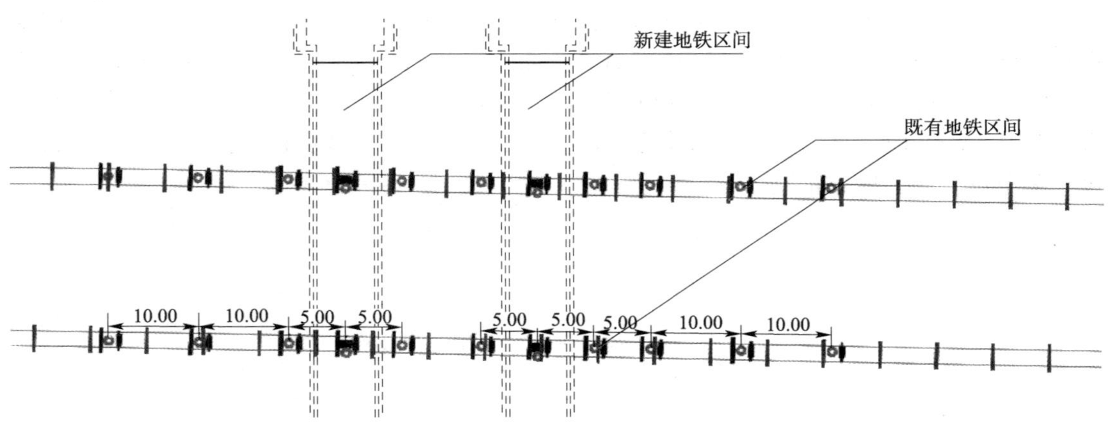

图4-12 人工测点布置图(尺寸单位:m)

②过程巡视。

对于在工前巡视中发现的塌方或翻浆等现象进行重点巡视,对超过预警标准等异常情况及时通报,并进行分析。巡视过程中,填写现场安全巡视表。

4)自动化监测

(1)自动化监测的主要内容

路基结构自动化监测项目见表4-21。

路基结构自动化监测 表4-21

序 号	监 测 对 象	监 测 仪 器	监 测 项 目
1	路基结构	自动监测系统	竖向变形
2			水平位移

(2)监测点、线的布设

①监测线。

在路基的线路两侧分别安装一条监测线,每条监测线所连接的设备包括监测点物位计、传输总线、液箱、数据采集设备、无线传输设备和供电设备。每天监测线的长度根据监测方位而定。

②测点布设。

结构竖向变形自动化监测断面沿线路走向方向布设,沿线路方向,在路基的线路两侧每5~10m布设一个断面(特级风险每5m布设一个断面,一级风险每10m布设一个断面),每个断面布设2个测点,在穿越中心附近测点适当加密。

以穿越工程中某轨道交通路基自动化测点布设情况为例,如图4-13所示。

5)监测频率、周期及控制值

(1)人工监测频率及周期

在穿越既有轨道交通路基时,应对路基进行穿越施工全过程监测,当达到报警指标或观测值变化速率加快或出现危险事故征兆时,遇大雨、基坑受扰动或变形量有突变后立即观测并加大观测频率,具体监测频率参照4.3.2节中表4-15。

监测过程中遇到特殊情况,如雨天或达到预警值,监测周期应加大监测频率。

对于路基的监测和轨道的正常维修养护，监测周期应延长一段时间，监控量测时间控制在穿越施工完成后1年且变形趋于稳定后。判断标准按《穿越城市轨道交通设施检测评估及监测技术规范》(DB11/T 915—2012)相关内容确定，即"当最后100d的平均沉降速率不大于0.01mm/d"时可认为已经进入稳定阶段。变形稳定后，满足轨道交通管理部门要求，经过相关单位后评估后停止监测。

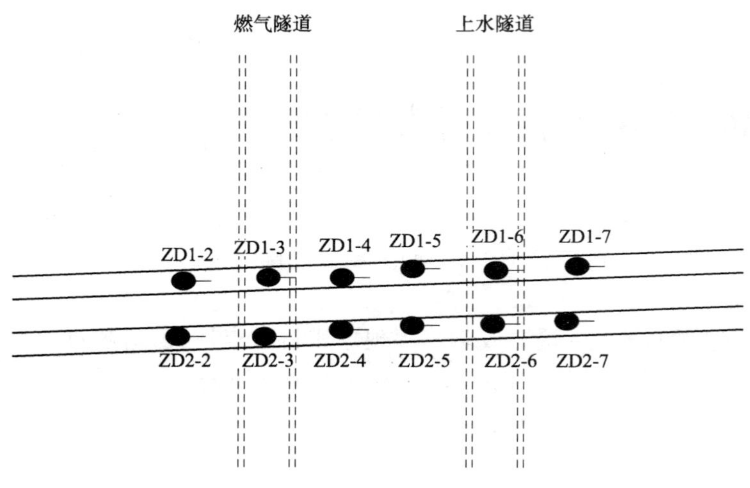

图4-13　自动化测点布置图

(2)自动化监测频率及周期

在穿越既有轨道交通路基工程的监测过程中，自动化监测频率应不低于每20min采集数据一次(风险等级较大的项目，数据采集频率应适当提高)，施工结束后按实际情况降低数据采集频率，继续监测至施工完成后半年。

(3)监测控制值

穿越既有轨道交通路基工程监测时，路基结构的变形控制指标应参照评估单位提供的控制标准。

4.3.6　车站及附属结构监测

在穿越轨道交通工程风险监测中，区间桥梁、隧道、路基以及轨道结构是重点监测对象，但轨道交通是一个复杂的系统工程，所以除了区间基础、区间主体结构的监测，还有一些特殊结构如车站、出入口、风道。为了保证穿越轨道交通的安全性、稳定性，这些结构同样应该进行风险监测。附属结构的监测项目、方法、频率、周期应该结合评估报告给出的建议来进行。

1)监测内容

车站、出入口、风道等结构的监测内容一般包括：结构竖向变形、结构横向变形、差异沉降、变形缝开合、人防门差异变形以及电梯等特种设备设施。

2)监测方法

在施工前、中、后各个阶段按指定频率对出入口、风道做工前调查。工前初次巡视的重点是出入口、风道等结构是否有明显的裂缝、剥落、渗水、变形缝差异沉降等内容。

(1)监测点布设

测点布设原则为水准基点埋设在施工影响区域以外,工作基点埋设在有利于联测水准基点与竖向变形监测点的部位,竖向变形监测点埋设在变形关键部位。

在变形区域外布设局部监测控制网。可将工程监测控制网布设为局部网,即在每处比较集中的变形监测体附近布设局部控制网,在施工影响范围外较稳定处布设水准基准点。基准点埋设在远离影响范围处,测点埋设采用帽点方式粘贴于地面。

(2)变形监测点

结构变形监测点应埋设在影响范围内主体结构上,埋设方法与测量工作基点埋设方法相同,如遇变形缝需加密测点。

(3)观测方法

结构水平位移基准点观测采用导线测量方法,使用全站仪进行观测。

3)监测频率、周期及控制值

(1)监测频率

施工开始后可按1次/d的频率进行监测。施工结束后减少观测频率,直至监测数据稳定为止。监测频率可根据监测情况适当调整,异常情况适当加密。巡视频率及周期与监测频率及周期相同。

(2)控制值

监测控制通过变形速率和变形量双指标来判断。变形速率和变形量控制值应根据结构自身变形极限和评估建议而得出,其中任意一个指标达到评估控制值应启动紧急预案。

4.4 风险监测数据的处理

变形监测工作的基础是变形信息的获取,变形信息的分析是变形监测工作的基本手段,而变形监测工作的最终目的是变形趋势的预报。因此,建立能正确反映变形体变形信息的分析预报模型也是整个变形监测工作的重点之一。

4.4.1 现场数据采集

1)工作内容

现场数据采集工作必须以制定的程序文件、作业指导书的要求,按批准的方案实施。作业过程有详细的记录,观测成果及时记录签名,有条件的立即对数据进行检查,有疑问的要立即进行复测。作业人员在现场要注意安全,监测单位对自身的人员、设施及现场安全负责。在基坑内作业,必须遵守工地的安全管理规定,作业人员戴安全帽、穿防滑胶鞋,高空作业要系安全索,并服从施工人员的指挥和安排,带电作业的要注意安全用电。在道路作业,还须保证过路行人及车辆安全。注意保持环境卫生,确保现场监测工作按期进行。

2)管理办法

现场数据采集人员在进行量测之前须先查看风险点所有测点的情况,并做查看记录。如无异常,按正常测量工序进行测量;如有异常,采取相应的措施进行处理。测量人员在测量过程中各司其职,按各自的技术要求做好自己的工作,同时互相关注技术动作,当有不恰当的操作时及时更正。

4.4.2 数据存储与录入

自动监测数据通过主监测中心的远程数据接收器和数据接收软件，自动接收现场监测站发送的监测数据，并按照规定格式存储在数据管理系统的数据库中。

人工监测数据通过人工录入的方式录入主监测中心数据管理系统的数据库中，每天将现场采集到的数据经数据处理、平差计算、检验审核后录入数据管理系统。

4.4.3 数据前处理

1)数据传输及平差计算

观测记录采用电子水准仪自带记录程序进行，观测完成后形成原始电子观测文件，通过数据传输处理软件传输至计算机，检查合格后使用专用水准网平差软件进行严密平差，得出各点高程值。

平差计算要求如下：①应使用稳定的基准点为起算，并检核独立闭合差及与2个以上的基准点相互附合差；②使用专业平差软件按严密平差的方法进行计算；③平差后数据取位应精确到0.1mm。

通过变形观测点各期高程值计算各期阶段沉降量、阶段变形速率、累计沉降量等数据。

2)变形数据分析

监测点稳定性分析原则如下：①监测点的稳定性分析基于稳定的基准点进行；②相邻两期监测点的变动通过比较相邻两期的最大变形量与最大测量误差(取两倍中误差)进行，当变形量小于最大误差时，可认为该监测点在这该周期内没有变动或变动不显著；③对多期变形观测成果，当相邻周期变形量小，但多期呈现出明显的变化趋势时，应视为有变动。

4.4.4 数据处理方法

监测数据的分析工作由监测中心分析软件自动完成，可绘制监测数据时程曲线，生成日报、周报等统计报表，并发给相关单位，以供决策。

主监测中心设置显示器，实时显示监测数据和分析结果，与主监测中心相连的分中心授权用户可按照用户权限查询监测结果；对监测结果按黄色预警、橙色预警和红色预警三级预警进行管理和控制。监测数据的处理方法主要有以下几种：

1)回归分析法

回归分析法是假设观测数据在统计上是独立或不相关的，是一种静态的数据处理方法。在实际的生活与生产中，导致结构体变形的因素是复杂多样的，很难用固定的数学模型来表示一个变形(因变量)与多个荷载(自变量)之间的相互关系，经典的多元线性回归分析法就是研究因变量与自变量之间相互关系的最基本方法。该方法是通过分析结构体的变形与变形因素之间的相关性，来建立荷载与变形之间的线性回归方程，并通过假设检验的方法来验证回归方程以及回归系数的显著性。利用该方法对变形体进行分析预报，需要知道大量可能导致结构体变形的荷载信息。在通常情况下，利用这种方法进行预报，其精度相对较高，但在建模时若有未考虑到的因素对变形产生影响时，这时候的预报就会产生较大的偏差。

具体地说,回归分析在一组数据的基础上研究以下几个问题:

i. 建立因变量 y 与自变量 $x_1,x_2,\cdots,x_m$ 之间的回归模型(经验公式)。

ii. 对回归模型的可信度进行检验。

iii. 判断每个自变量 $x_i(i=1,2,\cdots,m)$ 对 y 的影响是否显著。

iv. 诊断回归模型是否适合这组数据。

v. 利用回归模型对 y 进行预报或控制。

(1)一元线性回归分析

一元回归处理的是两个变量之间的关系,即两个变量 x 和 y 间若存在一定的关系,则通过试验,分析所得数据,找出两者之间关系的经验公式。假如两个变量之间的关系是线性的,那就是一元线性回归研究的对象。通过一元线性回归分析找出能拟合 x、y 关系的直线,通过拟合直线来预测因变量。

(2)多元线性回归分析

①模型建立。

多元线性回归分析的数学模型可表示为:

$$\begin{cases}y=\beta_0+\beta_1x_1+\cdots+\beta_mx_m+\varepsilon\\ \varepsilon\sim N(0,\sigma^2)\end{cases} \tag{4-4}$$

式中,β_0、β_1、$\cdots$、β_m、σ^2 表示与观测值 x_1、x_2、$\cdots$,x_m 无关的未知参数,β_0、β_1、$\cdots$、β_m 称为回归系数。

现得到 n 个独立观测数据($y_i,x_{i1},\cdots,x_{im}$),$i=1,\cdots,n$,$n>m$,由式(4-4)得:

$$\begin{cases}y_i=\beta_0+\beta_1x_{i1}+\cdots+\beta_mx_{im}+\varepsilon_i\\ \varepsilon_i\sim N(0,\sigma^2),i=1,\cdots,n\end{cases} \tag{4-5}$$

记

$$\boldsymbol{X}=\begin{bmatrix}1 & x_{11} & \cdots & x_{1m}\\ \vdots & \vdots & & \vdots\\ 1 & x_{n1} & \cdots & x_{nm}\end{bmatrix},\boldsymbol{Y}=\begin{bmatrix}y_1\\ \vdots\\ y_n\end{bmatrix} \tag{4-6}$$

$$\varepsilon=[\varepsilon_1\cdots\varepsilon_n]^{\mathrm{T}},\beta=[\beta_0\quad\beta_1\quad\cdots\quad\beta_m]^{\mathrm{T}} \tag{4-7}$$

式(4-4)可表示为:

$$\begin{cases}Y=X\beta+\varepsilon\\ \varepsilon\sim N(0,\sigma^2\boldsymbol{E}_n)\end{cases} \tag{4-8}$$

其中 $\boldsymbol{E}_n$ 为 n 阶单位矩阵。

②参数估计。

式(4-4)中的参数 $\beta_0,\beta_1,\cdots,\beta_m$ 用最小二乘法估计,即应选取估计值 $\widehat{\beta_j}$,使当 $\beta_j=\widehat{\beta_j}$ 时,$j=0,1,2,\cdots,m$ 时,误差平方和

$$Q=\sum_{i=1}^{n}\varepsilon_i^2=\sum_{i=1}^{n}(y_i-\beta_0-\beta_1x_{i1}-\cdots-\beta_mx_{im})^2 \tag{4-9}$$

达到最小。为此,令

$$\frac{\partial Q}{\partial\beta_j}=0\qquad(j=0,1,2,\cdots,n) \tag{4-10}$$

得

$$\begin{cases}\dfrac{\partial Q}{\partial \beta_0} = -2\sum_{i=1}^{n}(y_i - \beta_0 - \beta_1 x_{i1} - \cdots - \beta_m x_{im}) = 0 \\ \dfrac{\partial Q}{\partial \beta_j} = -2\sum_{i=1}^{n}(y_i - \beta_0 - \beta_1 x_{i1} - \cdots - \beta_m x_{im})x_{ij} = 0 \qquad (j = 1,2,\cdots,m)\end{cases} \tag{4-11}$$

经整理化为以下正规方程组

$$\begin{cases}\beta_0 n + \beta_1 \sum_{i=1}^{n} x_{i1} + \beta_2 \sum_{i=1}^{n} x_{i2} + \cdots + \beta_m \sum_{i=1}^{n} x_{im} = \sum_{i=1}^{n} y_i \\ \beta_0 \sum_{i=1}^{n} x_{i1} + \beta_1 \sum_{i=1}^{n} x_{i1}^2 + \beta_2 \sum_{i=1}^{n} x_{i1}x_{i2} + \cdots + \beta_m \sum_{i=1}^{n} x_{i1}x_{im} = \sum_{i=1}^{n} x_{i1}y_i \\ \beta_0 \sum_{i=1}^{n} x_{im} + \beta_1 \sum_{i=1}^{n} x_{im}x_{i1} + \beta_2 \sum_{i=1}^{n} x_{im}x_{i2} + \cdots + \beta_m \sum_{i=1}^{n} x_{im}^2 = \sum_{i=1}^{n} x_{im}y_i\end{cases} \tag{4-12}$$

正规方程组的矩阵形式为

$$\boldsymbol{X}^{\mathrm{T}}\boldsymbol{X}\boldsymbol{\beta} = \boldsymbol{X}^{\mathrm{T}}\boldsymbol{Y} \tag{4-13}$$

当矩阵 $\boldsymbol{X}$ 列满秩时，$\boldsymbol{X}^{\mathrm{T}}\boldsymbol{X}$ 为可逆方阵，式(4-13)的解为

$$\widehat{\beta} = (\boldsymbol{X}^{\mathrm{T}}\boldsymbol{Y})^{-1}\boldsymbol{X}^{\mathrm{T}}\boldsymbol{Y} \tag{4-14}$$

将 $\widehat{\beta}$ 代回原模型得到 y 的估计值

$$\widehat{y} = \widehat{\beta}_0 + \widehat{\beta}_1 x_1 + \cdots + \widehat{\beta}_m x_m \tag{4-15}$$

而这组数据的拟合值为 $\widehat{Y} = X\widehat{\beta}$，拟合误差 $e = Y - \widehat{Y}$ 称为残差，可作为随机误差 ε 的估计，而

$$Q = \sum_{i=1}^{n} e_i^2 = \sum_{i=1}^{n}(y_i - \widehat{y}_i)^2 \tag{4-16}$$

为残差平方和(或剩余平方和)，即 $Q(\widehat{\beta})$。

③回归模型的假设检验。

因变量 y 与自变量 $x_1,\cdots,x_m$ 之间是否存在如式(4-15)所示的线性关系是需要检验的，显然，如果所有的 $|\widehat{\beta}_j|(j = 1,\cdots,m)$ 都很小，y 与 $x_1,\cdots,x_m$ 的线性关系就不明显，所以可令原假设为：

$$H_0: \beta_j = 0 \qquad (j = 1,\cdots,m)$$

当 H_0 成立时，U、Q 满足

$$F = \frac{U/m}{Q/(n-m-1)} \sim F(m,n-m-1) \tag{4-17}$$

$$U = \sum_{i=1}^{n}(\hat{y}_i - \bar{y})^2 \tag{4-18}$$

在显著性水平 α 下有上 α 分位数 $F_\alpha(m,n-m-1)$，若 $F < F_\alpha(m,n-m-1)$，接受 H_0；否则，拒绝。

注意：接受 H_0 只说明 y 与 $x_1,\cdots,x_m$ 的线性关系不明显，可能存在非线性关系，如平方关系。

④回归系数的假设检验。

回归方程显著，并不能说明每个荷载信息都对变形值的影响也显著。因此我们需要检

验剔除那些对变形影响不明显的荷载,使得线性回归方程变得更加精确可靠。当上面的 H_0 被拒绝时,H_0 不全为零,但是不排除其中若干个等于零。所以应进一步作如下 m 个检验 $(j=0,1,\cdots,m)$:

$$H_0^{(j)}:\beta_j=0$$

由模型可知 $\widehat{\beta_j}\sim N(\beta_j,\sigma^2 c_{jj})$,$c_{jj}$ 是 $(\boldsymbol{X}^{\mathrm{T}}\boldsymbol{X})^{-1}$ 中的第 (j,j) 元素,用 s^2 代替 σ^2,于是在原假设成立时,统计量

$$\begin{cases}\dfrac{(\widehat{\beta_i}-\beta_i)}{\sqrt{c_{\mathrm{u}}\sigma^2}}\sim N(0,1)\\[2ex]\dfrac{(\widehat{\beta_i}-\beta_i)^2}{c_{\mathrm{u}}\sigma^2}\sim x^2(1)\\[2ex]\dfrac{S}{\sigma^2}\sim x^2(m-n-1)\end{cases}\tag{4-19}$$

故统计量

$$\frac{\widehat{\beta_i^2}/c_{\mathrm{u}}}{S/(m-n-1)}\sim F(1,m-n-1)\tag{4-20}$$

在原假设成立时服从 $F(1,m-n-1)$ 分布,分子 $\widehat{\beta_i^2}/c_{\mathrm{u}}$ 通常又称为因子 x_i 的偏回归平方和,在显著性水平 α 下,可查表得分位值 $F_{1-\alpha,m-n-1}$。若统计量 $|F|\geqslant F_{1-\alpha,m-n-1}$,则认为回归系数 $\widehat{\beta_i}$ 在 $1-\alpha$ 的置信度下是显著的,否则不显著。

在进行回归因子显著性检验时,由于各因子之间并非独立,当从原回归方程中去掉一个影响不大的荷载时,原方程中其他荷载的系数也会跟着改变,所以,每次剔除一个回归因子后,都要重新建立新的回归方程,再对新的回归系数逐个进行检验,重复上述过程直到剩余的回归系数都显著为止。

(3)工程监测数据分析中常用的回归函数

地表沉降横向分布规律回归函数采用 Peck 公式,Peck 在 1969 年提出了地层损失的概念,即在不考虑土体排水固结和蠕变的条件下,得出了一系列与地层有关的沉降槽宽度的近似值,对地表沉降、拱顶下沉、净空收敛等变形的历时曲线一般采用数学函数进行回归。

①位移历时回归方程。

对地表沉降、拱顶下沉、净空收敛等变形的历时曲线一般采用指数、对数、双曲线函数模型进行回归。

②沉降历程回归方程。

由于地下工程开挖过程中地表纵向沉降、拱顶下沉及净空收敛等位移受掌子面的时空效应的影响。采用单个曲线进行回归时不能全面反映沉降历程,通常采用以变弯点为对称的两条分段指数函数式或指数函数进行近似回归分析。

2)灰色预测

灰色预测是指利用 GM 模型对系统行为特征的发展变化规律进行估计预测,同时也可

以对行为特征的异常情况发生的时刻进行估计计算，以及对在特定时区内发生事件的未来时间分布情况做出研究等。这些工作实质上是将“随机过程”当作“灰色过程”，“随机变量”当作“灰变量”，并主要以灰色系统理论中的GM(1,1)模型来进行处理。

(1)灰色预测的方法

设已知参考非负数据列为 $x^{(0)}=(x^{(0)}(1),x^{(0)}(2),\cdots x^{(0)}(n))$，做1次累加(AGO)生成数列

$$\begin{aligned}x^{(1)}&=(x^{(1)}(1),x^{(1)}(2),\cdots,x^{(1)}(n))\\&=(x^{(1)}(1),x^{(1)}(1)+x^{(0)}(2),\cdots,x^{(1)}(n-1)+x^{(0)}(n))\end{aligned}\tag{4-21}$$

其中 $x^{(1)}(k)=\sum_{i=1}^{k}x^{(0)}(i)(k=1,2,\cdots,n)$。求均值数列

$$z^{(1)}(k)=0.5x^{(1)}(k)+0.5x^{(1)}(k-1)\qquad(k=2,3,\cdots,n)\tag{4-22}$$

则 $z^{(1)}=(z^{(1)}(2),z^{(1)}(3),\cdots,z^{(1)}(n))$。于是建立微分方程为

$$x^{(0)}(k)+az^{(1)}(k)=b\qquad(k=2,3,\cdots,n)\tag{4-23}$$

相应的白化微分方程为

$$\frac{\mathrm{d}x^{(1)}}{\mathrm{d}t}+ax^{(1)}(t)=b\tag{4-24}$$

记 $u=(a,b)^{\mathrm{T}}$，$Y=(x^{(0)}(2),x^{(0)}(3),\cdots,x^{(0)}(n))^{\mathrm{T}}$，$\boldsymbol{B}=\begin{bmatrix}-z^{(1)}(2)&1\\-z^{(1)}(3)&1\\\vdots&\vdots\\-z^{(1)}(n)&1\end{bmatrix}$，则由最小二乘法，求得使 $J(\hat{u})=(Y-B\hat{u})^{\mathrm{T}}(Y-B\hat{u})$ 达到最小值的 $\hat{u}=(a,b)^{\mathrm{T}}=(B^{\mathrm{T}}B)^{-1}B^{\mathrm{T}}Y$，于是求解方程(4-23)得

$$x^{(1)}(k+1)=(x^{(0)}(1)-\frac{b}{a})\mathrm{e}^{-ak}+\frac{b}{a}\qquad(k=1,2,\cdots,n-1)\tag{4-25}$$

(2)灰色预测的步骤

①数据的检验与处理。

首先，为了保证建模方法的可行性，需要对已知数据列做必要的检验处理。有些实际问题的数列中有负数(例如温度、沉降等)，累加时略微复杂。有时，由于出现正负抵消这种信息损失的现象，数列经过累加生成后规律性非但没得到加强，甚至可能被削弱。对于这种情形，我们可以先进行移轴，然后再做累加生成。

设参考非负数据为 $x^{(0)}=(x^{(0)}(1),x^{(0)}(2),\cdots,x^{(0)}(n))$，计算数列的级比

$$\lambda(k)=\frac{x^{(0)}(k-1)}{x^{(0)}(k)}\qquad(k=2,3,\cdots,n)\tag{4-26}$$

如果所有的级比 $\lambda(k)$ 都落在可容覆盖 $(\mathrm{e}^{-\frac{2}{n+1}},\mathrm{e}^{\frac{2}{n+2}})$ 内，则数列 $x(0)$ 可以作为模型GM(1,1)的数据进行灰色预测。否则，需要对数列 $x(0)$ 做必要的变换处理，使其落入可容覆盖内。即取适当的常数 c，作平移变换

$$y^{(0)}(k)=x^{(0)}(k)+c\qquad(k=1,2,\cdots,n)\tag{4-27}$$

则使数列 $y^{(0)}=(y^{(0)}(1),y^{(0)}(2),\cdots y^{(0)}(n))$ 的级比

$$\lambda_y(k)=\frac{y^{(0)}(k-1)}{y^{(0)}(k)}\in X\qquad(k=2,3,\cdots,n)\tag{4-28}$$

②建立模型。

按①中的方法建立模型 GM(1,1),则可以得到预测值

$$\widehat{x}^{(1)}(k+1)=\left(x^{(0)}(1)-\frac{b}{a}\right)e^{-ak}+\frac{b}{a} \qquad (k=1,2,\cdots,n-1) \tag{4-29}$$

而且 $\widehat{x}^{(0)}(k+1)=\widehat{x}^{(1)}(k+1)-\widehat{x}^{(1)}(k)$,$k=1,2,\cdots,n-1$。

③检验预测值。

a. 残差检验。

令残差为 $\varepsilon(k)$,计算

$$\varepsilon(k)=\frac{x^{(0)}(k)-\widehat{x}^{(0)}(k)}{x^{(0)}(k)} \qquad (k=1,2,\cdots,n) \tag{4-30}$$

如果 $\varepsilon(k)<0.2$,则可认为达到一般要求;如果 $\varepsilon(k)<0.1$,则认为达到较高的要求。

b. 级比偏差值检验。

首先由参考数据 $x^{(0)}(k-1)$,$x^{(0)}(k)$ 计算出级比 $\lambda(k)$,再用发展系数 a 求出相应的级比偏差。

$$p(k)=1-\left(\frac{1-0.5a}{1+0.5a}\right)\lambda(k) \tag{4-31}$$

如果 $p(k)<0.2$,则可认为达到一般要求;如果 $p(k)<0.1$,则认为达到较高的要求。

4.5 风险监测信息的反馈

4.5.1 监测结果分析报告的内容

监测报告分为日报、周报和最终成果报告。

监测成果报告中应包含技术说明、监测时间、使用仪器、依据规范、监测方案及所达到精度,列出监测值、累计值、变形率、变形差值、变形曲线,并根据规范及监测情况提出结论性意见。

监测成果报告应以直观的形式(如表格、图形等)表达出获取的与施工过程有关的监测信息(如被测指标的当前值与变化速率等),使监测结果一目了然,可读性强。

1)日报的内容

监测日报的内容包括:

(1)施工进度或工况。

(2)监测工作情况。

(3)监测成果统计。

(4)监测结论。

(5)指出达到或超过报警值的测点位置,初步分析其原因,提出建议意见。

2)周报的内容

监测周报的内容包括:

(1)监测区段工程概况。

(2)监测项目和测点布置。

(3)施工进度或工况。

(4)监测值的时程变化曲线。

(5)监测结果分析和预报。

(6)指出达到或超过报警值的测点位置,初步分析其原因,提出建议意见。

(7)提供以下图表:

①各项监测成果表。

②典型测点的变化值——时间历程曲线图。

③竖向变形断面图。

④监测测点布置图。

⑤结合工程实际情况提供其他分析图表(如竖向变形值线图等)、测点的变化值随施工进展(或受力变化)变化曲线等。

3)监测最终报告内容

监测最终报告的内容包括:

(1)工程概况。

(2)监测目的与内容。

(3)监测精度、周期、频率、控制指标。

(4)监测方法与测点布置。

(5)采用的仪器型号、规格和标定资料。

(6)数据采集和观测方法。

(7)监测资料的分析处理。

(8)监测值全时程变化曲线。

(9)超前预报效果评述。

(10)监测结果评述。

(11)提供以下图表:

①各项监测成果表。

②典型测点的变化值——时间曲线图。

③竖向变形断面图。

④监测测点布置图。

⑤结合工程实际情况提供其他分析图表。

4.5.2 监测信息反馈的内容

1)对设计的反馈内容

通过对监测资料的反分析,修正设计用围岩物理力学参数;通过对监测资料的反分析,修正设计用地应力、渗水压力、围岩压力等基本荷载;通过对围岩和支护结构的位移、应力应变、地表及既有轨道交通结构等监测,修正设计用变形控制基准;安全监测方法和监控判据指标的校核;在上述修正基础上调整支护结构参数即进行信息化设计。

2)对施工的反馈内容

在施工过程中,通过对监测结果的分析判断,及时调整施工措施,以确保施工的安全性和经济性。

4.5.3　监测信息反馈的方法

1)收敛限制法

1978 年法国首次提出了收敛限制法(又称特征曲线法或变形法),为新奥法的理论计算提供了方向,收敛限制法是根据地下工程周边位移监测值来反馈设计与施工。

收敛限制法是一种以理论为基础、实测为依据、经验为参考的较为完善的地下工程设计方法。其基本原理如图 4-14 所示。图中纵坐标表示结构承受的地层压力,横坐标表示沿洞周径向位移(一般采用净空收敛值)。图中曲线①为地层特征线,曲线②为支护特征线,两条曲线交点的纵坐标即为作用在支护结构上的最终地层压力 P,交点的横坐标为衬砌的最终位移 u_0,P、u 值即可作为设计计算的依据。

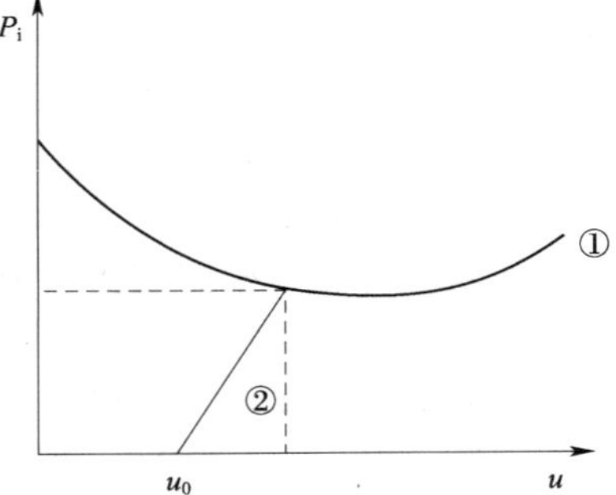

图 4-14　收敛限制法原理示意图

2)参数控制法

城市地下工程在施工前,根据周边环境条件制定地表沉降、周边净空收敛等参数的控制值,作为判断围岩或地层稳定的标准和进行施工反馈的依据。

根据位移判别围岩稳定与否,据此作出增强和减弱支护参数的决策。

位移变化速率是判断地层和结构稳定性的重要指标,如图 4-15 所示图中曲线①位移变化速率不断下降,最后趋于稳定,围岩是稳定的;曲线②位移变化速率大,而且收敛很慢,则应加强支护,若曲线一直发展,斜率没有下降趋势则已出现危险征兆,应采取紧急而特殊措施;曲线③是地层失稳标志,施工单位应立即处理以免造成塌方,处理的同时要报各有关单位速到现场研究、决策。

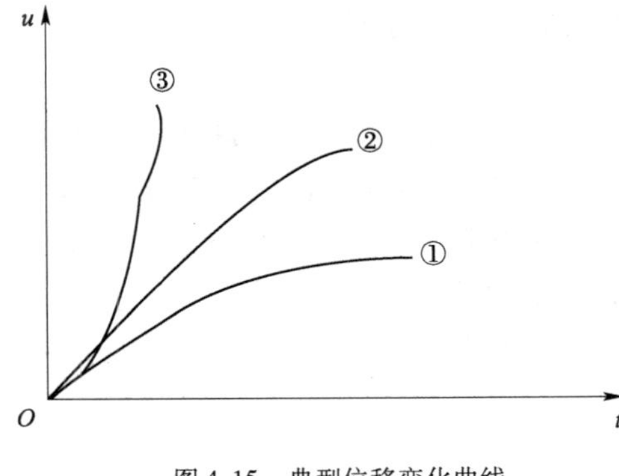

图 4-15　典型位移变化曲线

根据地表沉降监测反映的地层变形规律,采取相应施工对策,确保地层安全稳定。

根据监测所反映的地层变形规律,采取相应施工对策,确保地层安全稳定。例如浅埋隧道在施工过程中,对周围所产生的变形非常明显,距开挖面前一倍洞径开始产生先向上后向下的变形,反映到地表的下沉更为明显,如图 4-16 所示,如当拱脚钢支撑处理不当,背后充填注浆不及时、不认真时,地表在 8 ~24h 内会发生明显的下沉。

根据监测数据确定二次衬砌施作时间。

对采用浅埋暗挖法修建的地下工程,一般规定在初次支护基本稳定后,开始施作二次衬砌。这里的“基本稳定”通常是指支护所受的压力不再增加,围岩的位移值基本上不再变化。因此,可以用位移或接触应力这两项测试结果来控制,试验证明地下工程周边点的径向位移速度为:

$$V_h = \begin{cases} 0.1\text{mm/d} & \text{(跨度大于 10m 时)} \\ 0.2\text{mm/d} & \text{(跨度小于或等于 10m 时)} \end{cases}$$

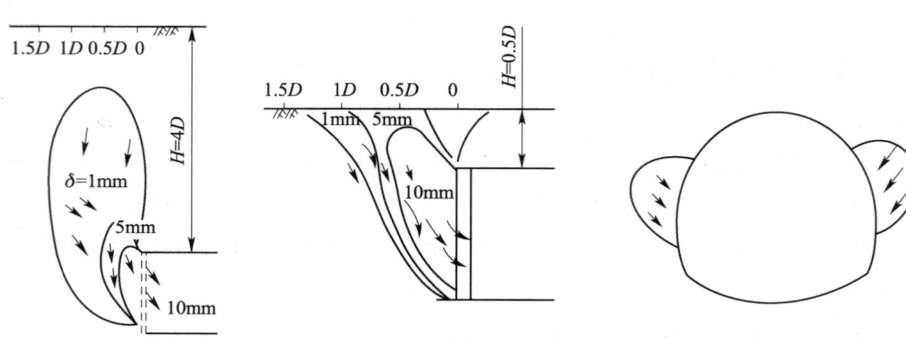

图 4-16 变位超前产生的规律

3）工程类比法

工程类比法是根据监测资料与已有工程监测结果及稳定性评判等资料的对比进行分析，评判当前工程的安全状态，及时调整施工方案。

工程类比法是地下工程施工中广泛采用的定性分析方法。考虑到城市地下工程的具体特点，按下列顺序进行工作，类比收集的工程资料。

（1）监测资料的采集、整理、分析。

（2）现场地质调查、施工记录和现场观察巡视。

（3）综合定性分析评判。

（4）数值计算方法。

随着地下结构计算理论研究工作的进展，人们开始采用地层结构法和收敛约束法等以连续介质力学为基础的方法来设计和研究地下结构。然而，由于在以上领域已经取得解析解的成果为数不多，使这些方法的适用范围还相当有限。近二十多年来，计算机的普遍使用，使数值计算方法有了很大的发展，包括有限单元法、边界元法、有限差分法等，大大发展了岩土工程问题的计算理论。其中，有限单元法是一种发展最快的数值方法。

4）反分析法

所谓反分析法，就是指利用现场监测到的信息，或者说监测到的来自工程施工引起的结构与介质的扰动量，包括位移、应变、二次应力或地层应力，根据给定的材料模型，来反演工程介质材料的物理力学参数和初始荷载。根据监测信息的类型，反分析法可分为位移反分析法、应变反分析法和应力反分析法三类。在地层材料物理力学参数与初始地应力参数之间，常以后者作为待求参数，因为初始地应力参数的现场监测难度较大，所需费用也远远高于弹性模量和泊松比的测定。相对而言，位移，特别是相对位移的测定较容易、便宜得多。

4.5.4 监测信息反馈的流程

监测数据（数据采集及数据分析）均由计算机管理，日常监测报告及报警程序根据监测反馈流程图所示流程进行，如图 4-17 所示。监测报告分别为日报、周报和最终成果报告，各项成果报告均以书面形式分别报送给建设单位、运营单位、监理单位、设计单位及施工单位。

报警按三级警戒制度进行管理，预警值取控制值的 70%，报警值取控制值的 80%，实测值超过报警值应立即电话上报各相关单位并发送预警通知单，并加强监测频率，启动对应预案。

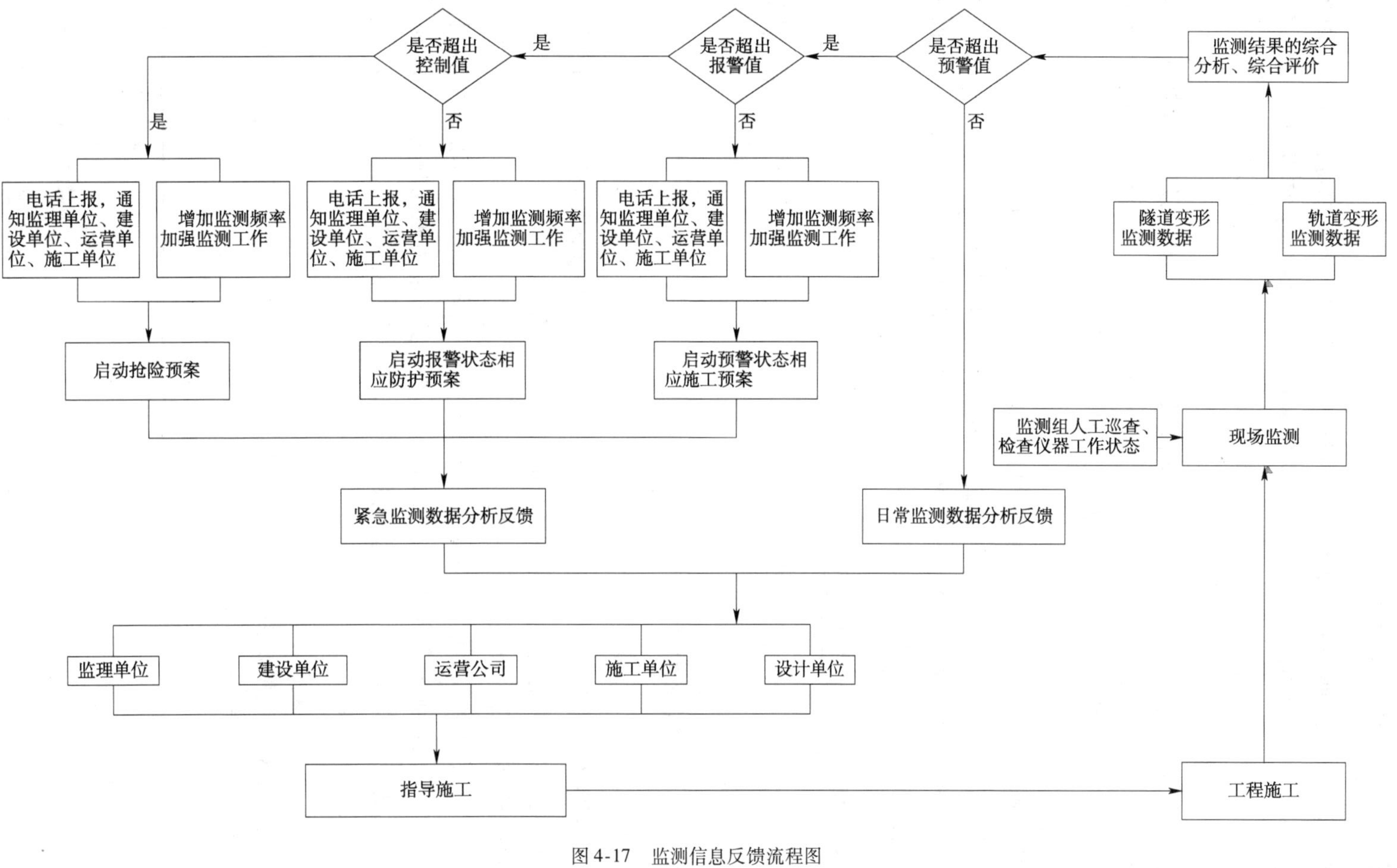

图4-17　监测信息反馈流程图

4.5.5 监测信息报送机制

实时监测信息每天向轨道交通相关管理部门、建设单位、监理单位、设计单位等进行汇报，特殊情况以电话、书面报告随时向轨道交通运营相关管理部门、建设单位、监理单位、设计单位等进行汇报。按日汇总成中间报表，以书面形式分别报送给相关部门。

1）监测报告程序

一般监测情况报告程序：信息反馈组与轨道交通管理单位和建设单位保持联络，实时向轨道交通管理单位和建设单位专家组汇报，数据量变化较大时，电话通知相关管理人员。每日监测数据按日汇总成中间报表，以书面形式分别报送各单位。

2）监测预警报告程序

发现监测预警后由监测项目负责人立即组织会商分析，确认预警后立即由信息反馈负责人电话并书面报告相关单位，由各单位进入相应预案处理程序。

监测作业组加强监测作业，复测监测预警处数据，技术负责人与信息反馈组及时汇总分析数据，向各单位及专家汇报监测数据分析情况。

4.6 风险监测应急预案

结构自身及周边环境监测达到预警状态或出现施工险情时，启动应急预案。针对各种预警状态及险情程度采取不同的响应措施。

4.6.1 监测数据预警

1）穿越既有轨道交通隧道预警

（1）采用既有区间隧道上浮或沉降变形控制值作为是否影响既有区间隧道结构正常运营的控制指标，变形控制值 U_0 由穿越工程前评估单位确定。

（2）预警值和报警值分别采用 $0.7U_0$ 和 $0.8U_0$。

（3）当变形值达到预警值时，应发出预警并加强监测；采取相应技术措施之后，未能有效控制变形的发展而达到报警值时，必须立即停工，进一步采取措施控制变形的发展，当沉降变形稳定后，方可继续施工；当变形超过报警值后，应重新评估穿越施工方案的可行性，经专家论证确定合理应对措施。

2）穿越既有轨道交通桥梁预警

监测报告中对于变形是否超限，可将观测数值与预警值、报警值相比较加以判断。宜采用三级管理制度，如表 4-22 所示。

三级管理制度 表 4-22

等级管理	管理位移	施工状态
Ⅲ	$U<0.7U_0$	正常施工
Ⅱ	$0.7U_0 \leqslant U<0.8U_0$	加强监测、发出预警并及时报告
Ⅰ	$U \geqslant 0.8U_0$	加强监测、停止施工并发出警报

注：其中 U 为实测值，U_0 为变形控制值。

(1)简支梁桥

对于简支梁桥,预警值与报警值根据控制墩台均匀总沉降及相邻墩台差异沉降等指标确定,且墩台均匀总沉降及相邻墩台差异沉降每日调整量需小于3mm。

(2)连续梁桥

连续梁桥结构的墩台沉降预警值与报警值除满足上表的要求之外,还应该满足应力要求,结构应力控制值 U_0 由穿越工程前评估单位和既有桥梁原设计单位给出,预警值和报警值分别取 $0.7U_0$ 和 $0.8U_0$。

当变形值达到预警值时,应发出预警并加强监测;采取相应技术措施之后,未能有效控制变形的发展而达到报警值时,必须立即停工,进一步采取措施控制变形的发展,当沉降变形稳定后,方可继续施工;当变形超过报警值后,应重新评估穿越施工方案的可行性,经专家论证确定合理应对措施。

3)穿越既有轨道交通路基预警

监测报告中应将观测数值与预警值、报警值相比较加以判断,给出路基变形是否超限的结论。

(1)施工监测的沉降变形预警值应根据沉降变形曲线和稳定沉降值确定。一旦达到预警值,施工方必须采取相应的技术措施,控制沉降变形的继续发展。

(2)当沉降量达到预警值,在采取相应技术措施之后,未能有效控制沉降变形的发展而达到报警值时,必须立即停工,进一步采取技术措施,控制沉降变形的发展。

(3)路基面的预警值与报警值应由前评估单位确定,在前评估单位无法确定预警值与报警值的情况下,可参照表4-23确定。

三级警戒状态判定表及处理 表4-23

预警级别	预警状态描述	预 警 处 理
黄色预警	实测位移(或沉降)的绝对值和速率值双控指标均达到极限值的70% ~80%之间时;或双控指标中一指标达到极限值的80% ~100%之间而另一指标未达到该值时	发生黄色预警时,监测组合施工单位应加密监测频率,加强对地面和既有轨道交通结构物沉降动态的观察,尤其应加强对预警点附近的雨污水管和有压管线的检查
橙色预警	实测位移(或沉降)的绝对值和速率值双控指标均达到极限值的80% ~100%之间时;或双控指标达到极限值而另一指标未达到该值时;或双控指标均达到极限值而整体工程尚未出现不稳定迹象时	发生橙色预警时,除应继续加强上述监测、观察和处理外,应根据预警状态的特点进一步完善针对该状态的预警方案,同时应对施工方案、开挖进度、支护参数、工艺方法等做检查和完善,在获得设计和建设单位同意后进行
红色预警	实测位移(或沉降)的绝对值和速率值双控指标均达到极限值,与此同时,还出现下列情况之一时:实测的位移(或沉降)速率出现急剧增长,隧道或基坑支护混凝土表面出现裂缝,同时裂缝开始渗水	发生红色预警时,除应向上述单位报警外还应立即采取补强措施,并经设计、施工、监理和建设单位分析和认定后,改变施工程序和设计参数,必要时应立即停止开挖,进行施工处理

4)穿越既有轨道交通时轨道结构预警

穿越工程施工时,轨道结构几何尺寸的预警值与报警值应由前评估单位确定,在前评估单位无法确定预警值与报警值的情况下,可参照现行《轨道交通设施养护维修技术规范》(DB11/T 718—2016)要求确定。

4.6.2 监测数据超标

1)数据突变超标

实施监测过程中,应及时总结监测对象随施工开展的变形规律,并重点关注监测数据变形情况是否正常。出现数据异常突变,虽累计变形值未超过控制指标,需立即启动应急预案,采取如下处理措施:

(1)立即通过电话、短信等方式,报送建设、施工、监理等单位。启动应急处理流程。

(2)立即安排加密进行现场监测,并加密后续监测频率(不少于2次/d)。

(3)根据数据变形情况,适时报请业主组织召开专家分析咨询会,并做好分析汇报的准备。

2)数据缓变超标

随着地层固结沉降,在施工过程中未达到警戒指标的测点可能在后期缓慢变形,第三方监测单位需密切关注数据变化情况,采取以下应急处理措施:

(1)通过日报、预警快报等方式,报送建设、施工、监理等单位。启动应急处理流程。

(2)密切关注数据变形情况,如变形趋势持续发展,则在跟踪监测的同时,报请建设单位组织专家咨询分析会,根据专家咨询意见,确定后期监测工作开展情况。

(3)如变形趋势趋于收敛,则继续跟踪监测,并保持与建设、施工、监理单位的有效沟通。

4.6.3 应急抢险措施

穿越轨道交通工程施工过程中若新建结构或既有结构出现变形超限或意外情况,应针对不同结构类型采取针对性的预防或应急保护措施。

1)新建结构变形超限

穿越轨道交通工程中新建结构主要包括隧道和基坑两类,不同类型新建结构的风险和采取的应急措施也不同,因此,实施监测过程中,应及时总结不同监测对象随施工开展的变形规律,并重点关注监测数据变形情况是否正常。出现数据异常突变或超限时,需立即启动应急预案。

(1)风险分析

根据新建结构的类型、工程施工特点及地质情况,充分考虑到施工技术难度、困难和不利条件等,经多方讨论和分析,确定项目的突发事件、风险或紧急情况,新建结构常见突发事件或风险主要有以下两种:

①隧道穿过不良地层时,因围岩自稳性差、涌水、涌砂引起开挖面坍方或隧道冒顶。存在断裂带,暗挖隧道大跨隧道拱部存在薄风化层,基岩含裂隙水,开挖暴露时间过长,引起基岩风化变弱、自稳性差,开挖易坍塌引起塌方。

②雨水侵袭,使明挖基坑内涌水被淹;明挖基坑(桩)因流砂、涌砂、涌水流出引起支护开裂、坍塌,以及基坑坍塌、基底隆起、围护结构侧移或倾斜、内支撑稳定性异常等。

(2)应急措施

应根据新建结构的类型制订有针对性的应急措施,且措施应包括预防性措施和应急性措施两种。

①隧道施工防淹措施。

a. 竖井及明挖基坑的周边砌筑30cm高的防淹挡墙，作为通常情况下的挡水设施；配备足够数量的沙袋，紧急时对竖井及基坑周围施作围堰，防止地面水大量流入井下。

b. 在竖井及明挖段各配备泥浆泵（同时要有备用），用于排除井下积水。

c. 施工现场仓库配备足够数量的潜水泵、泥浆泵。

d. 及时获取天气信息，预先做好准备工作。

e. 在进行现场平面布置时，考虑适当加大明排系统的能力，并加强管理保持其畅通。

②新建隧道防塌方、涌水、涌泥应急措施。

开挖掌子面始终存有钢筋网、锚杆、管棚、钢格栅、注浆设备、喷射机等抢险物资，一旦出现开挖掌子面或隧道上方冒顶、涌砂、涌水时，应立即采取措施。

a. 隧道内其他掌子面立即停止作业，所有人员立即撤至竖井外待令。

b. 立即对掌子面挂网、喷射混凝土，当出水较大时应集中引排水，及时架设格栅，对坍体进行封堵和反压。

c. 从封堵墙位置打设超前大管棚，钢管的直径、长度和间距根据具体工程确定，并从大管棚钢管中注水玻璃—水泥双液浆进行加固周围土体。

d. 破除封堵墙上台阶，开挖掘进隧道上台阶部分，架设格栅钢架，形成初期支护，如果仍有坍方、涌水、涌泥现象，紧跟打设超前小导管进行超前预注浆，再按照隧道正常掘进方法进行掘进，开挖下台阶，支护紧跟。

e. 如果隧道冒顶到地面，则采用片石混凝土或碎石土分层夯实，从地面将塌陷处进行回填，回填至地面处平整顺畅，在其上铺设一层彩条布，并做好地面排水以防雨水进入塌陷处。

③明挖基坑工程施工防淹措施。

考虑到地区和季节差异，某些地区和季节降水十分丰富且可能出现季风。为了确保工程不受影响，可采取以下措施：

a. 对基坑围护挖孔桩施工时，在其施工期间可在挖孔桩两侧预先开挖临时导水沟，防止地面水流入桩孔内，同时备足抽水泵排除桩孔内的积水；遇到暴雨天气可对桩孔采取临时覆盖措施。

b. 在基坑开挖阶段，则需先建立地面明排水系统，排水系统的设计要满足使用要求，同时在基坑内也应开挖导沟和集水坑，排水利用汲水泵或泥浆泵。

④桩基明挖基坑开挖防止流砂、涌砂、涌水造成支护坍塌应急措施。

粉砂土中往往会出现局部流砂或管涌的情况，给基坑开挖带来困难。如流砂等十分严重则会引起基坑周围的结构、管线的倾斜沉降。

a. 粉砂地层段可采用旋喷止水桩的处理方式，应该高度重视旋喷止水桩的施工质量以保证止水桩的质量，从而提高隔水层的止水效果。

b. 对轻微的流砂现象，在基坑开挖过程中可采用快干水泥和棉砂进行封堵。

c. 如果水压过大击穿隔水层以及止水桩存在缺陷，可能导致基坑内出现较为严重的流砂或管涌现象。对较严重的流砂，为防止流砂引起严重水土流失，应立刻停止开挖，并立即进行基坑回填，保持土压力平衡防止险情的发生；然后边开挖边用钢板焊接在围护结构上进行封堵，与此同时应根据流砂管涌的情况增设降水井。

d. 当开挖穿过松软层或流砂层时，减少每节护壁的高度。待穿过松软层或流砂层后，再按一般方法边挖边灌注混凝土护壁，继续开挖桩孔。

e. 当采用上述方法仍无法施工时，迅速用砂回填桩孔到能控制坍孔为止，并用小型千斤顶将直径略小于混凝土护壁内径的钢护筒压入土中阻挡流砂或涌水，压入一段开挖一段，直至穿过流砂层 0.5 ~ 1.0m；还可考虑增加护壁厚度、增加护壁配筋等措施。

f. 开挖流砂严重的桩时，先将附近无流砂的桩孔挖深，使其起到集水井作用。集水井选在地下水流的上游。

⑤基坑坍塌。

基坑坍塌主要由于地质、管理过程中失误、工程质量等原因引起。基坑坍塌事故主要以预防为主，在施工中应采取以下措施：提高管理者安全意识、实时动态分析监测数据、确保工程质量，在施工过程中及时消灭隐患。基坑坍塌直接原因是支撑系统失稳导致，引起支撑失稳原因很多，但都可以通过监测数据分析出基坑坍塌前的危险预兆，因此在施工过程中应根据监测数据分析查找危害基坑安全的因素，将安全隐患消灭在萌芽中。基坑如果发生坍塌，应立即启动应急预案并采取以下措施：

a. 边坡应急措施。

i. 加强排水、降水措施和支护如支撑、加桩板等，对边坡薄弱环节进行加固处理。

ii. 如塌方由坑（槽）边弃土、堆料或其他机械设备作用所致，则应迅速运走弃土、材料或机械设备。

iii. 减缓边坡坡度。

b. 滑坡应急措施。

i. 排水、降水，特别是要有效地降低地下水位。

ii. 加强支挡措施，如增加支撑、打桩板等。

iii. 为滑坡体减重，如削去部分坡体，运走堆置的土方材料或设备。

iv. 加强护坡措施，减缓坡度。

c. 流砂施救措施。

i. 抛大石块等重物使流砂及时控制。

ii. 降低地下水水位，减少动水压力。

⑥基底隆起的应急措施。

深基坑开挖后，地基卸载，土体中压力减少，土的弹性效应将使基坑底面产生一定的回弹变形（隆起）。回弹变形量的大小与土的种类、是否浸水、基坑深度、基坑面积、暴露时间及挖土顺序等因素有关。如基坑积水，黏性土因吸水使土的体积增加，不但抗剪强度降低，回弹变形亦增大，所以对于软土地基更应注意土体的回弹变形。回弹变形过大将加大既有轨道交通结构物的后期沉降。

施工中减少基坑回弹变形的有效措施是设法减少土体中有效应力的变化，减少暴露时间，并防止地基浸水。因此，在基坑开挖过程中和开挖后，施工现场设置足够的集水坑，及时进行排水。在挖至设计标高后，尽快浇筑垫层和底板，必要时，可对基础结构下部土层进行加固。

基坑采用机械挖土，坑底应保留 200 ~ 300mm 厚基土，用人工清理整平，防止坑底土扰动。要严格按结构施工段分层施工，紧紧地抓住"三快"，要一鼓作气快速连续地挖和撑。20cm 人工挖土层和素混凝土垫层要在 24h 内完工，随即抓紧浇筑底板，底板混凝土在垫层浇筑完后的最短时间内完成。密切关注天气变化，尽量避开在雷雨天气下开挖基坑最下层土；若正在开挖基坑最下层土时遇下雨，更要加快施工速度，要挖一小段，浇一小段垫层，不能停。如造成垫层标高不符合要求，则待雨停后，再凿去重浇垫层，以保证坑底土不被软化，避免因此而引起基底隆起。

⑦围护结构侧向位移应急措施。

基坑开挖后，支护结构发生一定的位移是正常的，但如果位移过大，或者位移发展速度过快，则往往会造成较严重的后果。如发生这种情况，应针对不同的支护结构采取相应的应急措施。

桩顶向基坑内变形，主要原因是开挖后混凝土支撑弹性变形，支撑轴力变小。开挖过程中围护桩向基坑内挠曲变形，一般主要原因是由于开挖过程导致坑外土压力不平衡形成，以及支撑轴力变小形成，围护桩变形主要在开挖过程中。具体措施如下：

a. 快挖快撑，开挖后及时架设钢支撑减小基坑变形。

b. 根据监测数据实时动态分析，检查支撑轴力，给需要再次施压的支撑施加压力。

c. 及时封闭基底，开挖至设计标高后立即浇筑垫层封闭基底，及时浇筑地板，减小基底围护结构变形。

d. 向坑内变形过大时，增加钢支撑。

围护结构向坑外变形，这种情况一般比较少。基坑向外位移一般是由于坑外土体下沉，围护桩迎土面脱空，坑外土压减小造成。土体下沉、脱空分两种情况：一种是基坑外移是由其下部基坑内移造成；另一种是基坑外水土流失导致。当位移超过规定值，可采取以下措施：

a. 增加支撑轴力，或增加钢支撑数量。

b. 基坑单侧水土流失，基坑整体向同一方向位移，可采取坑外旋喷加固、堵漏、止水阻止水土流失以及基坑另一侧降水减压、补足支撑轴力等措施。

c. 基坑双侧水土流失，采取坑外旋喷加固、堵漏、止水桩阻止水土流失、补足支撑轴力等措施。

⑧钢支撑稳定性异常应急措施。

在基坑开挖施工期间，基坑深度是在不断变化的，支撑轴力也在不断变化。但支撑轴力变化过快、超出允许值或过小都可能导致支撑失稳引起基坑坍塌。支撑轴力异常可能是由于开挖进度过快、其他支撑轴力减小或增大导致局部应力叠加、基坑位移等原因造成。支撑轴力超出支撑极限强度会发生支撑弯曲、折断等现象，局部支撑轴力过小导致其他支撑轴力过大将会带来不利；支撑轴因基坑变形、水土流失等原因可导致支撑轴力消失。因此，监测数据若显示支撑轴力变化异常，应当排查支撑轴力是否满足设计规范要求，排查原因，针对性解决隐患，防止支撑失稳，消除基坑坍塌的危险。在基坑失稳前支撑稳定性异常可采取以下措施：

a. 支撑变化过快，应控制开挖进度，做到开挖快撑的原则。给其他支撑施加或释放轴力，轴力变化过快的支撑释放或施加轴力。

b. 支撑轴力过小，可重新施加预应力。支撑轴力过大，给其他支撑施加轴力，从而释放支撑本身的轴力。

c. 若支撑轴力过大，给其他支撑施加轴力，从而释放支撑本身的轴力的措施无效，可采取增加支撑的措施。

d. 支撑无轴力，应立即施加轴力，减轻其他支撑的轴力。

2）既有结构变形超限

穿越轨道交通工程中既有结构主要包括高架线、地面线和地下线，此外又分为场站和区间，同时还要考虑周边的既有管线。实施监测过程中，既有结构变形出现数据异常突变或超限时，需立即启动应急预案。

（1）风险分析

根据既有结构的不同、工程施工特点及地质情况，确定其突发事件、风险或紧急情况，既有结构常见突发事件或风险主要有如下几种：

①施工引起既有结构不均匀沉降，造成既有结构的裂缝、倾斜、倒塌、变形、地面沉降等。

②施工对各种排水管、煤气管、电信等地下管线的影响。

③施工对既有结构的影响。

（2）应急措施

应根据既有结构的类型制订有针对性的应急措施，且措施应包括预防性措施和应急性措施两种。

①既有高架桥沉降应急措施。

在隧道开挖掘进到高架桥下和通过后，发现高架桥沉降达到报警值时或沉降速度达到0.1mm/d时，一般采取的措施为：

a. 隧道通过高架桥下时发现高架桥沉降速率或沉降值超过要求，立即停止隧道开挖掘进，加强隧道内初期支护，措施为增加锚杆数量，将锚杆间距加密，锚杆长度加长；情况较差时，先采用一定直径和间距的钢管临时立柱进行支顶，再架设格栅钢架加强初期支护。

b. 地面加强措施为在高架桥墩周边5.0m范围内采用注浆进行加固土体，地面注浆材料一般采用纯水泥浆，注浆压力为0.5~1.0MPa，土体加固深度应根据具体工程确定。

②正线、车站和车库应急措施。

a. 施工隧道洞内立即停止向前掘进，对原喷射隧道初期支护加强，适当加密锚杆间距和调整锚杆长度；桩基托换及暗挖隧道施工时，在对应位置的隧道中部支顶适当直径和间距的钢管立柱、增加钢拱架，在既有桩基处钢架间距考虑适当加密。

b. 车站及线路工作隧道内出现突水、涌泥时可采用小导管注双液浆进行加固和封堵，隧道出现坍方、涌泥和地面沉降值超过10mm时，增加格栅钢架进行加强初期支护和支顶。

c. 当既有结构底板在沉降值和沉降速率均较小的情况下，发生底板开裂、冒水现象时，立即通知监理单位、设计单位、业主和联系车站值班室，进入线路进行处理，一般采用方法为往裂缝或冒水处注水玻璃进行止水，然后再注水泥—水玻璃双液浆进行加固，防止继续沉陷；当通过线路进入底板较困难时，可向底板下通过打设小导管和长钢管进行注浆加固，注浆时采用注1:1水泥—水玻璃双液浆，注浆压力控制在0.5~2.0MPa范围内。

③管线保护措施。

施工前对地下管线的相对位置、埋深、类型等进行详细调查，对施工过程中的地面沉降进行施工检算，预测地面沉降量，依此对地下管线的沉降进行预测。调查的具体工作内容包括：制订详细的调查计划和调查方案；对设计给出的管线资料进行整理和确认；走访沿线所有地下管线的主管单位，以确保没有管线资料被遗漏，对所有有关的地下管线将争取在现场进行探查和确认；在新建工程两侧15m范围内的管线，应准确定出其种类、位置、形状、尺寸和材料性能，并将调查结果递交相应部门确认；向有关部门确认各种管线的允许变形量；经过确认的地下管线资料标注到施工图纸上；对周边重要的地下管线进行保护，施工过程中，对管线进行监控量测，根据量测结果确定保护方案。

根据管线沉降情况，倾斜率小于2%且变化较大时，对管线进行保护，主要措施为：一是地层土质较差时采用注浆进行加固，二是附近条件允许时采用悬吊的方法进行保护。

第 5 章　穿越轨道交通工程风险控制案例解析

穿越轨道交通工程风险控制需要通过前期工程资料的搜集、整理，辨识风险因素，划分风险单元；采用数值模拟、模型试验等方法，结合轨道交通现状调查与检测的结果，评价风险的大小；从而采取相应的风险监测方法和风险控制措施，有效地控制穿越轨道交通工程的风险，确保既有轨道交通的安全运营。

本章以北京地铁 14 号线某区间隧道近距下穿地铁 15 号线某区间工程为例，对风险控制体系进行详细、系统的解析。

5.1　工程风险辨识

为了合理准确地判断工程风险，需要搜集详尽的既有和新建工程的设计资料，工程地质和水文地质资料，以及通过现状调查与检测确定既有结构服役状态。

北京地铁 14 号线（图 5-1），是一条连接西南、东北方向的轨道交通干线，北起善各庄，下穿北五环路，沿广顺北大街、广顺南大街、万红西街、酒仙桥路，下穿朝阳公园至朝阳公园南门，沿西大望路、金台路，线路由北转西，经弘燕路、十里河路、紫芳路、蒲方路、安乐林路松林南街至北京南站，凉水河北岸向东进入丽泽路、丰台北路、沿丰体南路下穿丰沙铁路，上跨永定河后至永定河西侧的芦井路，终点站张郭庄站，全长 47.3km，车站 37 座，设有张仪村车辆段和马泉营车辆段。

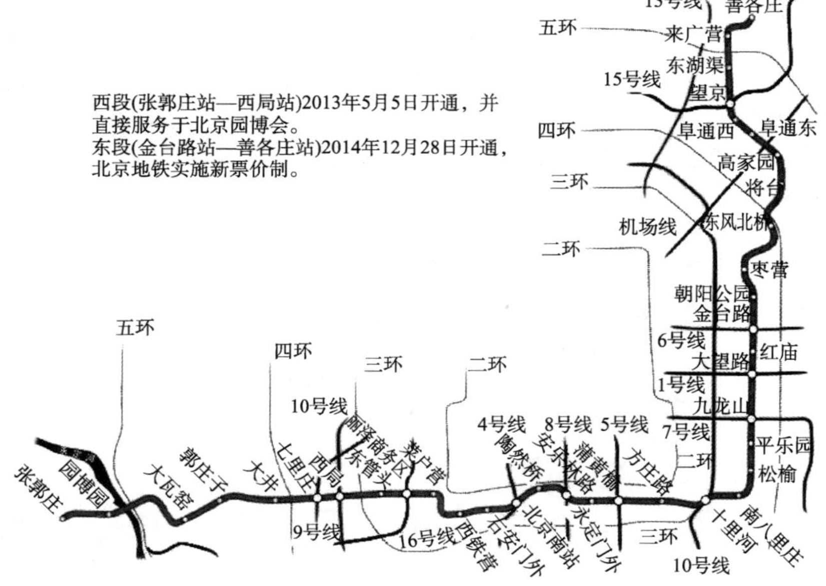

图 5-1　北京地铁 14 号线示意图

北京地铁 14 号线于 2010 年初开工建设，施工过程中陆续穿越地铁 1 号线、4 号线、5 号线、6 号线、7 号线、9 号线、10 号线、15 号线以及机场线。

其中东风北桥站—京顺站（阜通东）单洞双线区段采用 10m 直径的土压平衡盾构施工，并成功穿越机场线。而所选案例同时也成为了北京地区首例地铁双线盾构施工下穿既有地铁双线盾构区间的工程。此次穿越工程尚无地区性经验可作借鉴；新建地铁左、右线先后下穿地铁 15 号线，对地层及既有结构频繁扰动；新建隧道与既有结构的净距仅为 1.9m，且从下方穿越；盾构机从车站始发 32m 后即到达地铁 15 号线隧道结构下方，试验段长度小，盾构参数不稳定，这些风险因素综合作用使得在保证既有地铁运营不限速的前提下完成穿越极其困难。

5.1.1 穿越区段工程概况

1）新建地铁 14 号线某区间

新建地铁 14 号线区间双线全长 1476.011m，左线 K42 + 637.250 ~ K43 + 377.920，全长 755.340m（含长链 14.67m）；右线 K42 + 657.250 ~ K43 + 377.921，全长720.671m，平面图见图 5-2。采用土压平衡盾构法施工。在 K43 + 085.829 处设置联络横通道。隧道结构底板标高为 12.33 ~ 18.30m，埋深为 19.05 ~ 25.16m，覆土厚度为 12.8 ~ 19.0m。此外，新建地铁 14 号线两盾构中心线的平均距离为 17.0m。

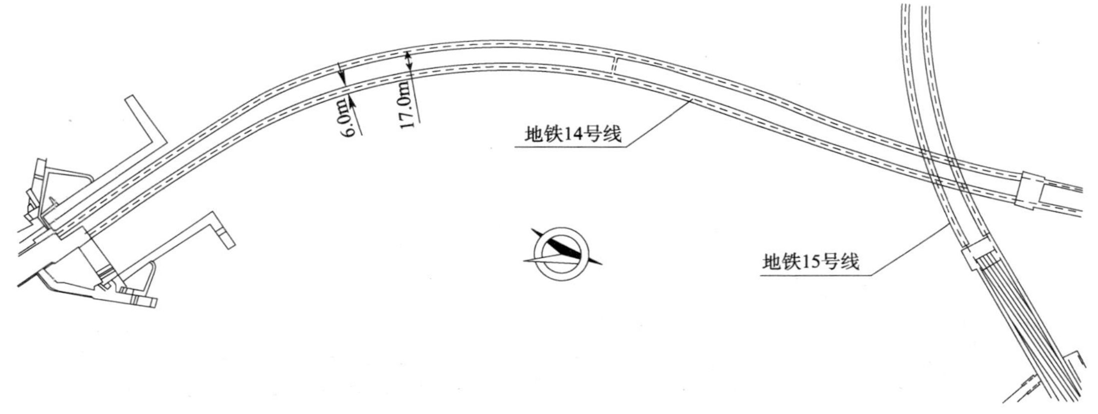

图 5-2 地铁 14 号线某区间平面图

盾构环外径为 6m，内径 5.4m，由 6 块衬砌管片（图 5-3）组成，包括 3 块标准管片（A 型）、2 块邻接管片（B1、B2 型）及 1 块封顶管片（C 型）。每环的管片宽度为 1200mm，厚度 300mm。一环中相邻两块管片间为纵缝，以 2 只环向螺栓连接，每环共设 12 只；环与环之间为环缝，以 16 只纵向螺栓连接，沿圆周均匀布置。

2）既有地铁 15 号线某区间

在新建地铁 14 号线盾构下穿既有地铁 15 号线位置处，既有地铁 15 号线结构顶部埋深为 9.9 ~ 10.8m。

盾构管片结构形式与地铁 14 号线的盾构管片形式相近，外径 6m，内径 5.4m，厚度 0.3m，环宽 1.2m，隧道中心线的距离约 17.0m（图 5-4）。区间线路为 R = 600m 的曲线，轨道采用 60kg/m 钢轨，采用 DTVI2 型扣件，无缝线路。

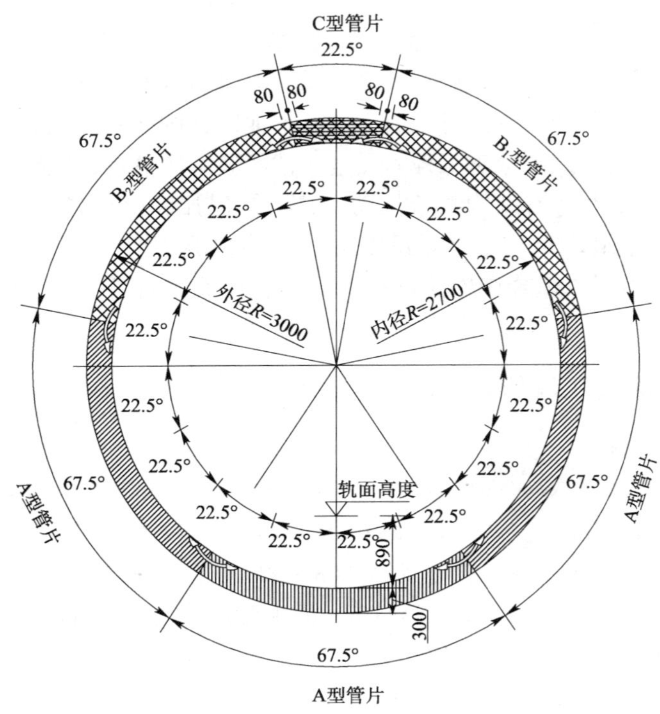

图 5-3　标准管片拼装示意图(尺寸单位:mm)

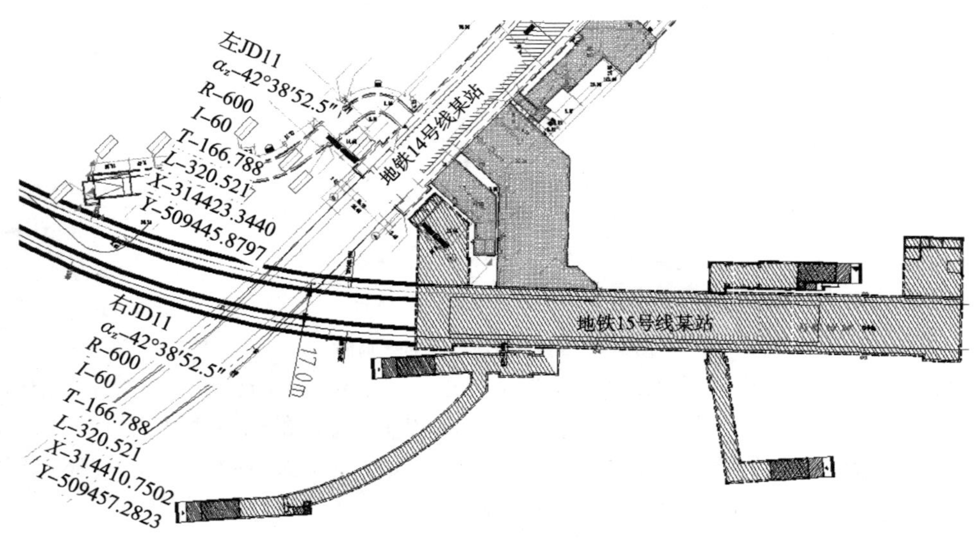

图 5-4　既有地铁 15 号线某区间平面图

3)新建盾构隧道与既有隧道的位置关系

新建地铁 14 号线与既有地铁 15 号线的位置关系见图 5-5、图 5-6。穿越位置处新建线路的曲线半径为 350m,既有线路的曲线半径为 600m,隧道之间的交角约为 53°,地铁 15 号线的埋深约为 9.9m,地铁 14 号线的埋深约为 17.8m,竖向最小的净距约为 1.9m。

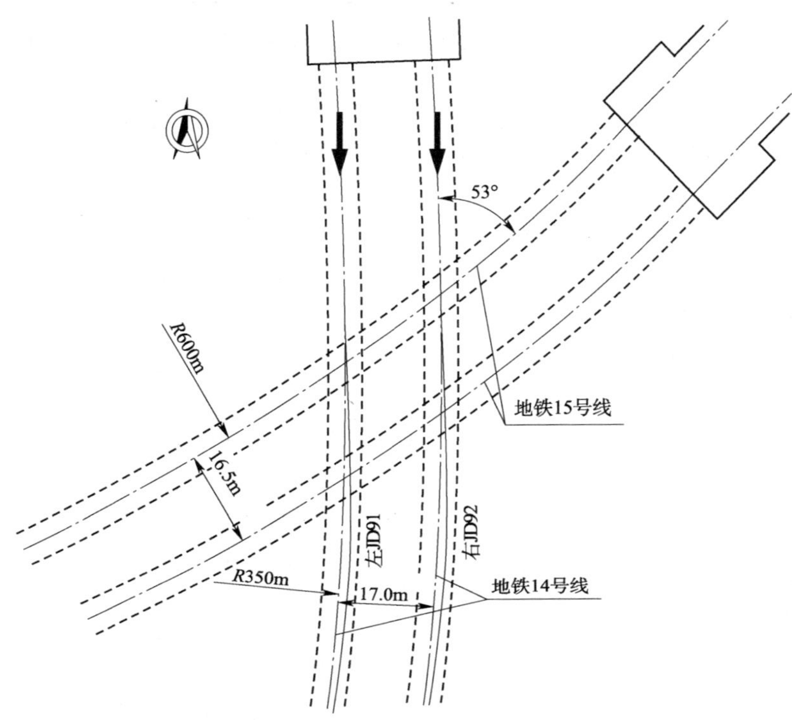

图 5-5 位置关系平面图

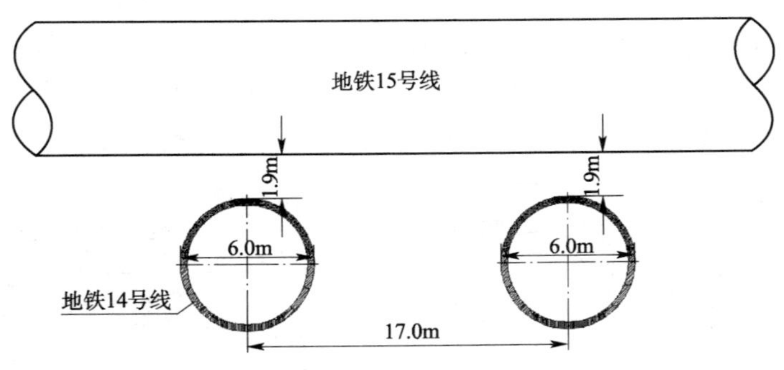

图 5-6 位置关系断面图

5.1.2 工程地质及水文地质条件

1)工程地质条件

北京地层,除缺少震旦系、上奥陶统、志留系、泥盆系、下石炭统、三叠系及上白垩统外,其他地层都有发育,总厚度达 6 万 m 以上。地铁 14 号线某区间线路位于古清河故道和古金沟河故道之间的河间地块,属于平原地貌,场地上部为第四纪沉积物,第四纪覆盖层厚度大于 100m,其场地的主要土层特征见表 5-1。

土层特征　　表 5-1

沉积年代	地层代号	岩性名称	颜色	状态	密实度	压缩性	分布情况
人工填土层(Q^{ml})	①	粉土填土	黄褐色~褐黄色	—	稍密	—	连续分布
	①$_1$	杂填土	杂色	—	松散	—	
第四纪全新世冲洪积层(Q_4^{1al+pl})	③	粉土	灰色~褐黄色		密实	中压缩性	连续分布,③$_3$ 层为透镜体分布
	③$_1$	粉质黏土	灰色~黄褐色	软塑~硬塑	—	中压缩性	
	③$_3$	粉细砂	褐黄色	—	中密	低压缩性	
	④	粉质黏土	灰色	硬塑	—	中压缩性	连续分布
	④$_3$	粉细砂	褐黄色	—	密实	低压缩性	
第四纪晚更新世冲洪积层(Q_3^{al+pl})	⑥	粉质黏土	灰色~褐黄色	软塑~硬塑	—	中压缩性	连续分布,⑥$_3$ 层为透镜体分布
	⑥$_1$	黏土	褐黄色	软塑~硬塑	—	中压缩性	
	⑥$_2$	粉土	黄灰色	—	密实	中压缩性	
	⑥$_3$	细中砂	褐黄色	—	密实	低压缩性	
	⑦	圆砾卵石	杂色	—	—	低压缩性	连续分布
	⑦$_1$	中粗砂	褐黄色	—	密实	低压缩性	
	⑦$_2$	粉细砂	褐黄色	—	密实	低压缩性	
	⑧	粉质黏土	灰色	硬塑	—	中压缩性	连续分布
	⑧$_1$	黏土	灰色	硬塑	—	中压缩性	
	⑨$_1$	中粗砂	黄灰色	—	密实	低压缩性	连续分布

隧道通过围岩主要为③粉土、③$_1$ 粉质黏土、③$_3$ 粉细砂、④粉质黏土、④$_3$ 粉细砂、⑥粉质黏土、⑥$_1$ 黏土、⑥$_2$ 粉土、⑥$_3$ 细中砂、⑦圆砾卵石、⑦$_1$ 中粗砂、⑦$_2$ 粉细砂粉土(图 5-7、图 5-8),主要围岩所占比例见图 5-9,其中粉质黏土约占 64%,土层的物理力学性质见表 5-2,从图 5-9 中可以看出盾构掘进过程中主要穿越了粉质黏土层。

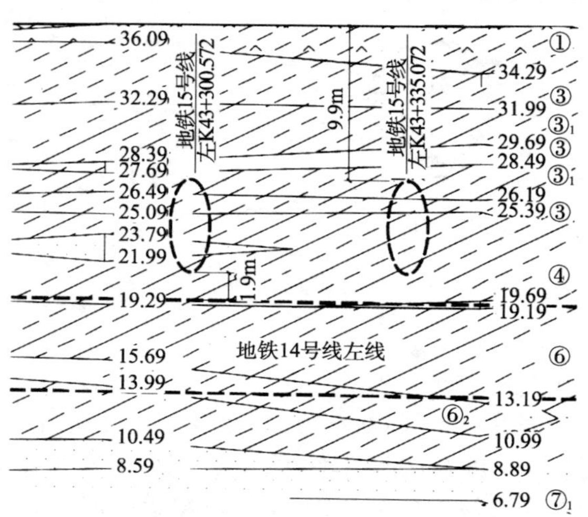

图 5-7　地铁 14 号线左线地质剖面示意图

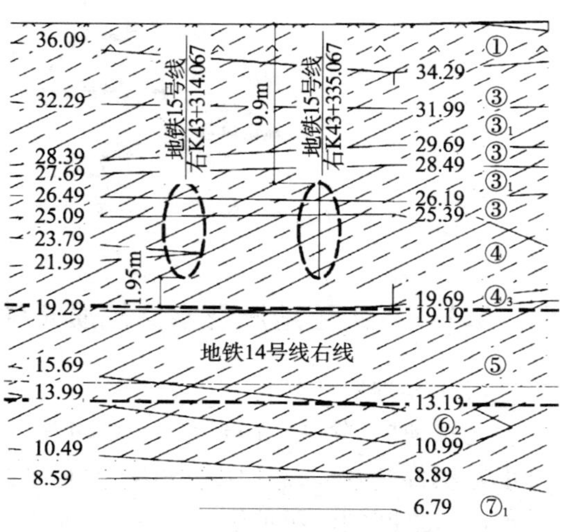

图 5-8　地铁 14 号线右线地质剖面示意图

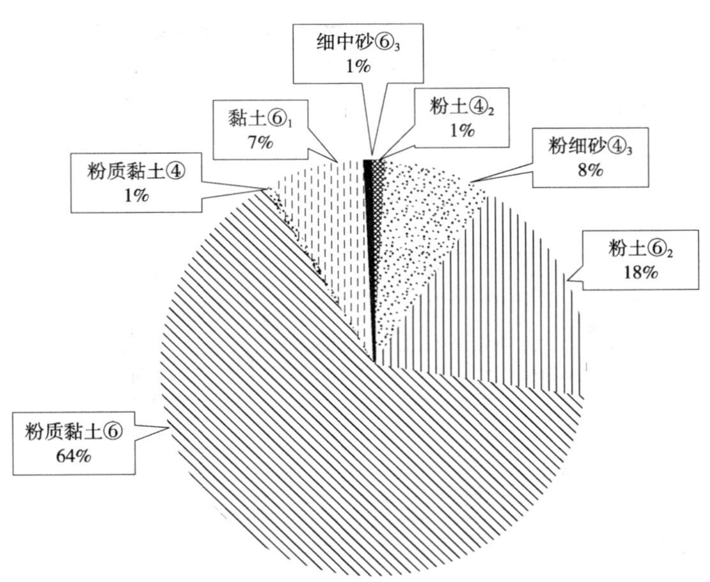

图5-9 穿越地段地层分布比例

岩土物理力学性质综合统计表

表5-2

地层编号	岩性名称	黏聚力 c_{cu} (kPa)	摩擦角 φ_{cu} (°)	泊松比 μ	垂直基床系数 K_v (MPa/m)	水平基床系数 K_x (MPa/m)	静止侧压力系数 K_0
①	粉土填土	8	10	—	—	—	—
①$_1$	杂填土	—	8	—	—	—	—
③	粉土	30	32	0.28	40	45	0.43
③$_1$	粉质黏土	42	17	0.40	31	32	0.45
③$_3$	粉细砂	6	29	0.25	25	30	0.40
④	粉质黏土	47	14	0.30	43	45	0.43
④$_3$	粉细砂	6	30	0.20	25	30	0.38
⑥	粉质黏土	47	18	0.30	39	36	0.49
⑥$_1$	黏土	35	15	0.28	27	35	0.38
⑥$_2$	粉土	26	32	0.20	65	40	0.32
⑥$_3$	细中砂	—	35	0.25	40	45	0.30
⑦	圆砾卵石	—	45	0.30	90	95	0.30
⑦$_1$	中粗砂	—	35	0.33	40	45	0.30
⑦$_2$	粉细砂	—	—	—	40	45	0.33

根据《铁路隧道设计规范》(TB 10003—2005)“隧道围岩基本分级评价表”及《城市交通岩土工程勘察规范》(GB 50307—2012)土石可挖性分级标准，确定了围岩的等级及其可挖性(表5-3)。

隧道围岩分级及土石可挖性分级评价表　　表 5-3

地层岩性	岩性名称	围岩基本分级	修正后围岩分级	土石可挖性分级
①	粉土填土	Ⅵ	Ⅵ	Ⅰ
$①_1$	杂填土	Ⅵ	Ⅵ	Ⅰ
③	粉土	Ⅵ	Ⅵ	Ⅰ
$③_1$	粉质黏土	Ⅵ	Ⅵ	Ⅱ
$③_3$	粉细砂	Ⅵ	Ⅵ	Ⅰ
④	粉质黏土	Ⅵ	Ⅵ	Ⅱ
$④_3$	粉细砂	Ⅵ	Ⅵ	Ⅰ
⑥	粉质黏土	Ⅵ	Ⅵ	Ⅱ
$⑥_2$	粉土	Ⅵ	Ⅵ	Ⅱ
$⑥_3$	细中砂	Ⅵ	Ⅵ	Ⅰ
$⑦_1$	中粗砂	Ⅵ	Ⅵ	Ⅰ
$⑦_2$	粉细砂	Ⅵ	Ⅵ	Ⅰ

根据图 5-8 和图 5-9 可知，隧道结构顶板穿过的土层依次位于：粉土③层、粉质黏土$③_1$层、粉质黏土④层、粉细砂$④_3$层、粉质黏土⑥层，修正后围岩分级均为Ⅵ级，粉土及砂土层均为饱水层，围岩稳定性差，无法形成自然应力拱，易坍落。

隧道边墙主要为粉细砂$④_3$层、粉质黏土⑥层、黏土$⑥_1$层、粉土$⑥_2$层、细中砂$⑥_3$层，修正后围岩分级为Ⅵ级，土石可挖性等级为Ⅰ～Ⅱ级，在地下水作用下易坍塌。

隧道结构底板埋置标高为 12.33～18.30m，基本位于粉质黏土⑥层、黏土$⑥_1$层、粉土$⑥_2$层，分布连续均匀，地基承载力较高，压缩性较低，是良好的天然地基持力层。

2）水文地质条件

北京平原地区地下水类型按地下水的赋存条件主要为基岩裂隙水和第四纪松散岩类孔隙水，第四纪松散岩类孔隙水又分为上层滞水、潜水和承压水。

上层滞水主要接受大气降水、地表水、农田灌溉和雨水、污水等地下管线的垂直渗漏补给。

潜水以侧向径流补给为主，并接受大气降水、上层滞水的垂直渗透补给，以向下越流补给承压水的方式排泄。

承压水，北京市西郊的冲洪积扇顶部的潜水是冲洪积扇中下游承压水的主要补给源，承压水含水层主要为砂类土、圆砾卵石地层，其中夹有若干层黏性土隔水层。

本段线路位于温榆河故道北河间地块上，共有四层地下水，分别为：

上层滞水（一）：水位埋深 3.65m，水位标高 33.64m，含水层岩性为粉土③层，该层水主要接受大气降水、管沟渗漏补给，以蒸发、向下越流补给的方式排泄。

承压水（二）：水头埋深 6.43～7.84m，水头标高 29.36～30.39m，含水层主要为粉细砂$③_3$层，水头高度为 0～4.8m。主要接受侧向径流补给及越流补给，以侧向径流、向下越流补给的方式排泄。

承压水(三):水头埋深9.15~10.30m,水头标高26.39~27.92m,含水层主要为粉细砂④$_3$层,水头高度为0.5~5.15m。主要接受侧向径流补给及越流补给,以侧向径流、向下越流补给的方式排泄。地下水位于隧道顶板上部,支护不及时可能造成顶板的坍塌。

承压水(四):水头埋深21.63~25.88m,水头标高11.47~15.13m,含水层主要为中粗砂⑦$_1$层、粉细砂⑦$_2$层,水头高度为2.4~5.6m。主要接受侧向径流及越流补给,以侧向径流、向下越流方式排泄。位于隧道结构底部,在盾构施工时,若封闭支护不及时可能产生底鼓等影响。

三层承压水对混凝土结构具微腐蚀性;在长期浸水条件下对钢筋混凝土中的钢筋具微腐蚀性,在干湿交替环境下对钢筋混凝土中的钢筋具微腐蚀性。

5.1.3 穿越工程施工方案

地铁14号线施工时,采用先期建成的地铁14号线车站作为盾构的始发井,土压平衡盾构机的始发距离一般为50~60环,50~60环后方能拆除负环管片和反力架。

而针对于本次施工,盾构机从左线始发43m后即到达地铁15号线结构下方,而右线则仅有32m。相对应的,左线的试验段为23环,而右线的试验段仅有14环。在盾构机的各项参数尚不稳定的情况下,即进行穿越工程,风险程度进一步增大。非常有必要采取严格的保护方案,确保既有地铁的运营安全。

在对设计提出方案多方论证的基础上,确定了两种可实施性较好的方案,分别是通过新建地铁施工过程中埋设特殊的注浆管管片对穿越影响区域注浆加固;施工开始前,在穿越区域施作9个竖井,通过竖井注浆加固穿越区段,待注浆体达到一定强度后,进行穿越施工。

1)方案一:新建地铁注浆加固

在左右线的试验段对地铁14号线隧道周边土体进行加固以验证加固注浆对控制地面沉降的有效性。注浆方案的平面图及横断面图见图5-10、图5-11。

穿越施工过程中根据地铁15号线结构的实时监测数据结果,通过改进型管片上的预设注浆孔或吊装孔,对穿越段地铁14号线周边土体进行加固注浆。加固注浆范围为地铁14号线隧道断面180°土体,采用水玻璃—水泥双液浆,水泥采用42.5级普通硅酸盐水泥,水玻璃为35°Bé,水灰比为0.5~0.6,注浆压力不大于0.4MPa。注浆深度为2m,加固土体强度不低于1MPa。

其中具体的加固方案见图5-12、图5-13,施工掘进时分为试验段、穿越段、影响段,针对每一环片的位置采取相应的注浆措施(表5-4、表5-5),以确保既有线的安全运营。

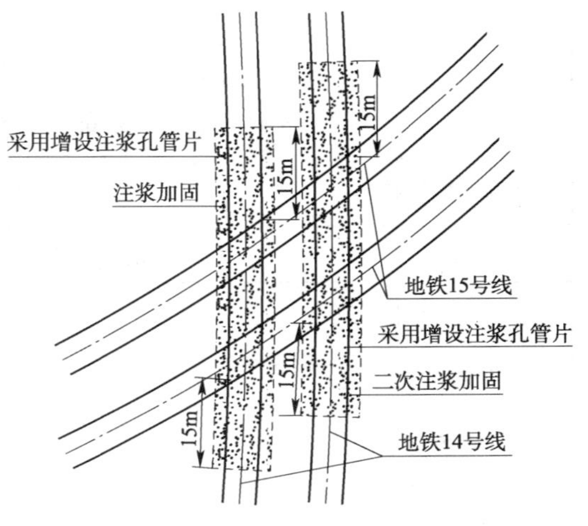

图5-10 注浆加固平面图

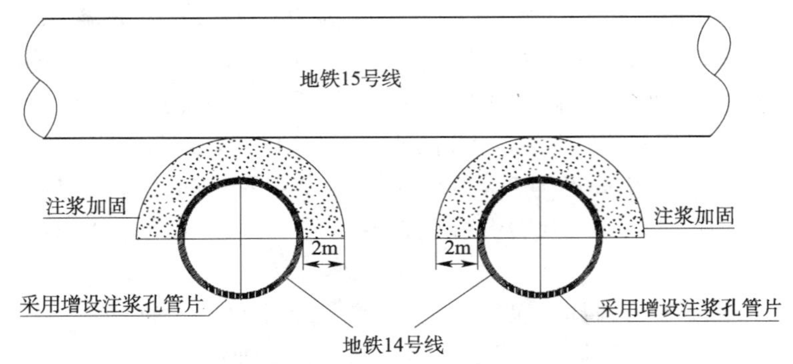

图 5-11　注浆加固横断面图

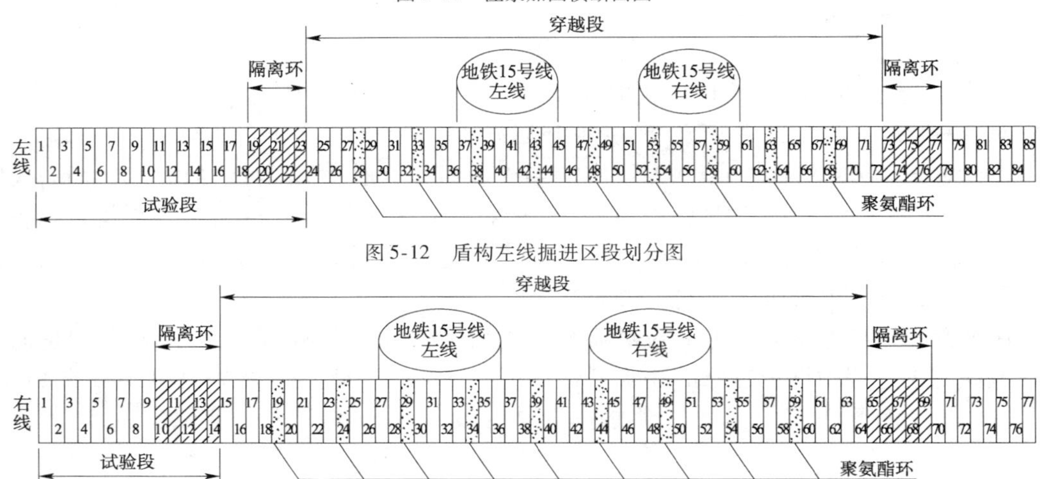

图 5-12　盾构左线掘进区段划分图

图 5-13　盾构右线掘进区段划分图

盾构左线掘进区段划分及措施　　表 5-4

序号	区段	环　　号	措　　施	备　　注
1	试验段	1～23	深孔注浆	验证注浆对控制地面沉降的效果
		19～23	管片壁后注入聚氨酯	隔离穿越段同步注浆浆液窜流
2	穿越段	24～72	深孔注浆	控制地铁 15 号线沉降
		28、33、38、43、48、53、58、63、68	管片壁后注入聚氨酯	隔离穿越段同步注浆浆液窜流
3	影响段	73～85	控制掘进施工参数	控制地铁 15 号线沉降
		73～77	管片壁后注入聚氨酯	隔离穿越段同步注浆浆液窜流

盾构右线掘进区段划分及措施　　表 5-5

序号	区段	环　　号	措　　施	备　　注
1	试验段	1～14	深孔注浆	验证注浆对控制地面沉降的效果
		10～14	管片壁后注入聚氨酯	隔离穿越段同步注浆浆液窜流
2	穿越段	15～64	深孔注浆	控制地铁 15 号线沉降
		19、24、29、34、39、44、49、54、59	管片壁后注入聚氨酯	隔离穿越段同步注浆浆液窜流
3	影响段	65～77	控制掘进施工参数	控制地铁 15 号线沉降
		65～69	管片壁后注入聚氨酯	隔离穿越段同步注浆浆液窜流

2)方案二:施作竖井,注浆加固穿越段土体

为了减少掘进过程中对既有结构下方土体的扰动,拟施作工作井,通过工作井对新建线路和既有线路间的土体进行改良和加固。

拟施作9个工作井(图5-14),进行井下后退式斜孔注浆(图5-15),加固地铁14号线隧道顶与地铁15号线隧道拱腰部位的穿越区,保护地铁15号线隧道。工作井直径3m,深度13m。工作井采用挂钢筋网锚喷倒挂井壁施工。

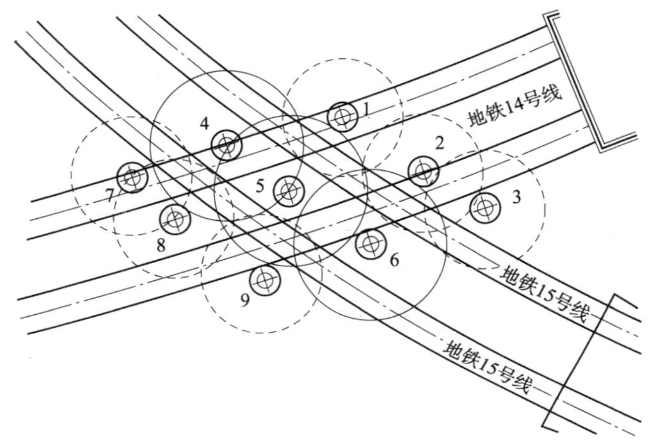

图5-14 竖井注浆平面图

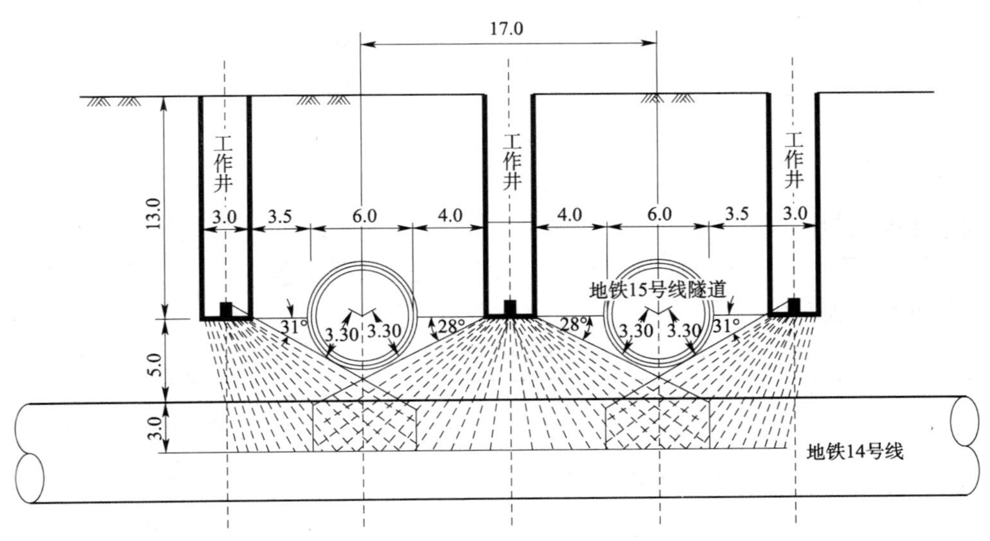

图5-15 竖井注浆剖面图(尺寸单位:m)

加固所用浆液为双液浆,工作压力在20MPa以上,通过射流冲击破坏土体,使土与浆液搅拌混合,凝固成圆柱状的固结体。在完成注浆后,先用黏土回填并夯实工作井3m,其余部分用级配砂石进行回填,回填时采用人工逐层(0.2m/层)夯实。注浆效果示意见图5-16、图5-17,在地铁15号线中部以下8m的范围内形成加固土体,预计加固宽度为29m。

3)拟采用的施工参数

(1)掘进速度及出土量

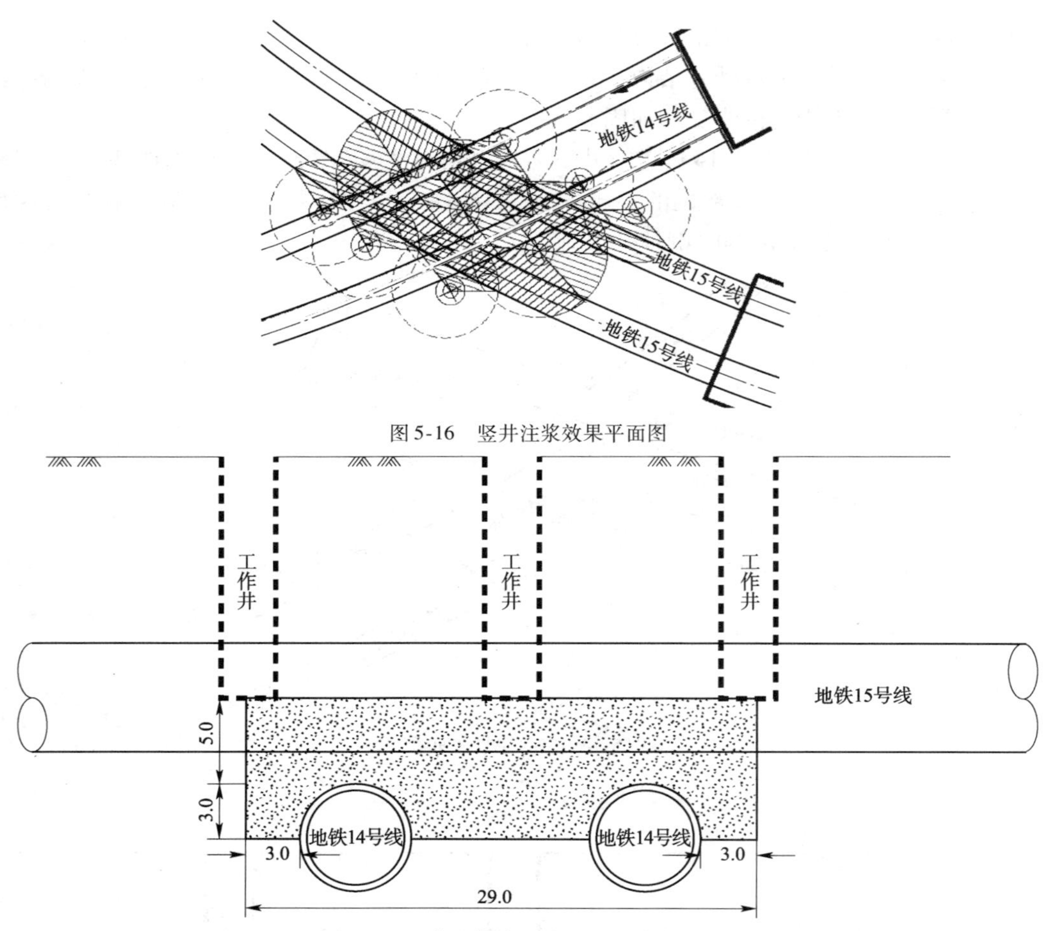

图 5-16 竖井注浆效果平面图

图 5-17 竖井注浆效果剖面图(尺寸单位:m)

掘进速度控制在 10 ~ 15cm/min,同时保持连续、平稳掘进;通过控制螺旋输送机的转速调节出土量,每环出土量总量为 55 ~ $60m^3$。每环掘进土压波动范围在 0.02MPa 以内。盾构掘进主要参数见表 5-6。

盾构掘进参数表 表 5-6

线路	左线	右线
隧道穿越地层	粉质黏土、粉土	粉质黏土、粉土
上覆地层	粉土、粉质黏土、粉细砂	粉土、粉质黏土、粉细砂
隧道覆土	18.1m	18.1m
地下水	承压水(二)6.43 ~ 7.84,承压水(三)9.5 ~ 10.3	承压水(二)6.43 ~ 7.84,承压水(三)9.5 ~ 10.3
设定土压(MPa)	0.09 ~ 0.12	0.09 ~ 0.12
推进速度(cm/min)	10 ~ 15	10 ~ 15
注浆量(m^3)	4 ~ 6	4 ~ 6
推进力(t)	900 ~ 1100	900 ~ 1100
刀盘扭矩	40% ~ 70%	40% ~ 70%
注浆压力(MPa)	0.2 ~ 0.3	0.2 ~ 0.3

(2)同步注浆

同步注浆采用惰性浆液,浆液初凝时间 6 ~ 8h,每环的同步注浆量 4 ~ 6m^3,注浆量为理论空隙体积的150%。注浆压力满足注浆量的最小值,同时与开挖舱内的土压力匹配,压力设计为0.3MPa。同步注浆采用注浆量与注浆压力双控。注浆速度与盾构掘进度一致。

5.1.4 现状调查与检测

1)现状调查与检测方案

参考穿越工程中新建结构体量、既有结构特点及其相对位置关系,风险分析给定此次工程的检测范围为 K16 + 025 ~ K16 + 119,94 双线米。

根据风险的大小程度,确定检测的内容为结构外观调查,结构混凝土裂缝、强度、碳化深度、保护层厚度、钢筋锈蚀状况,道床与底板剥离、底板以下土体疏松情况检测,地铁限界测量,线路平、纵断面测量,轨距、水平测量,扣件及轨枕情况检测。

同时依据经验判定工程结构检测的构件数为 132 个。

(1)结构外观调查

对检测范围内的混凝土构件外观采用肉眼进行观察,调查内容包括水迹、锈迹、钢筋锈蚀、保护层脱落等。发现外观质量缺陷后,拍照存档,并记录缺陷位置。

(2)结构裂缝检测

对检测范围内结构所有裂缝进行查找,采用肉眼观察的方法进行,对主体结构、道床每一条裂缝均采用裂缝宽度仪进行检测,用卷尺量测裂缝的长度,并描绘出裂缝的分布走向,采用裂缝深度仪检测裂缝深度。

(3)结构混凝土强度检测

在每个检测构件露出的混凝土表面均匀布置 10 个测区,总计 1320 个测区。

(4)结构混凝土碳化深度检测

工程每个构件布置三个碳化深度测区,每个测区一个测孔,总计 396 个测点。

(5)结构混凝土保护层厚度检测

工程共布设混凝土保护层检测测区 100 个,测点 2400 个。

(6)钢筋锈蚀状况检测

工程共布设钢筋锈蚀检测测区 100 组。

(7)道床与底板剥离情况、底板以下土体疏松情况检测

①检测方法。

针对本项检测的特点,在充分调查和分析的基础上,确定本次检测主要是选择快速、无损的检测方法,加快检测工作进度,提高工作的时效性。根据场区条件和探测深度的要求,选用探地雷达为主要手段进行探测。

②数据采集。

探地雷达探测工作严格按照技术方案制定的规程进行,在探测前期检查仪器设备有无异常现象,确保正常工作。应针对片区的地电条件、地段环境等特点,通过两种不同频率天线信号的对比,确定该方法和仪器的有效性和精度,选择最佳的采集时窗、扫描速率、采样率、低截滤波、高截滤波、采集方式等,以提高工作效率和探查成果精度。

探测方式：采用发射天线和接收天线以固定间距沿探测剖面同步移动的连续观测方式。

采样方法：主要采用连续采集，个别地段可采用单点采集。

天线频率：天线频率的选择应考虑到目的体的埋深和电磁波在介质中的衰减，天线频率越高，整个频段的衰减越剧烈，探测的深度就越浅。由于工作场地条件限制，本次雷达探测选择 500MHz 配套天线。

时窗的选择：时窗的选择原则是要尽可能使目的体异常最清晰、最形象。简单的做法就是让异常出现在剖面图的中上部位。探测时采用时窗为 60 ~ 150ns。

雷达天线要在测线上方匀速移动，做到不偏离测线，对于地形有起伏区域应采用钢卷尺进行人工标记，对测距轮的测量数据进行校正；单个数据文件所对应的探测路线最长不超 200m，做好数据存储工作，每采集一段需把雷达数据传出。

③数据处理。

为了获取地质雷达数据所反映的信息，需要对数据进行处理，处理流程主要包括：水平和垂直滤波、二维空间滤波、横向增益、修复增益、表面位置调整、距离标准化、水平缩放比例以及水平距离调整、反褶积和偏移运算、Hilbert 变换、表面标准化、速度分析等。

④检测工作量。

本工程空洞探测沿左线道床布置 3 条雷达测线，右线道床布置 3 条雷达测线，共布置雷达测线总长度 564m。

(8)地铁限界测量

根据规范要求，从里程 K16 + 025 开始，以 5m 为一个测量断面，按照里程增大的方向和所处位置依次划分左线为 ZXJ01 ~ ZXJ20 断面，右线为 YXJ01 ~ YXJ20 断面。检测范围内每条隧道 20 个断面，共 40 个限界测量断面。

每个断面布设 11 个测量点，具体测点位置如图 5-18 所示。其中：

①建筑限界测量点：测点 1、2、3、4、5。

②道床与隧道断面相交的点位：测点 10、11。

③轨顶以上限界控制点高度处对应的点位：测点 6、7。

④人行平台和管线支杆，测点应为 4 个测点：8、9。

限界测量采用全站仪免棱镜模式进行隧道断面测量，在隧道中心线与断面交点上架设全站仪，垂直与隧道中心线的方向定向，测量各断面处限界测量点。

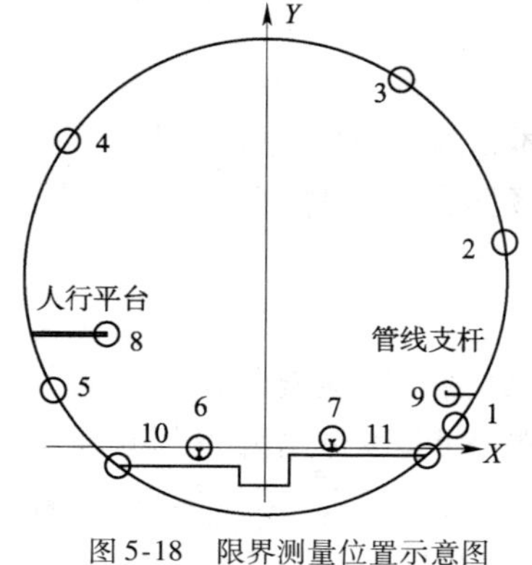

图 5-18 限界测量位置示意图

(9)线路平面测量

根据工程经验常规做法，线路平面测量测点间距为 6m，测点应做标记，以便施工期间进行比较。根据要求，本工程共布设 16 个测量断面，各线路平面测量点布设于左、右线钢轨内侧，每个断面上布设 4 个线路平面测量点。

(10)线路纵断面测量

根据要求，本工程共布设 16 个测量断面，各线路纵断面测量点布设于左、右线轨顶，每个断面上布设 4 个线路纵断面测量点。

(11)轨距、水平情况调查

在对应于线路平面测量断面处，进行一次轨距、水平测量。

(12)扣件的类型及调高情况调查

对线路扣件类型及调高情况的调查，按北京地铁相关规定进行，并及时准确记录调查结果。

(13)扣件各零部件、短轨枕完好程度调查

对线路扣件各零件、短轨枕完好程度调查，按北京地铁相关规定进行，并及时准确记录调查结果。

2)现状调查与检测结论

对既有地铁15号线影响区域内的结构进行了现状调查与检测，盾构管片质量完好，无渗水、漏筋及裂缝现象，管片无错台，连接螺栓紧固情况较好。检测范围内盾构区间混凝土强度推定值在52.5～54.2MPa之间(表5-7)，主体结构混凝土强度满足设计要求，主体结构混凝土碳化深度检测结果见表5-8。

混凝土强度回弹法检测成果统计表 表5-7

序号	检测部位	强度推定值(MPa)	结论
1	左线边墙(K16+025～K16+119)	52.5	混凝土强度满足设计要求(C50)
2	右线边墙(K16+025～K16+119)	54.2	混凝土强度满足设计要求(C50)

主体结构混凝土碳化深度检测成果统计表 表5-8

序号	检测部位	碳化深度范围(mm)
1	左线边墙(K16+025～K16+119)	1.0～1.5
2	右线边墙(K16+025～K16+119)	1.0～1.5

盾构区间结构边墙混凝土钢筋保护层厚度在21～58mm之间，其中保护层厚度大于等于30mm的测点数占总数的95%，保护层厚度小于30mm的测点数占总数的5%，见表5-9。

主体结构钢筋保护层厚度检测成果统计表 表5-9

序号	检测部位	保护层厚度范围(mm)
1	左线边墙(K16+025～K16+119)	21～58
2	右线边墙(K16+025～K16+119)	27～52

钢筋锈蚀检测的电位梯度统计见表5-10，钢筋锈蚀电位梯度法检测结果表明电位梯度在0～127mV之间。根据判断标准"两电极相距20cm，电位梯度为150～200mV时，低电位处判作腐蚀"可知，本工程检测范围内钢筋锈蚀概率小。

主体结构钢筋锈蚀检测成果统计表 表5-10

序号	检测部位	电位梯度范围(mV)	检测结论
1	左线边墙(K16+025～K16+119)	0～127	钢筋锈蚀概率小
2	右线边墙(K16+025～K16+119)	0～120	钢筋锈蚀概率小

同时经过现场检测，发现道床结构表面完整、无裂缝及缺棱掉角现象，道床表面有少量浮尘。检测范围：道床混凝土强度推定值为34.0～35.2MPa，道床混凝土强度满足设计要求。混凝土强度回弹法检测结果统计见表5-11。道床结构混凝土碳化深度检测结果见表5-12。

道床结构混凝土强度回弹法检测成果统计表　　表 5-11

序号	检测部位	强度推定值(MPa)	结　论
1	左线道床(K16 + 025 ~ K16 + 119)	35.2	混凝土强度满足设计要求(C30)
2	右线道床(K16 + 025 ~ K16 + 119)	34.0	混凝土强度满足设计要求(C30)

道床结构混凝土碳化深度检测成果统计表　　表 5-12

序号	检测部位	碳化深度范围(mm)
1	左线道床(K16 + 025 ~ K16 + 119)	1.5 ~ 2.5
2	右线道床(K16 + 025 ~ K16 + 119)	1.5 ~ 3.5

经过对道床与底板剥离情况的检测成果分析，未发现较明显的道床与底板剥离及土层疏松异常现象，其中里程为 K16 + 025 ~ K16 + 065 段的雷达图像如图 5-19 所示。

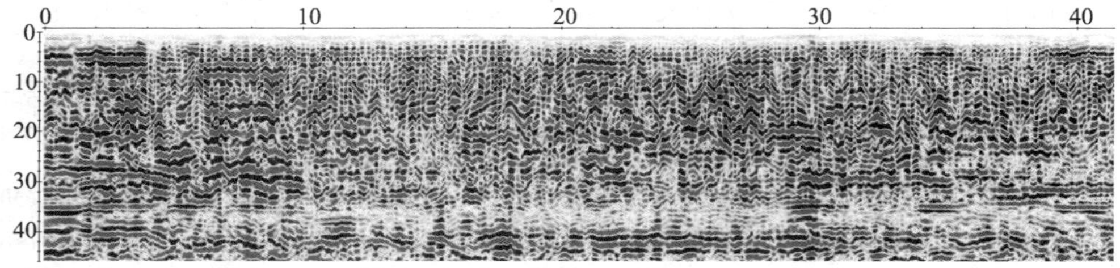

图 5-19　地质雷达图像

通过测量，左线隧道直径最小处位于 K16 + 069，实测值为 5411mm，限值为 5100mm，车辆中心至隧道顶距离最小处位于 K16 + 069，实测值为 4650mm，限值为 4360mm；右线隧道直径最小处位于 K16 + 119，实测值为 5405mm，限值为 5100mm，车辆中心至隧道顶距离最小处位于 K16 + 104，实测值为 4625mm，限值为 4360mm。综上，隧道净空均满足限界控制要求，检测范围内区间建筑限界、设备限界、车辆限界均未超限。

左线内外轨轨面高程较差与超高之差在 -2 ~ +1mm 之间，右线内外轨轨面高程较差与超高之差在 -2 ~ +2mm 之间，较差均匀，水平方向平整。

轨距测量可知，左线实测轨距设计值较差在 0 ~ +3mm 之间；右线实测轨距设计值较差在 0 ~ +3mm 之间，满足轨道静态尺寸容许偏差管理值的要求。水平测量可知，左线实测轨道水平值在 0 ~ +2mm 之间；右线实测轨道水平值在 -1 ~ +3mm 之间，满足轨道静态尺寸容许偏差管理值的要求。

通过扣件调查，调查范围内扣件类型为 DTVI2 型扣件，扣件无调高，扣件各零部件及轨枕完好。如图 5-20 所示。

a)现场照片

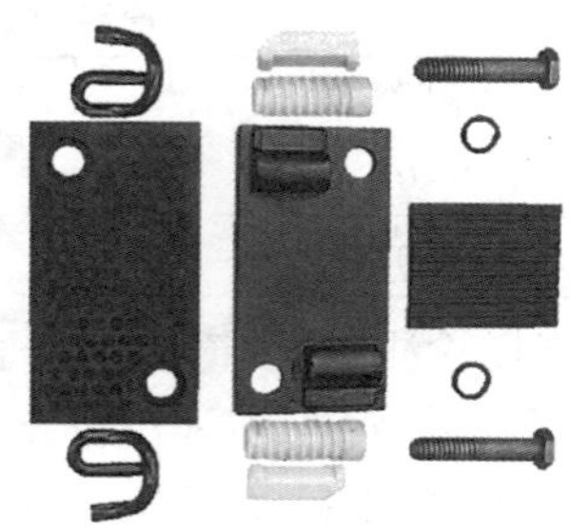

b)拆解图

图 5-20　DTVI2 型扣件

5.2 工程风险估计及评价

新建地铁 14 号线穿越既有地铁 15 号线工程的风险单元为新建盾构隧道从既有盾构隧道下方 1.9m 处穿过,采用盾构法施工,既有地铁 15 号线结构位于新建盾构隧道的强烈影响区范围内。

采用有限元数值模拟的方法模拟穿越工程的施工过程,估计、评价其风险的大小。

5.2.1 计算模型的建立及计算

1)数值模拟软件的选取

数值模拟分析的主要方法包括有限元法(FEM)、边界元法(BEM)、离散元法(DEM)、有限差分法(FDM)等。其中有限元法(FEM)的基于加权余量法以及变分原理,把连续求解域离散成有限个小单元,用以模拟或趋近原求解域,将无限连续自由度问题变为了有限离散自由度问题。

ANSYS 采用了变分思想及子单元变换技术,通过子、母单元之间的等参变换,将不规则的复杂边界转化为规则的简单边界。利用 ANSYS 的荷载步功能和单元的"生死"技术可较为真实地模拟隧道的掘进过程,分析掘进施工对周边环境及结构的影响。

针对新建地铁 14 号线盾构隧道下穿既有地铁 15 号线盾构隧道工程,拟采用 ANSYS 有限元计算分析软件,建立大尺度的空间三维模型,对施工过程予以仿真模拟,通过有限元数值计算,得到地层、结构的各项关键参数的变化规律。模拟时充分考虑还原地层、结构的物理、力学性质,对施工的过程,包括土体的开挖、管片的支护、注浆加固等关键施工过程精细化模拟,力求真实反映施工进程以及结构的响应。

2)条件假定

在采用 ANSYS 建立模型分析之前,对新建盾构隧道穿越既有盾构隧道作如下假定:

①假设隧道周围的土体为各向同性的弹塑性体,符合 Druck-Prager 屈服准则。既有及新建的结构为线弹性体。

②假设土体为层状分布,各层土体的参数取值以地勘报告为依据进行标定。初始应力仅考虑土体的自重应力、地面超载,不考虑地下水的影响,且其变形与时间无关。

③假设既有结构在穿越施工之前状态良好,既有轨道结构与隧道结构协调变形。

④盾构掘进时盾尾空隙、注浆充填和地层扰动所形成的圈层概化为等代层。

⑤由于每环的掘进时间较短,模拟盾构掘进的每个阶段,盾构机瞬时挖掘到工作面,衬砌同步施作,不考虑隧道前端一环左右宽度的无支护段。

⑥注浆压力沿盾尾径向均匀分布。

3)参数选取

(1)土层参数

根据地勘报告,在模型建立之前对地层中相邻且岩性相近的土体根据其分布的情况进行合并,并依据各土层的参数综合取值(表 5-13)。

土层参数的选取 表5-13

土层编号	土层名称	密度 ρ(kg/m^3)	压缩模量 E_s(MPa)	泊松比 μ	黏聚力 c_{cu}(kPa)	内摩擦角 φ_{cu}(°)
1	粉土填土	1800	32.7	—	8	10
2	粉土	1940	25	0.40	30	32
3	粉质黏土	1930	20	0.3	45	16
4	粉细砂	2000	27	0.25	0	30
5	黏土	1900	23	0.32	47	12
6	中粗砂	2030	44	0.30	0	35
7	圆砾卵石	2150	60	0.30	0	45

(2)盾构参数

盾构掘进过程中,结构以及等代层的参数见表5-14,其中流动等代层表示受盾构施工扰动,加固注浆体硬化之前的土体。初凝等代层表示采取加固措施之后的土体。盾构掘进的关键技术参数见表5-15,在数值模拟过程中通过对掌子面以及环片外侧的单元施加相应的强制力,实现对顶推力和注浆压力的模拟。

盾构结构参数 表5-14

名　称	厚度(m)	弹性模量(MPa)	泊松比 μ	密度(g/cm^3)
盾构环片C50	0.3	3.55×10^4	0.2	2.5
盾壳(钢材)	0.07	2.12×10^4	0.31	7.85
流动等代层	—	0.75	0.35	2.0
初凝等代层	—	4.00	0.25	2.3

盾构掘进参数 表5-15

参　数	线　路	
	左　线	右　线
设定土压(MPa)	0.10	0.12
推进力(t)	1000	1100
注浆压力(MPa)	0.2	0.3

4)模型的建立与模拟

(1)模型体量

采用ANSYS建立三维实体有限元模型,土体符合弹塑性材料本构模型,符合Druck-Prager屈服准则,模型在考虑到盾构隧道施工的影响区域以及沉降槽的宽度等因素,并根据施工中确定的试验段、影响段、穿越段,确定沿新建隧道方向模型长度为112m,沿隧道法向长度为118m,模型高度根据经验取为50m,故模型的大小为112m×118m×50m。

(2)单元选取

在模型中,土体均采用Solid45实体单元模拟,既有盾构隧道结构采用Shell63壳单元进行模拟,同时引入Mesh200单元以便于划分网格。

(3)边界条件

取地表(模型的上表面)为自由边界,模型的四周以及底部取法向约束。

(4)掘进过程的模拟

为了精确地模拟施工掘进,以环片为单位进行计算,模拟时假定每个环片均瞬时掘进。

依照施工的步序,左线先行掘进,掘进出离影响区后,右线再掘进。模型模拟左线掘进 85 环,右线掘进 77 环(图 5-21),共计 163 个步序。

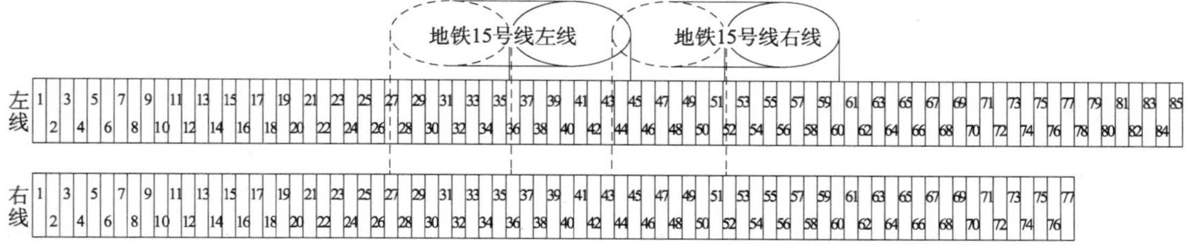

图 5-21　模型模拟步序示意图

新建盾构穿越既有隧道施工过程动态的模拟可以使用刚度迁移法。刚度迁移法将盾构的推进过程看作荷载及刚度的迁移。模型建立时,在盾构机壳体和管片的四周建立一定厚度的单元(等代层),随着盾构机的掘进,激活预设的单元,以较低的刚度参数属性模拟盾构机的扰动;而随着盾尾注浆和二次补浆的凝固硬化,较大刚度的单元激活,模拟注浆加固过程。这一过程的模拟主要依靠了有限元分析中单元的"生死",通过在刚度矩阵中对需要激活或杀死单元的刚度矩阵乘上一个趋近于 0(1×10^{-6})的退化系数,使其不提供质量和刚度。

盾构的施工过程可以看作是一个连续稳态的掘进过程,但采用有限元建模,则必须将其离散成一定步长的掘进单位,即"步序",模拟盾构机逐步开挖的过程。模拟过程中考虑施工步序、结构参数、施工及工作参数、材料特性等因素对新建结构—土层—既有结构的影响。

通过改变等代层单元的参数,模拟土体受到扰动、注浆、浆液初凝过程,具体的模拟步骤(图 5-22)包括:

①第 n 步——移除隧道一环土体,施加掌子面土仓压力,添加盾壳参数的等代层。

②第 n-1 步、n-2 步——等代层参数为盾壳参数。

③第 n-3 步——移除等代层,向隧道周围的土体施加径向注浆压力。

④第 n-4 步——添加管片单元,同时等代层参数变为流动浆液。

⑤第 n-5 步——等代层参数变为初凝浆液,模拟浆液硬化过程。

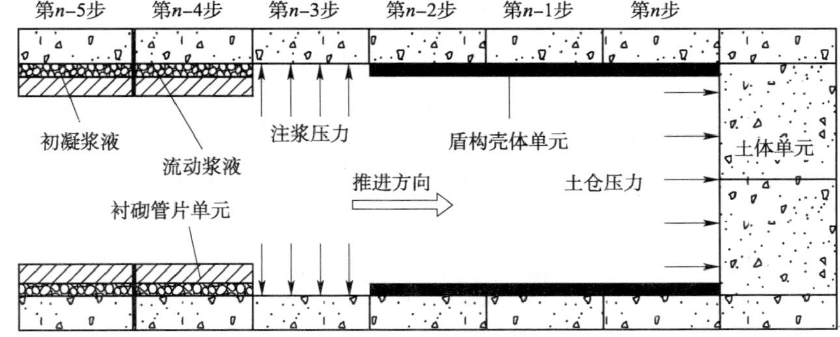

图 5-22　盾构掘进过程的模拟

由盾构管片拼装的隧道存在大量的接缝,为了研究管片及隧道的受力情况,有多种建立模型的方法,诸如三次方模型、骨架模型等,但对于盾构隧道整体变形情况的分析,建立上千个管片以螺栓连接的模型进行计算分析,往往导致计算单元数目过多,增加了不确定因素和计算难度。在建模计算时有必要对盾构隧道结构进行简化。一般而言,隧道轴向受压时,管片被压缩;在轴向受拉时,管片和总线螺栓同时受拉;隧道受弯时,以中性轴为界,一侧受拉、一侧受压,基于此建立隧道的“等效连续化模型”,将其等效为具有与隧道有着相同等效刚度的纵向均一性的连续梁单元。管片错缝拼装,外径为6m,内径5.4m,一环由6块衬砌管片组成,盾构隧道刚度折减一般为0.7。

5.2.2 数据的处理分析及比选

在对数值模拟数据进行整理的过程中,主要关注地表以及地表以下每个地层的变形情况及规律;重点对既有盾构隧道的变形规律进行总结,由于该工程为下穿施工,同时既有轨道结构位于既有盾构隧道结构底部,所以将分析对象选定为既有隧道底部结构。

1)新建地铁注浆加固方案

针对注浆方案的具体情况,需要通过管片预设的注浆孔,向隧道四周的土体径向注浆2.0m,在模拟时需要预设2.0m的等代层,在盾构掘进通过4个环后激活相应的单元,模拟注浆过程。模型图见图5-23、图5-24。

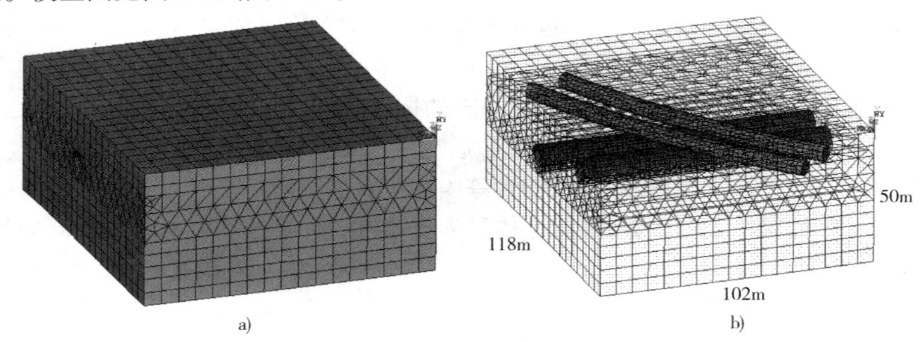

图5-23 模型整体图

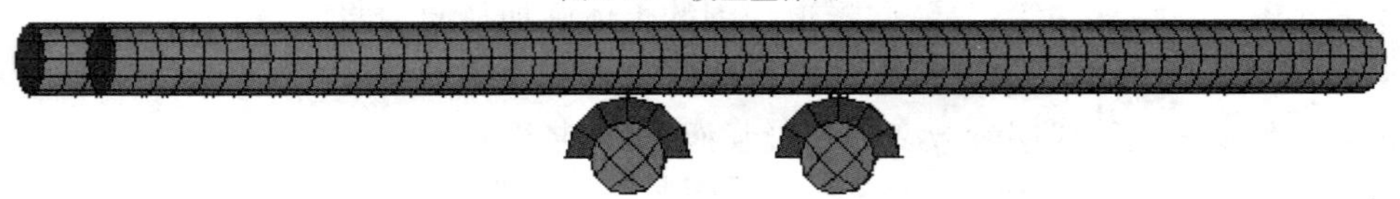

图5-24 模型横断面图

(1)模拟阶段划分

为了方便计算结果的总结分析,结合施工过程将试验段、隔离环、既有结构的边缘与中心作为关键节点,将左右线的掘进过程分为了32个阶段(图5-25),其中左线17个阶段,右线15个阶段。

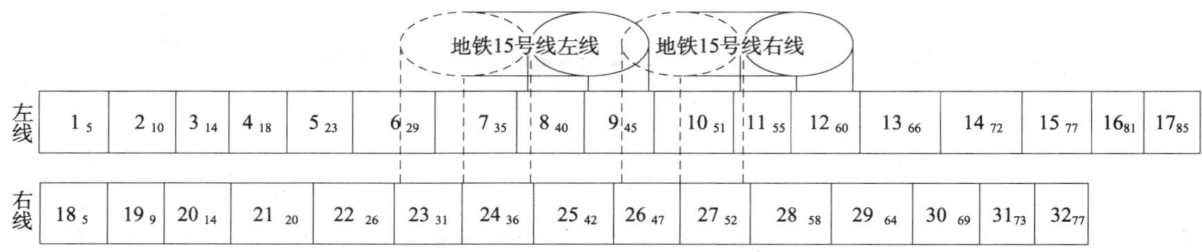

图5-25 模拟盾构掘进阶段示意图

(2)计算结果分析

盾构在施工过程中,随着逐步掘进、环片拼装,对周围的土体产生扰动,致使地表、地层,乃至既有结构随之产生形变,为了研究其变形规律,分别对双线盾构隧道先后掘进施工(图5-26)中典型阶段的地表、地层、既有结构进行分析,数据的分析分为典型阶段时刻变形情况的对比,以及典型截面、典型节点变形时程曲线对比。

①地表变形。

选取地铁15号线上方的地表土体作为分析对象,绘制地表变形的沉降槽曲线(图5-27),可以发现在左线盾构掘进过程中,由于盾构土体受扰,致使地表发生沉降,形成类似正态分布的沉降槽,沉降槽的宽度约为60m,地表的最大沉降发生在左线盾构出离影响区时,最大值为7.55mm,位于左线盾构机的正上方;在右线盾构掘进过程中,地表的沉降继续增大,而最大值的位置则偏向右线,最终位于左右隧道之间,最大值为9.63mm。由于盾构结构顶部的埋深较深,为17.8m;左右线间距约为17m,掘进最终导致地表沉降为"V"形。

选取左线盾构掘进到第51环,即盾构机位于地铁15号线左线、右线之间的时刻作为研究的时间节点,提取此时刻地铁14号线左线及右线正上方地表的变形数据。由此(图5-28)可以清晰地看出盾构机掘进过程中某一时刻地表沉降的3个阶段:到达前的隆沉,通过时的隆沉,盾尾空隙的隆沉。

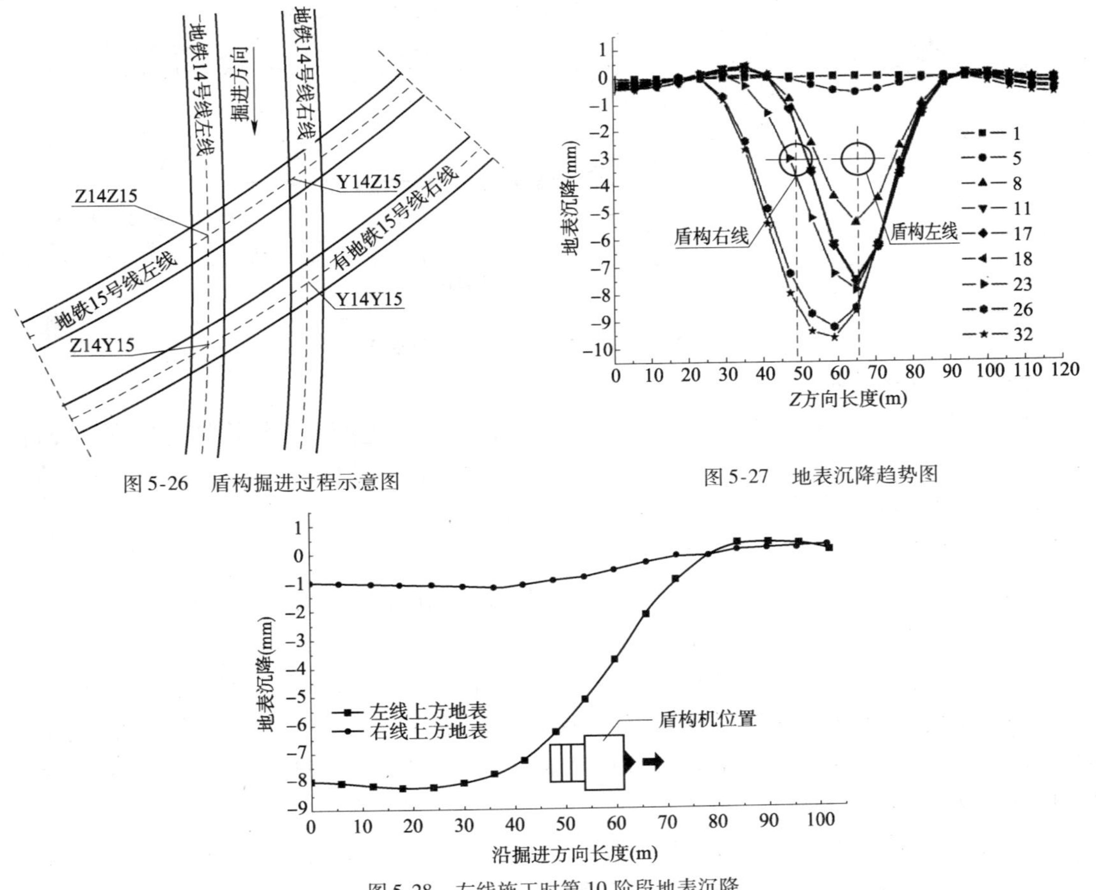

图5-26 盾构掘进过程示意图

图5-27 地表沉降趋势图

图5-28 左线施工时第10阶段地表沉降

选取新建地铁 14 号线与既有地铁 15 号线中心线交点正上方的土体关键节点(图 5-26),将左右线先后经过的 Z14Z15、Z14Y15、Y14Z15、Y14Y15 所对应的地表节点作为研究对象,绘制盾构掘进过程中地表变形的时程曲线(图 5-29),观察在盾构机左右线先后施工掘进过程中地表的响应情况,可以将单线盾构的掘进过程分为 3 个阶段:到达前的隆沉,通过时的隆沉,盾尾空隙的隆沉。由于掘进过程中的盾构顶推力,致使在盾构机未到达前地面有微小的隆起;随后在盾构开挖面前、开挖面上方以及盾构盾尾脱出的一定距离,地表会发生较大的沉降,且沉降的速率增大;在盾构通过后,沉降的速率减小,沉降曲线趋于平缓。由于盾构机左右线先后施工,对地表的沉降产生二次扰动,但也可以看出,施工正上方的土体受到较大的扰动,而其另一线上方的土体扰动较小。在左线通过时,其上方的地表最大沉降为 7.22mm,右线上方的地表由于距离开挖面有 17m 的距离,扰动较小,最大沉降为 1.26mm;在右线通过时,其上方的地表最大沉降为 8.25mm,左线上方的地表受到二次的扰动,随着右线盾构的掘进,继续发生沉降变形,最大沉降为 8.40mm,因右线开挖引起的二次沉降为 1.18mm。

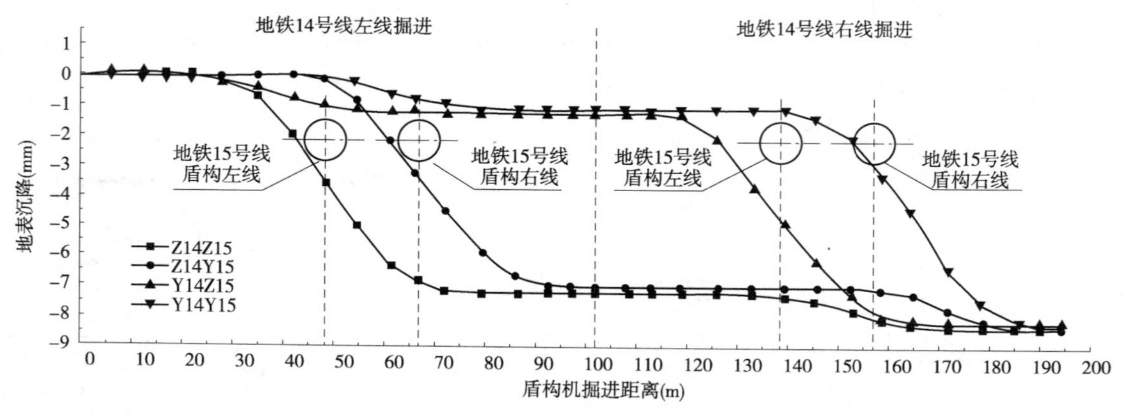

图 5-29　盾构机掘进地表变形时程曲线

②既有结构的变形。

既有地铁 15 号线为双线盾构隧道,分别对左线、右线隧道的底板结构的变形进行分析,确定在地铁 14 号线盾构左右线先后施工的过程中,既有地铁结构的变形情况。类似于地表沉降的分析,将分析过程分为阶段时刻分析和时程分析两个单元。

a. 时刻曲线。

分别选取既有地铁 15 号线左右线的底板部位作为分析对象,由图 5-26,选取典型阶段 1、5、8、11、12、17、18、23、26、32,提取相应阶段的结构变形曲线(图 5-30、图 5-31)。

新建地铁 14 号线左线盾构掘进施工时,在施工前期,既有结构由于盾构机的顶推力影响,产生微量的上浮变形,随后结构下沉,变形曲线呈现“V”形,既有结构的最大沉降发生在第 17 阶段,其中左线的最大沉降为 13.45mm(图 5-32、图 5-33),右线的最大沉降为 13.18mm(图 5-34、图 5-35)。

随后在右线盾构掘进施工时,邻近右线盾构机一侧的既有结构沉降的速率增大,致使最终的变形曲线呈“W”形。与地表最终的变形曲线为“V”形相比,因既有结构与新建隧道相距较近，使得既有结构的变形呈现“W”形。而既有结构的两处最大变形值均发生在新建隧道左右线的正上方，其变形最大值见表5-16。

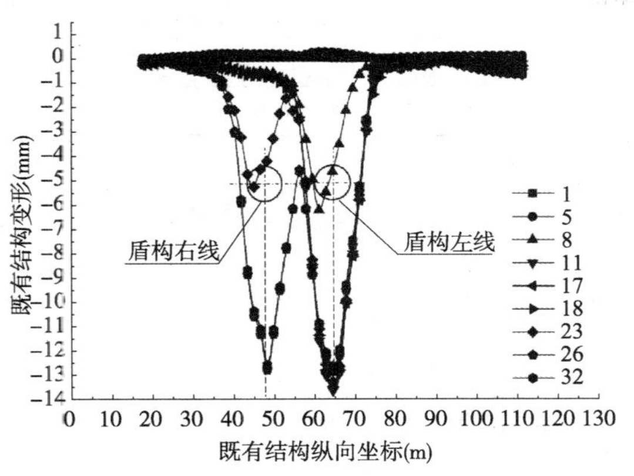

图5-30 地铁15号线左线底板阶段变形趋势

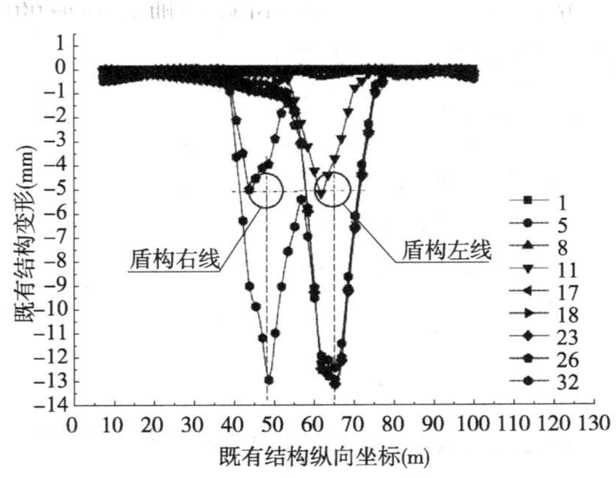

图5-31 地铁15号线右线底板阶段变形趋势

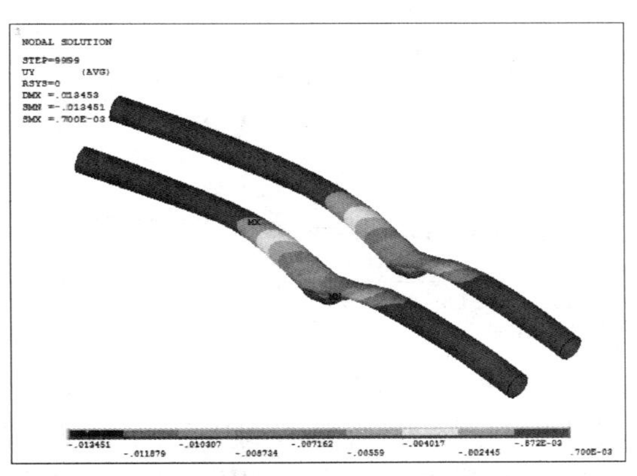

图5-32 地铁14号线左线施工中地铁15号线最大变形云图

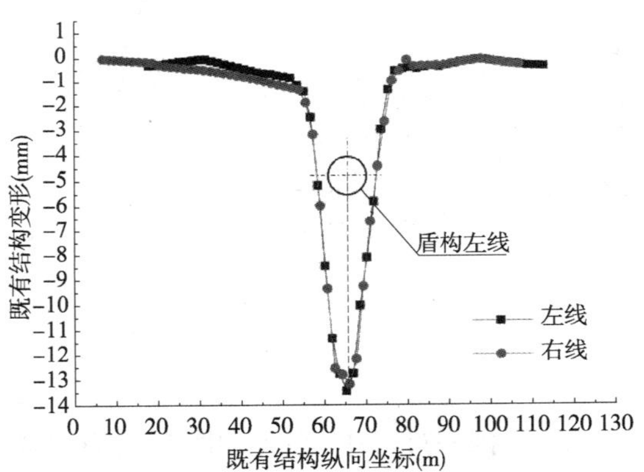

图5-33 地铁14号线左线施工中地铁15号线最大变形曲线

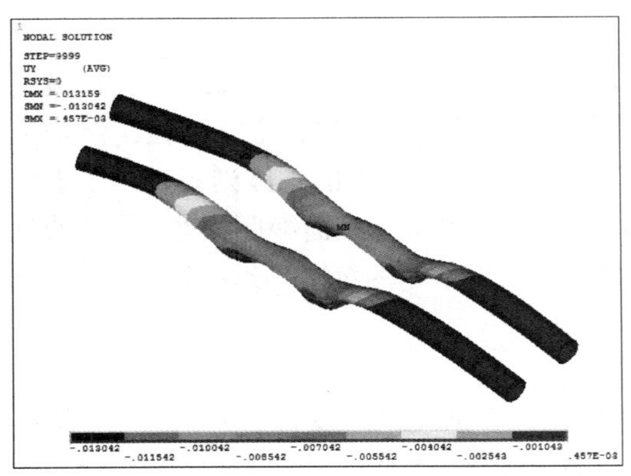

图5-34 地铁14号线右线施工中地铁15号线最大变形云图

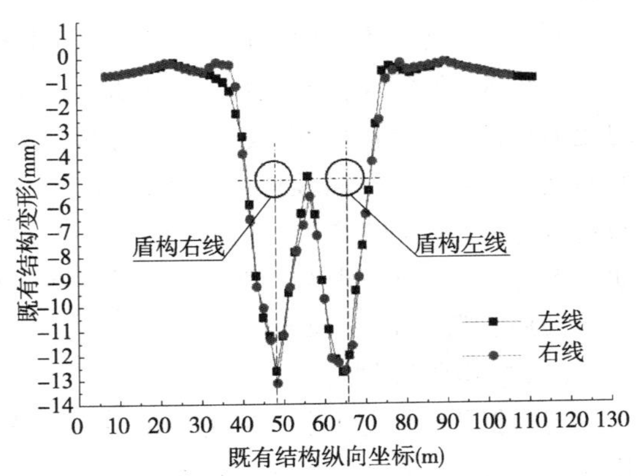

图5-35 地铁14号线右线施工中地铁15号线最大变形曲线

既有结构最终沉降统计　　表 5-16

线　　别	变形位置	
	新建地铁 14 号线左线上方	新建地铁 14 号线右线上方
地铁 15 号线左线	12.60mm	12.55mm
地铁 15 号线右线	13.24mm	13.04mm

b. 时程曲线。

如图 5-26 所示，取与 Z14Z15、Z14Y15、Y14Z15、Y14Y15 对应的既有隧道结构底板处的关键节点作为研究对象，分析随着新建盾构的掘进过程，既有结构底板关键节点的变形规律。提取关键节点在关键阶段的变形时程曲线（图 5-36）。

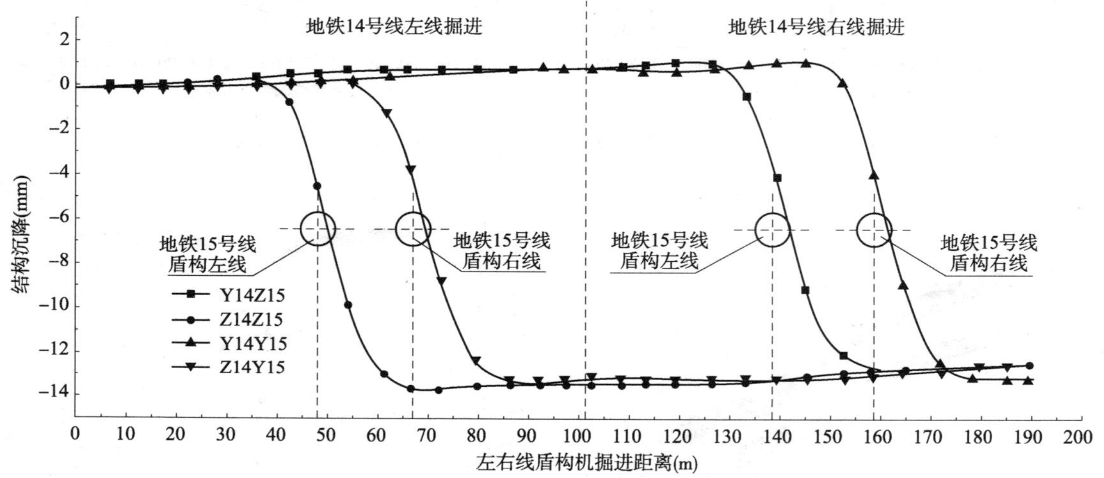

图 5-36　关键节点的变形时程曲线

盾构掘进过程中，在先期既有结构有隆起变形的趋势，在开挖面即将到达前，结构即产生下沉趋势，且变形速率增大，在盾尾脱出后既有结构的变形趋于平缓。又因为既有结构的刚度较散粒体结构的土体大，沉降的时程曲线并未表现出类似于地表沉降的明显二次扰动分界。

c. 地表、地层及结构的最终沉降曲线对比。

从图 5-37 可以看出，地表、不同地层、既有结构左右线在盾构掘进出离影响区后，最终的变形结果。不同地层以及不同结构的变形最大位置均位于施工面的正上方。位于结构上方的地层，在离施工面较远的位置形成“V”形沉降槽；在施工面下方的土体则表现出了上浮的趋势，随着净距的增大，上浮程度减小。既有结构由于与盾构施工面净距很小，受到的扰动较大，最终变形呈现“W”形，左右线虽然受扰时刻不同，但最终的沉降变形相近。

2）施作竖井预加固地层方案

（1）模拟阶段划分

与地铁 14 号线注浆加固方案相区别，竖井施作并加固地层的方案中，首先需要模拟竖井的施工，在施工完毕后通过改变注浆区域的土层单元参数，模拟注浆加固地层的过程，之后再进行地铁 14 号线盾构左、右线的掘进模拟（图 5-38、图 5-39），模拟时预设 0.2m 等代层，通过激活相应单元模拟壁后注浆过程，盾构掘进所对应的阶段见图 5-40。为了保证盾尾注浆的效果，有效控制地层变形，和地铁 14 号线注浆加固方案相似，在穿越段前后均设有隔离环。所以除竖井施工注浆阶段外，盾构的掘进阶段划分与地铁 14 号线注浆加固方案相同。

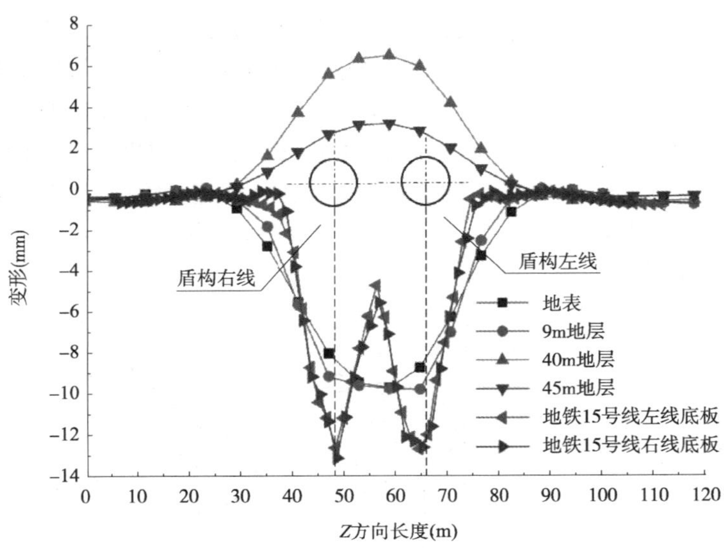

图 5-37　地表、地层及结构的最终沉降曲线

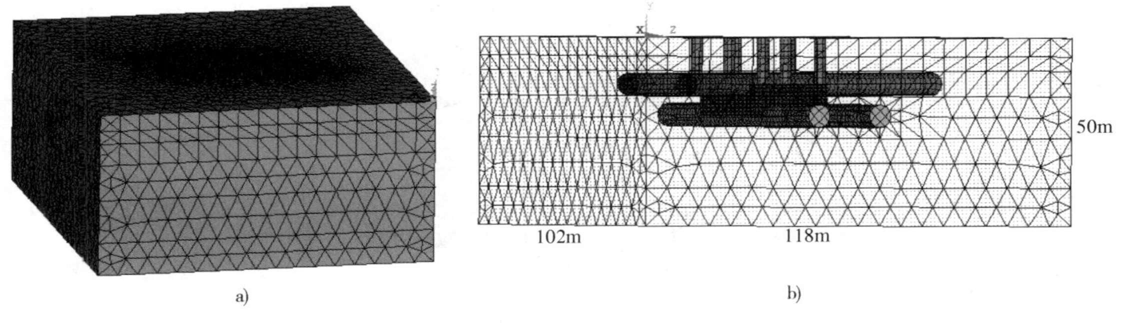

图 5-38　模型整体图

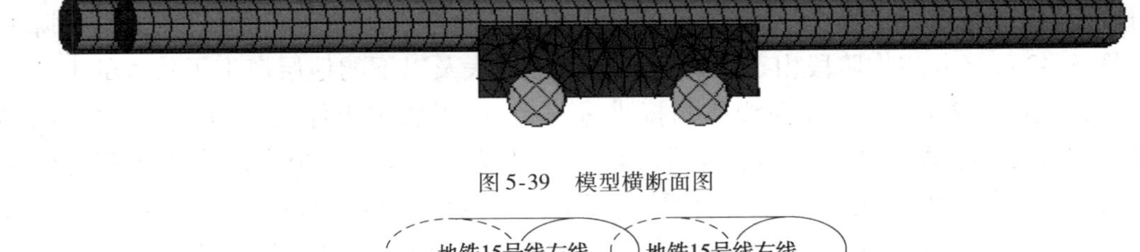

图 5-39　模型横断面图

地铁15号线左线　地铁15号线右线

左线	3_{5}	4_{10}	5_{14}	6_{18}	7_{23}	8_{29}	9_{35}	10_{40}	11_{45}	12_{51}	13_{55}	14_{60}	15_{66}	16_{72}	17_{77}	18_{81}	19_{85}
右线	20_{5}	21_{9}	22_{14}	23_{20}	24_{26}	25_{31}	26_{36}	27_{42}	28_{47}	29_{52}	30_{58}	31_{64}	32_{69}	33_{73}	34_{77}		

图 5-40　模拟盾构掘进阶段示意图

(2)计算结果分析

竖井的依次施工及注浆回填对既有结构的影响分析作为阶段1、2,待注浆体达到设计强度后,盾构机始发,左右线先后进行掘进、环片拼装、壁后注浆。竖井的施工和盾构的掘进将对周围的土体产生扰动,致使地表、地层,以致既有结构随之产生形变。为了其变形的规律,分别对竖井的施工、盾构左右线隧道先后掘进施工(图5-40)中典型阶段的地表、地层、既有结构进行分析,数据的分析分为典型阶段时刻变形情况的对比,以及典型截面、典型节点变形时程曲线对比。典型阶段的选择考虑到施工的步序,以及盾构机既有结构的位置关系,选取的阶段为1、7、10、13、15、19、20、25、28、34,其中1为竖井施作阶段,3为左线盾构机始发阶段,20为右线盾构机始发阶段,10、13、25、28为盾构机位于既有结构正下方,而19、34为盾构机出离影响区。盾构机的掘进过程如图5-41所示。

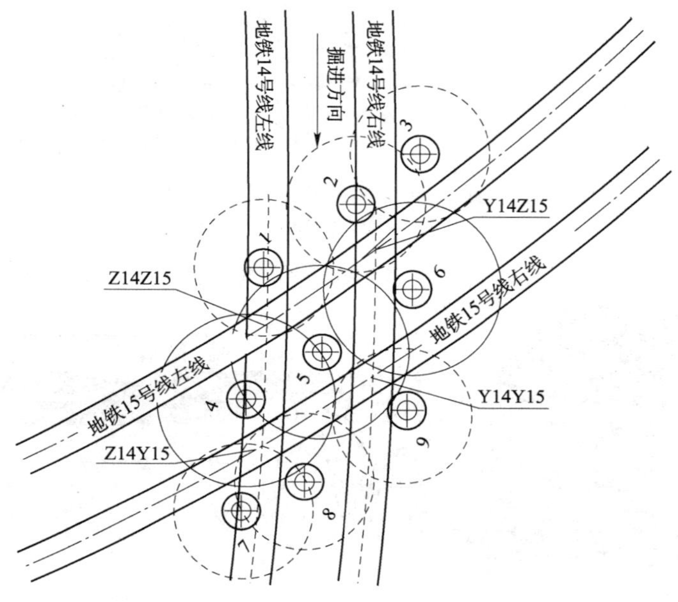

图5-41　盾构掘进过程示意图

①地表变形。

选取位于注浆区域地铁15号线上方的地表土体作为分析对象,绘制地表变形的沉降槽曲线(图5-42),竖井施作阶段由于土体的卸载致使地表及以下的地层产生了较大的上浮变形,上浮最大值为2.61mm。在左线盾构掘进过程中,由于盾构土体受扰,地表产生下沉趋势,第19阶段结束,即左线出离影响区后,地铁15号线上方地表的最大沉降为4.07mm;在右线盾构掘进过程中,地表的沉降继续增大,而最大值的位置则偏向右线,最终位于左右隧道之间,最大值为7.40mm。最终地表沉降产生类似正态分布的沉降槽,由于注浆体对穿越区段的加固作用,沉降槽的宽度约为80m。由于盾构结构顶部的埋深较深,为17.8m,左右线间距约为17m,掘进最终导致地表沉降为"V"形。

其中图5-42a)为各关键时间节点时地表土体的变形趋势汇总,而为了清晰地突出施工过程中地表的变形规律,选择竖井施作阶段、盾构始发阶段以及盾构出离影响区等5个时间节点绘制了图5-42b)。

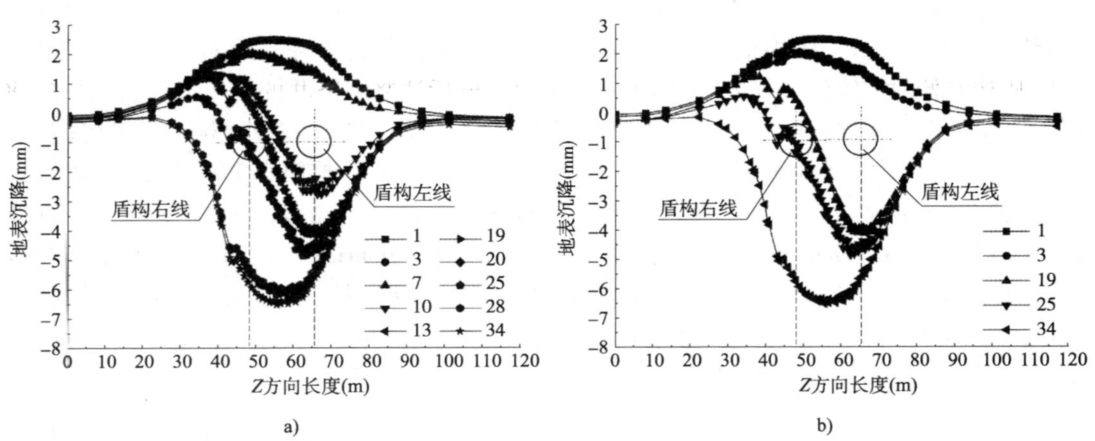

图 5-42 地表沉降趋势图

为了和方案一进行对比，同样选取左线盾构掘进到第 51 环，即盾构机位于地铁 15 号线左线、右线之间的时刻作为研究的时间节点，提取此时刻地铁 14 号线左线及右线正上方地表的变形数据。由图 5-43 可以清晰地看出，盾构机掘进过程中某一时刻地表沉降也表现为 3 个阶段：到达前的隆沉，通过时的隆沉，盾尾空隙的隆沉。但由于竖井的施作，导致了地表的先期上浮，随着盾构机的掘进产生下沉，由于注浆体的作用，注浆体上方地表的沉降相对平缓，而其区域以外的地表变形曲线则表现出较大的斜率。

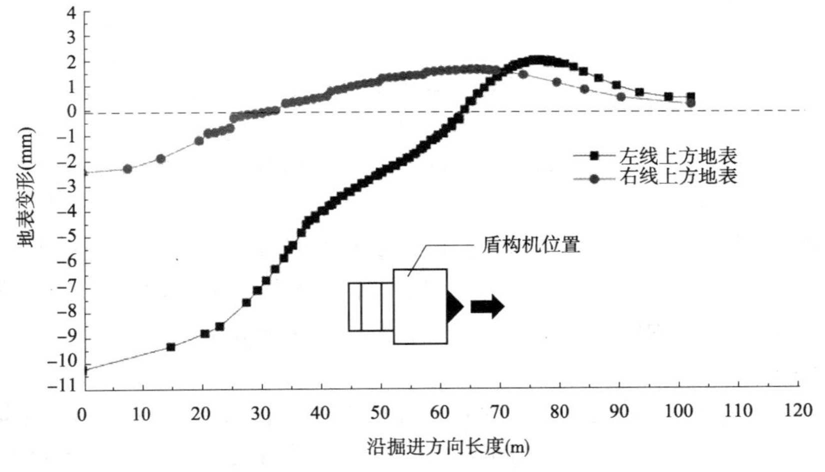

图 5-43 左线施工时第 10 阶段地表沉降

选取新建地铁 14 号线与既有地铁 15 号线中心线交点正上方的土体关键节点，见图 5-41，将左右线先后经过的 Z14Z15、Z14Y15、Y14Z15、Y14Y15 所对应的地表节点作为研究对象，绘制盾构掘进过程中地表变形的时程曲线，观察在盾构机左右线先后施工掘进过程中地表的响应情况，如图 5-44 所示。

尽管有竖井先期施作以及地层注浆的影响，仍可以将单线盾构的掘进过程分为 3 个阶段：到达前的隆沉，通过时的隆沉，盾尾空隙的隆沉。由于掘进过程中的盾构顶推力，致使在盾构机未到达前地面有微小的隆起；随后在盾构开挖面前、开挖面上方以及盾构盾尾脱出的一定距离，地表会发生较大的沉降，且沉降的速率增大；在盾构通过后，沉降的速率减小，沉降曲线趋于平缓。由于盾构机左右线先后施工，对地表的沉降产生二次扰动，但也可以看出，施工正上方的土体受到较大的扰动，而其另一线上方的土体扰动较小。由于竖井的先期施作，以及注浆后地层强度的增大对地表沉降起到了抑制作用，在左线盾构机通过时，其上方的地表最大绝对沉降为3.53mm，右线上方的地表由于距离开挖面有17m的距离，扰动较小，最大绝对变形为0.37mm（上浮），但与初始地表上浮值抵消相减，不难发现左线上方地表的相对沉降为5.91mm，右线上方地表的相对沉降为2.13mm；在右线通过时，其上方的地表最大绝对沉降为5.75mm，最大相对沉降为8.25mm；左线上方的地表受到二次扰动，随着右线盾构的掘进，继续发生沉降变形，最大绝对沉降为5.70mm，最大相对沉降为8.37mm，右线开挖引起的最大二次沉降为2.36mm。

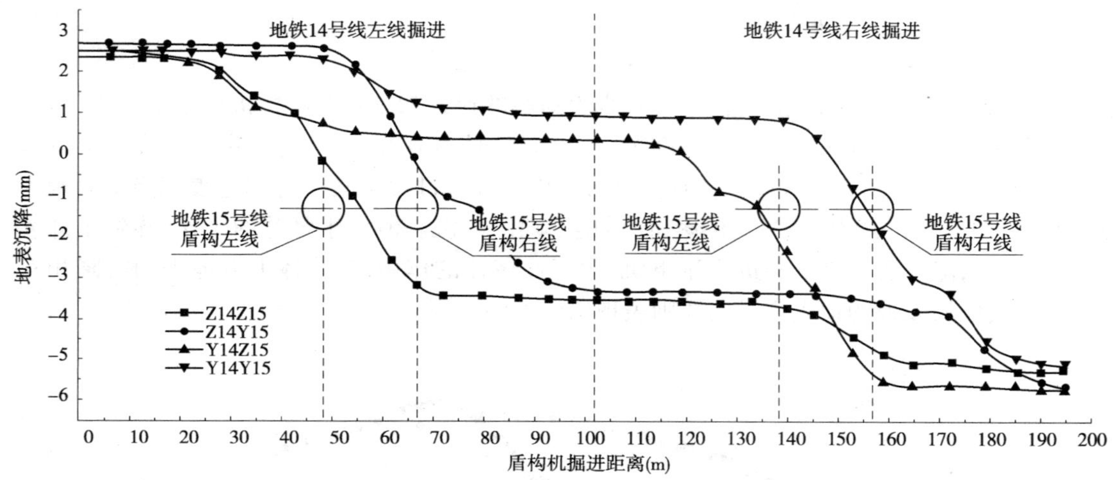

图5-44　盾构机掘进地表沉降时程曲线

②既有结构的变形。

既有地铁15号线为双线盾构隧道，分别对左线、右线隧道底板结构的变形进行分析，确定在地铁14号线盾构左右线先后施工的过程中，既有地铁结构的变形情况。类似于地表沉降的分析，将分析过程分为阶段时刻分析和时程分析两个单元。

a. 时刻曲线。

分别选取既有地铁15号线左右线的底板部位作为分析对象，由图5-40，选取典型阶段1、3、7、10、13、19、20、25、28、34，提取相应阶段的结构变形曲线（图5-45、图5-46）。

新建地铁14号线施工时，由于竖井的先期施作，导致在竖井施作完成后，既有盾构隧道产生上浮变形，其中左线最大上浮变形2.51mm（图5-47、图5-48），右线最大上浮变形2.86mm（图5-49、图5-50）；在左线盾构机施工时，由于注浆体的阻隔作用，既有结构并未在前期产生明显的上浮变形，而是随着盾构机的掘进，产生下沉趋势，而位于盾构机正上方的结构沉降量最大，最终在左线盾构机出离影响区后，结构的变形曲线呈现"V"形，既有结构的最大沉降发生在第19阶段，其中左线的最大沉降为8.02mm，右线的最大沉降为7.12mm。

随后在右线盾构机掘进施工时，盾构机正上方的既有结构的沉降速率增大，致使最终的变形曲线呈"W"形。与地表最终的变形曲线为"V"形相比,因既有结构与新建隧道相距较近,使得既有结构的变形呈现"W"形。而既有结构的两处最大变形值均发生在新建隧道左右线的正上方,其变形最大值见表5-17。

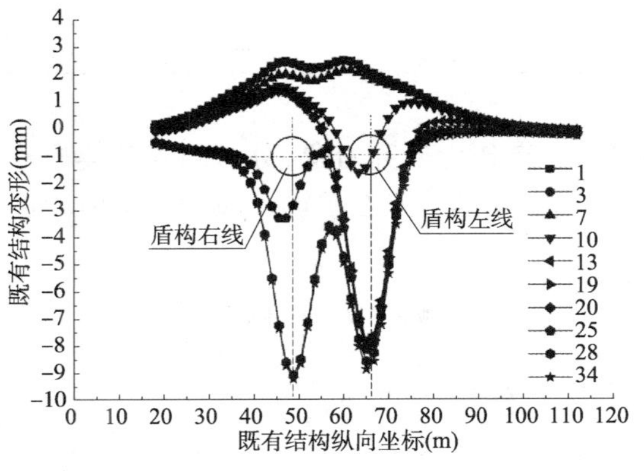

图5-45 地铁15号线左线底板阶段变形趋势

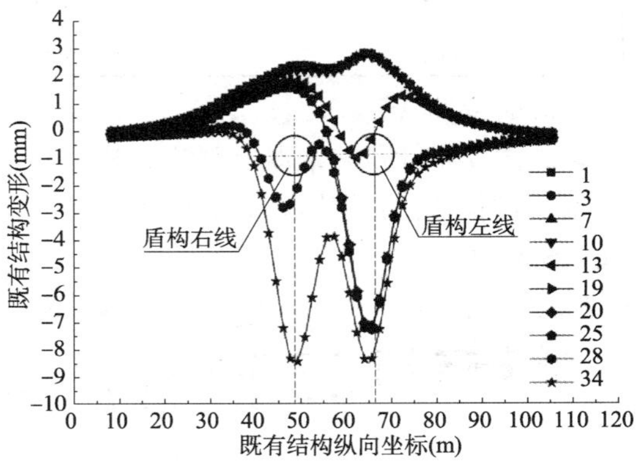

图5-46 地铁15号线右线底板阶段变形趋势

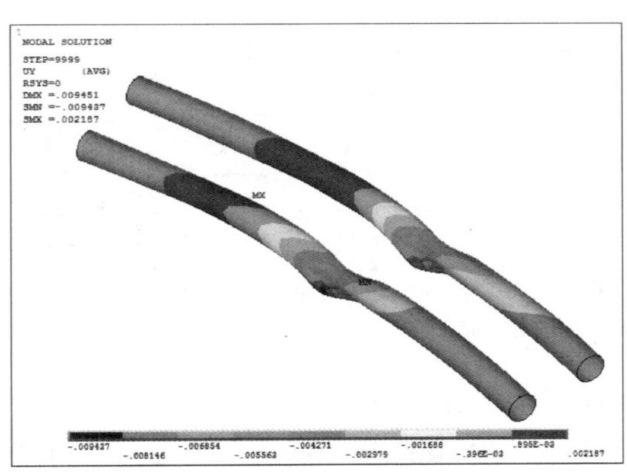

图5-47 地铁14号线左线施工中地铁15号线最大变形云图

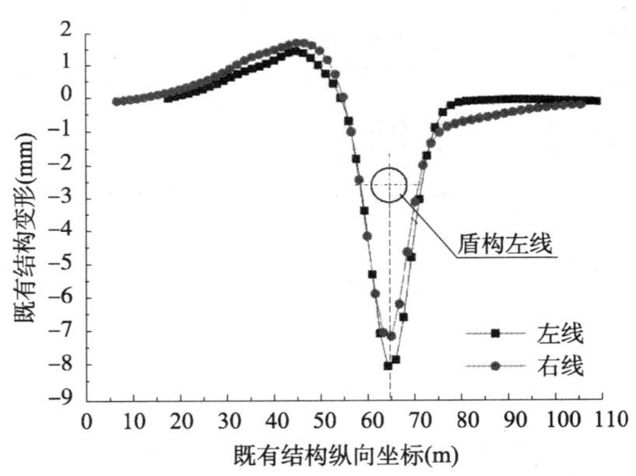

图5-48 地铁14号线左线施工中地铁15号线最大变形曲线

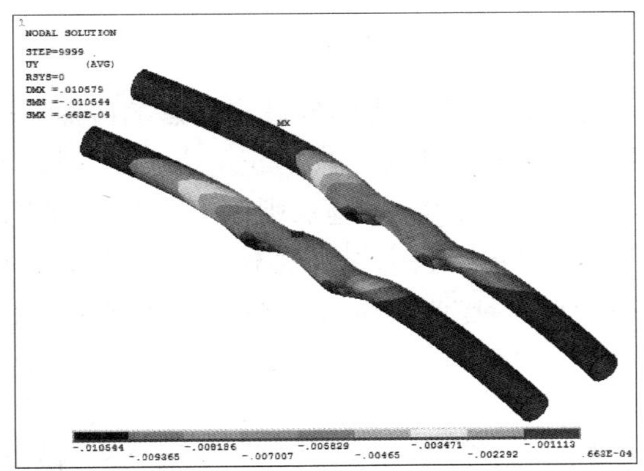

图5-49 地铁14号线右线施工中地铁15号线最大变形云图

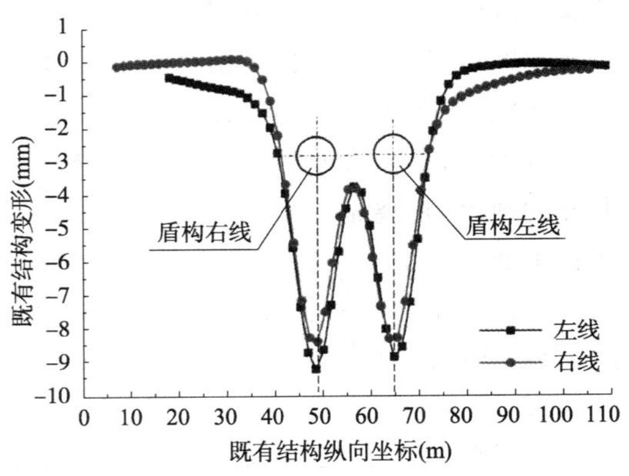

图5-50 地铁14号线右线施工中地铁15号线最大变形曲线

既有结构最终沉降统计　　表 5-17

线　别	变形位置	
	新建地铁 14 号线左线上方	新建地铁 14 号线右线上方
地铁 15 号线左线	8.89mm	9.25mm
地铁 15 号线右线	8.34mm	8.42mm

b. 时程曲线。

如图 5-41 所示，取既有隧道结构底板处的关键节点作为研究对象，分析随着新建盾构的掘进过程，既有结构底板关键节点的变形规律。提取关键节点在关键阶段的变形时程曲线（图 5-51）。

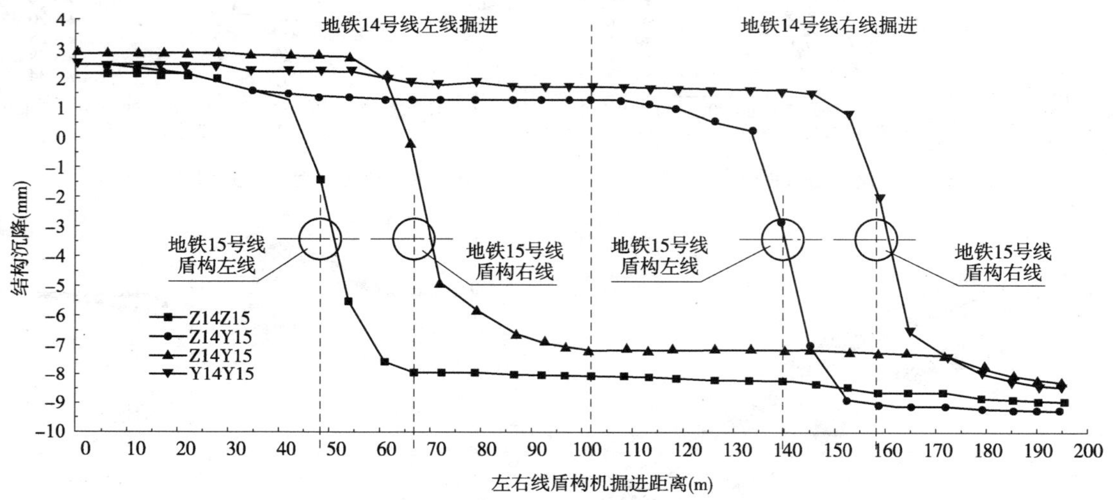

图 5-51　关键节点的变形时程曲线

竖井先期的施作导致既有结构产生了一定的上浮变形，在随后的盾构掘进过程中，开挖面即将到达前，结构即产生下沉趋势，且变形速率增大，在盾尾脱出后既有结构的变形趋于平缓。又因为既有结构的刚度较散粒体结构的土体大，沉降的时程曲线并未表现出类似于地表沉降的明显二次扰动分界。

c. 地表、地层及结构的最终沉降曲线对比。

从图 5-52 中可以看出，地表、不同地层、既有结构左右线在盾构掘进出离影响区后，最终的变形结果。不同地层以及不同结构的变形最大位置均位于施工面的正上方。位于结构上方的地层，在离施工面较远的位置形成“V”形沉降槽，而在 9m 的地层则有“W”形的趋势；在施工面下方的土体则表现出了上浮的趋势，随着净距的增大，上浮程度减小。既有结构由于与盾构施工面净距很小，受到的扰动较大，最终变形呈现“W”形，左右线虽然受扰时刻不同，但最终的沉降变形相近。

(3) 方案对比分析

通过对新建地铁 14 号线注浆加固方案、施作竖井加固地层方案的数值模拟分析，得出了地表、地层、既有结构的变形结果，并分别进行了分析。为了更进一步地明晰两个方案的特点，对地表、地层、既有结构的最终变形进行对比分析。

①地表及地层变形。

由图5-53～图5-57可以看出，施作竖井对地铁15号线与地铁14号线之间的土体进行注浆加固，明显地抑制了新建地铁14号线盾构机掘进过程对地表以及地层的影响。

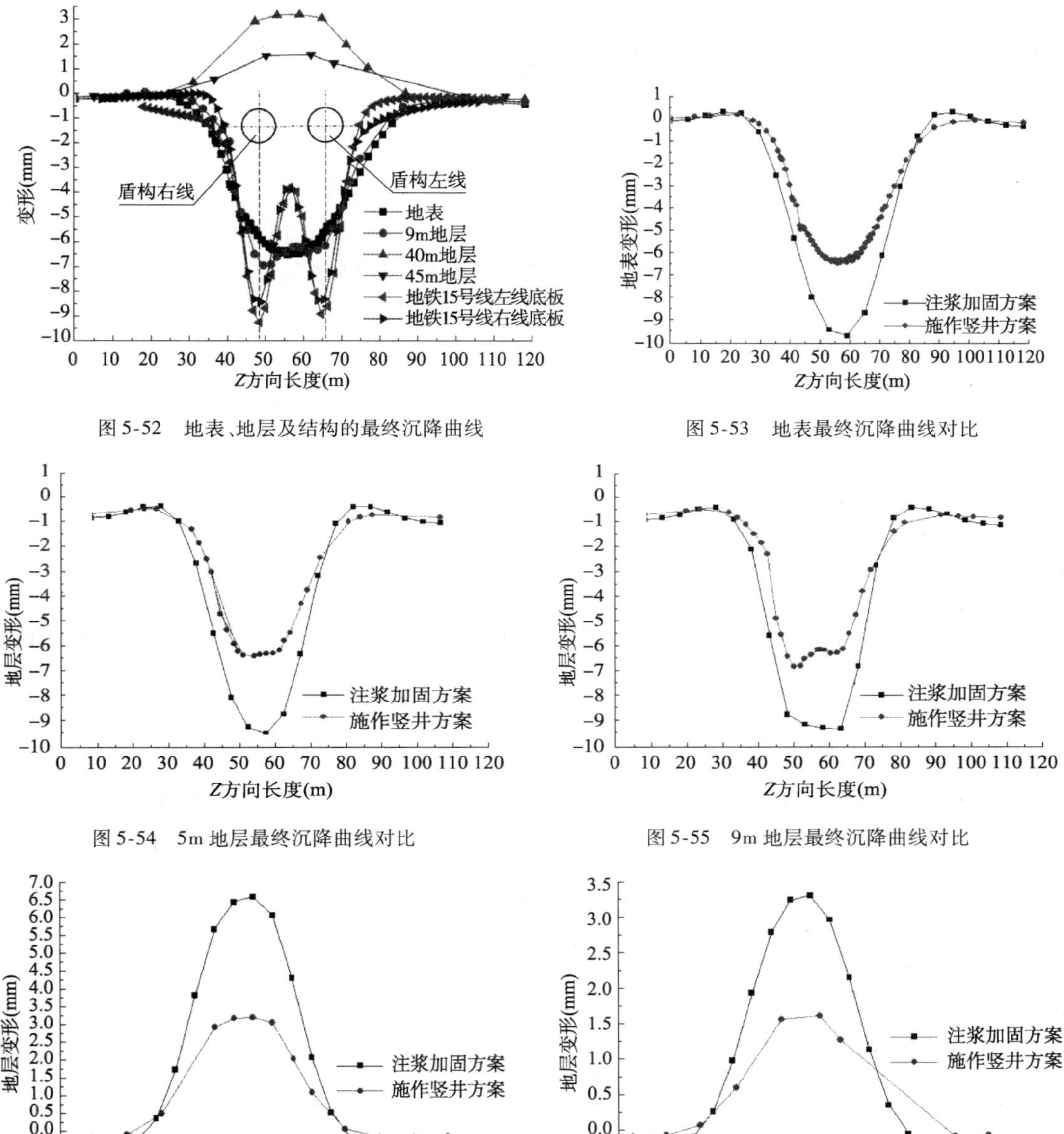

图5-52 地表、地层及结构的最终沉降曲线

图5-53 地表最终沉降曲线对比

图5-54 5m地层最终沉降曲线对比

图5-55 9m地层最终沉降曲线对比

图5-56 40m地层最终沉降曲线对比

图5-57 45m地层最终沉降曲线对比

②既有结构变形。

由图5-58不难看出，施作竖井对地铁15号线与地铁14号线之间的土体进行注浆加固，有效地保护了既有结构，明显减少了既有结构受新建地铁14号线盾构机掘进的扰动，控制

了结构变形。

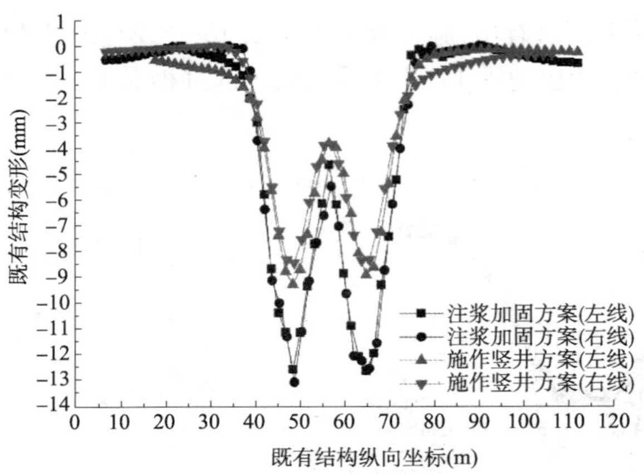

图 5-58 既有结构最终沉降曲线对比

相对于注浆方案,竖井加固方案下地表、不同地层、既有结构变形的减小值汇总见表 5-18。

形变控制效果汇总 表 5-18

名称	位置					
	地表	地表下 5m	地表下 9m	地表下 40m	地表下 45m	结构
形变减小值(mm)	3.12	3.43	2.78	3.40	1.70	4.62

故施作竖井加固方案仅从最终的变形数据上分析,明显优于新建地铁 14 号线注浆加固方案。

但设计中,竖井与既有地铁 15 号线的水平净距仅有 1.2m,对于直径 3m、深度 13m 的竖井施工及水平注浆加固的风险较大,且通过数值模拟分析,在竖井施作过程中,既有结构及周围土体产生了较大的上浮变形。针对于此工程背景条件,不考虑竖井加固方案。为了控制好既有结构的变形,需要调整盾构掘进的参数,通过注浆和二次补浆来控制变形。

5.2.3 工程风险等级划分评价

通过风险估计,可以判明既有地铁 15 号线盾构隧道在穿越工程施工过程中的沉降大于 2mm,同时既有结构位于新建结构的强烈影响区范围内,故而该穿越工程的风险等级为特级。下穿隧道风险等级划定见表 5-19。

下穿隧道风险等级划定 表 5-19

穿越方式	影响区	预测值(mm)			
		隧道			
		<0.5	0.5~1	1~2	>2
下穿	强烈影响区	一级	一级	特级	特级
	显著影响区	二级	一级	特级	特级
	一般影响区	三级	二级	一级	特级
	弱影响区	三级	三级	二级	特级

根据特级穿越风险等级,需要采取更为严格的施工控制措施,同时增加风险监测的布点密度和监测频率。

5.3 工程风险控制

一般说来,盾构在施工过程中的风险源可分为客观和主观两种,客观原因主要包括:

(1)盾构机的选型,土压平衡和泥水盾构存在着明显的适应性差异,需要根据地质情况、变形控制要求,选择合理、经济的盾构机类型。

(2)盾构机的设计参数,在确定盾构机类型后,应该对盾构机的直径、盾尾空隙等参数进行计算和设计,同时对注浆的材料及其收缩率加以科学论证。同时诸如施工结束后的管片变形、盾构隧道的自身沉降等也均属于客观因素。

主观因素包括:

(1)盾构在施工过程中的欠挖和超挖。

(2)盾构机掘进参数,如推进速度、盾构推力、土仓压力、注浆压力等设计不合理。

(3)注浆量不及时、不充分,未能有效填补盾尾空隙。

(4)盾构机在掘进过程中纠偏过大。

正是由此而导致了在盾构机掘进过程中既有结构及地层的变形超限,甚至危及既有交通的运营安全。对于风险的控制措施也主要针对此提出了盾构施工的主动防护措施和既有轨道结构的防护措施。

1)盾构施工主动防护措施

主要包括及时封堵洞门,优化盾构施工参数,在做好同步注浆和二次补浆之外实施土体加固注浆,注入瞬凝型液体聚氨酯材料形成隔离环等。注浆加固过程中,严格控制注浆压力和注浆量,防止注浆引起地铁15号线既有隧道结构产生变形。

鉴于盾构始发段地下水丰富,为进一步加强注浆效果,防止所注浆液及地下水从洞门处流出,当拼装环正环第三环脱离盾尾时立即注入1:1的水玻璃—水泥双液浆,封堵洞门。若封堵效果不好则注入瞬凝型聚氨酯材料进行止水,然后继续注入双液浆封堵洞门。

在左右线的试验段通过试掘进来验证暂定施工参数对地面沉降控制的效果,在试验段掘进后需对盾构施工洞内措施的施工效果进行评估,确认地面沉降控制符合要求后,盾构开始掘进穿越段。为在较短的试掘进段验证盾构施工参数对沉降控制的有效性,需要在试验段对地铁15号线及地表进行持续监测,建立P(注浆压力)-Q(注浆量)-t(时间)曲线,反馈指导下次注浆。

鉴于下穿段地层为塑性较强的软土,且地下水丰富,为进一步加强注浆效果,控制地铁15号线隧道的后期沉降,试验段拼装的管片为增设预埋注浆孔的改进型管片,在试验段盾构施工中利用改进型管片上预设的注浆孔和管片吊装孔进行径向注浆,对地铁14号线周边土体进行加固,加固厚度为2.0m,加固土体强度不低于1MPa。土体加固注浆采用水玻璃—水泥双液浆,水泥采用普通硅酸盐水泥,水玻璃为35°Bé,水灰比为0.5~0.6。注浆压力不大于0.4MPa。

土压设定的原则是维持开挖舱内的水土压力与设定土压力的吻合性,保持开挖面的稳定,即设定值P尽量接近自然土体侧向自重应力P_0。根据盾构隧道沿线的实际土质情况、隧道埋深变化、水文情况、地面建筑物和地下建筑物现状及其抗变形能力、地面动载情况和试掘进的具体经验，合理调整。在掘进施工之前，根据沿线隧道埋深度、地质和水文参数，每隔5环计算出土压设定值，列出盾构设定土压管理表以指导施工，每环掘进土压波动范围在0.02MPa以内。利用盾构穿越风险源之前的试验段的沉降监测结果来判断土压力设定值是否合理及其与自然土压力的吻合程度。

穿越风险源时应做到连续、平稳掘进，顶推力控制在900～1100t、掘进速度控制在10～15mm/min、每环出土量总量控制在43～45m^{3}左右。满足土压管理下的合理出土速度，主要靠控制螺旋输送机的转速来调节出土管理是进行土压管理的有效措施。

穿越风险源段盾构机同步注浆采用水泥砂浆，掘进段采用的浆液初凝时间6～8h，每环的同步注浆量拟采用4.5m^3，注浆量为理论空隙体积的150%。注浆压力为保证足够注浆量的最小值，同时应与开挖舱内的土压力相匹，同步注浆压力计划为0.2～0.3MPa。同步注浆采用注浆量与注浆压力双控。注浆速度与盾构掘进速度一致。

穿越风险源段掘进时，在左右线穿越段前端及末端各5环、左右线穿越段每间隔4环（隧道全断面360°）范围内注入瞬凝型聚氨酯材料。隔离环的作用是防止穿越段同步注浆浆液窜流引起的浆液流失，同时也可加速同步注浆浆液的凝结。聚氨酯材料与水产生瞬时化学反应后，借其缓慢膨胀及持续压力，完全填充管片与周边土体或浆液的空隙，实现环与环之间同步注浆浆液的完全隔离。液体聚氨酯材料注入压力为0.4MPa，单环注入量为1t左右。

聚氨酯材料为亲水型，其具有以下特性：①单液型，无须计量混合，包水率大，固结体弹性好；②优良的亲水性，可与水反应迅速封堵大压力漏水；③无毒，无污染，对人体无害。聚氨酯材料的性能指标如下：①外观：黄色或棕黄色透明液体；②密度≥1.0g/cm^3；③20℃黏度≤1000MPa·s；④初凝时间≤30s。

同时：

（1）在穿越地铁15号线风险源之前，需对盾构机进行一次彻底的检修，以保证盾构施工的平稳、连续；重点对盾构机的盾尾密封系统、铰接密封系统进行检测，以防穿越地铁15号线段出现漏浆情况。

（2）通过调整土仓添加材料的参数，做好土体改良工作，以降低刀盘扭矩。

（3）下穿过程中第三方应对地铁15号线进行实时监测，严格控制隧道结构、道床及轨道的日沉降变形在允许范围之内。

（4）加注发泡剂或水等润滑剂，减少刀盘所受扭矩，降低总推力。

（5）严禁在下穿地铁15号线时发生停机现象。

（6）准确、实时掌握施工情况，并根据所掌握信息合理调整施工参数。

（7）穿越后应进行工后评估，必要时采取相应措施，确保地铁15号线的正常使用和营运安全。

（8）严格控制盾构姿态，改善管片受力和防水质量。盾构机推力、扭矩和掘进速度应保持平稳，不间断连续施工。

（9）掘进中加强盾尾密封油脂的注入，确保盾尾密封效果，加强中体与盾尾铰接处的密封效果。

（10）严格控制管片拼装质量，保证拼装好的管片与盾壳之间的间隙，盾构推进过程中合理利用铰接千斤顶,加强盾构掘进姿态监测和管片选型工作,确保管片脱出盾尾后的防水效果。

(11)管片拼装时,每拼装完一块及时顶紧管片,防止盾构机后退,土压下降。

2)既有轨道的防护措施

根据风险的大小,在穿越工程施工前,依据既有地铁的现状检测结果,对既有地铁进行整道,使其满足运营规范要求,并对裂缝、道床剥离等病害酌情处理。对既有轨道采取增设轨距拉杆及防脱护轨等加固措施,轨距拉杆间距一般为3m或5m。

5.4 工程风险监测

穿越工程施工中,结合轨道交通运营的特点,提出根据工程风险的大小,对穿越工程影响范围内的既有结构、周围环境等敏感位置相关物理参数的变化情况,采取自动化实时监测为主,人工监测为辅的分级监测措施。分级监测措施的应用确保了在既有轨道交通安全运营的前提下,穿越工程的顺利进行。通过对穿越施工过程中既有结构监测数据的采集、整理与分析,并同数值模拟结果进行对比,综合分析了在双线盾构穿越工程施工影响下既有结构的变形影响规律。

5.4.1 监测方案制订

针对北京地铁14号线双线盾构近距下穿既有地铁15号线盾构区间工程,根据穿越工程结构净距小,风险难度大,将其判定为特级风险,且既有结构先后受到两次扰动的工程特点,需要制订具有针对性的监测方案。

1)监测内容及频率

监测内容为地铁15号线区间里程K16+025~K16+119,94双线米范围内的结构及轨道。对既有地铁15号线区间采用自动化监测及人工监测两种手段相结合的监测方法。自动化监测及人工监测的具体内容见表5-20、表5-21。

自动化监测频率 表5-20

监测对象	监测项目	监测精度	监测频率	监测周期
隧道结构	隧道结构沉降	0.1mm	24小时监控	工程施工前一周开始至施工完成

人工监测频率 表5-21

监测对象	监测项目	监测精度	监测频率	监测周期
隧道结构 轨道结构	隧道结构沉降	0.3mm	施工期间及施工结束后10天内每天夜间列车停运后进行1次; 前3个月内每周监测2次; 第4月至第6月内每周监测1次; 第7个月至9个月内每半月监测1次; 最后3个月每月监测1次	工程施工前开始至工程竣工后一年
	轨道结构沉降	0.3mm		
	轨道几何形位	1.0mm		
	道床与结构剥离情况	0.3mm		
	地铁结构及道床裂缝	0.02mm		
	钢轨爬行情况	0.5mm		
	盾构管片张开量监测	0.02mm		
	人工巡视			

2)监测点的布设

根据穿越工程的情况以及风险大小,在既有地铁15号线的左右隧道布置18个监测断面,如图5-59所示,位于穿越工程正上方的地铁15号线结构在中线、两侧布置3个断面,共12个断面;两个穿越位置中心各布置1个断面,共计2个断面;在地铁15号线结构外缘向外10m处各布置1个断面,共计4个断面。在每个断面布设静力水准自动化测点18个,隧道及轨道结构的人工测点各18个,轨道几何形位人工测点18个,管片张合量人工测点104个,布设的剖面位置见图5-60,平面位置见图5-61~图5-64。

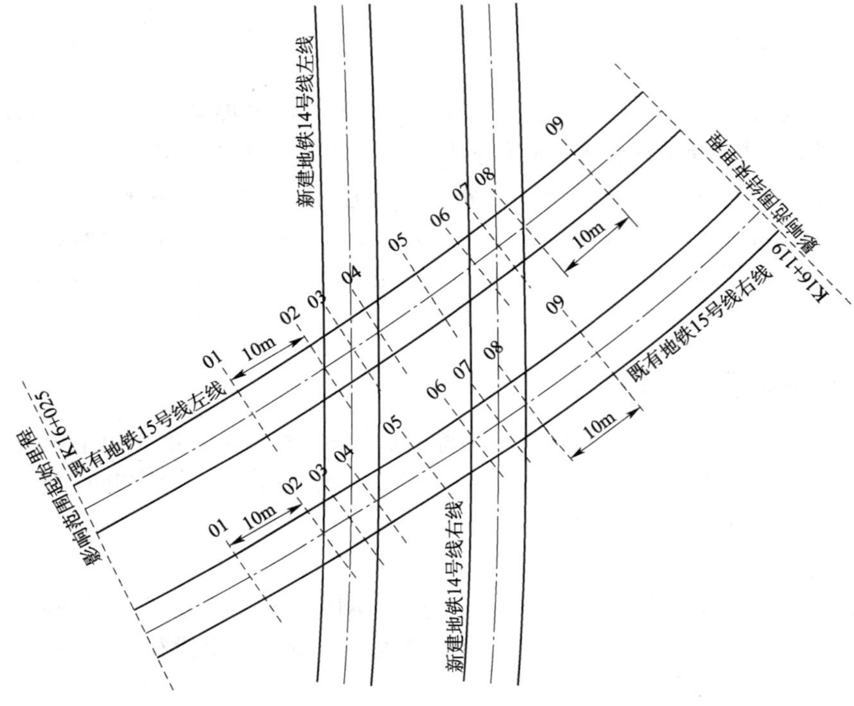

图5-59 监测断面示意图

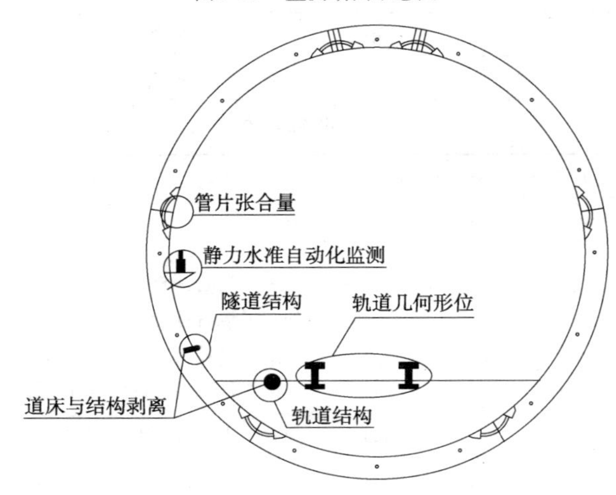

图5-60 监测点布置剖面图

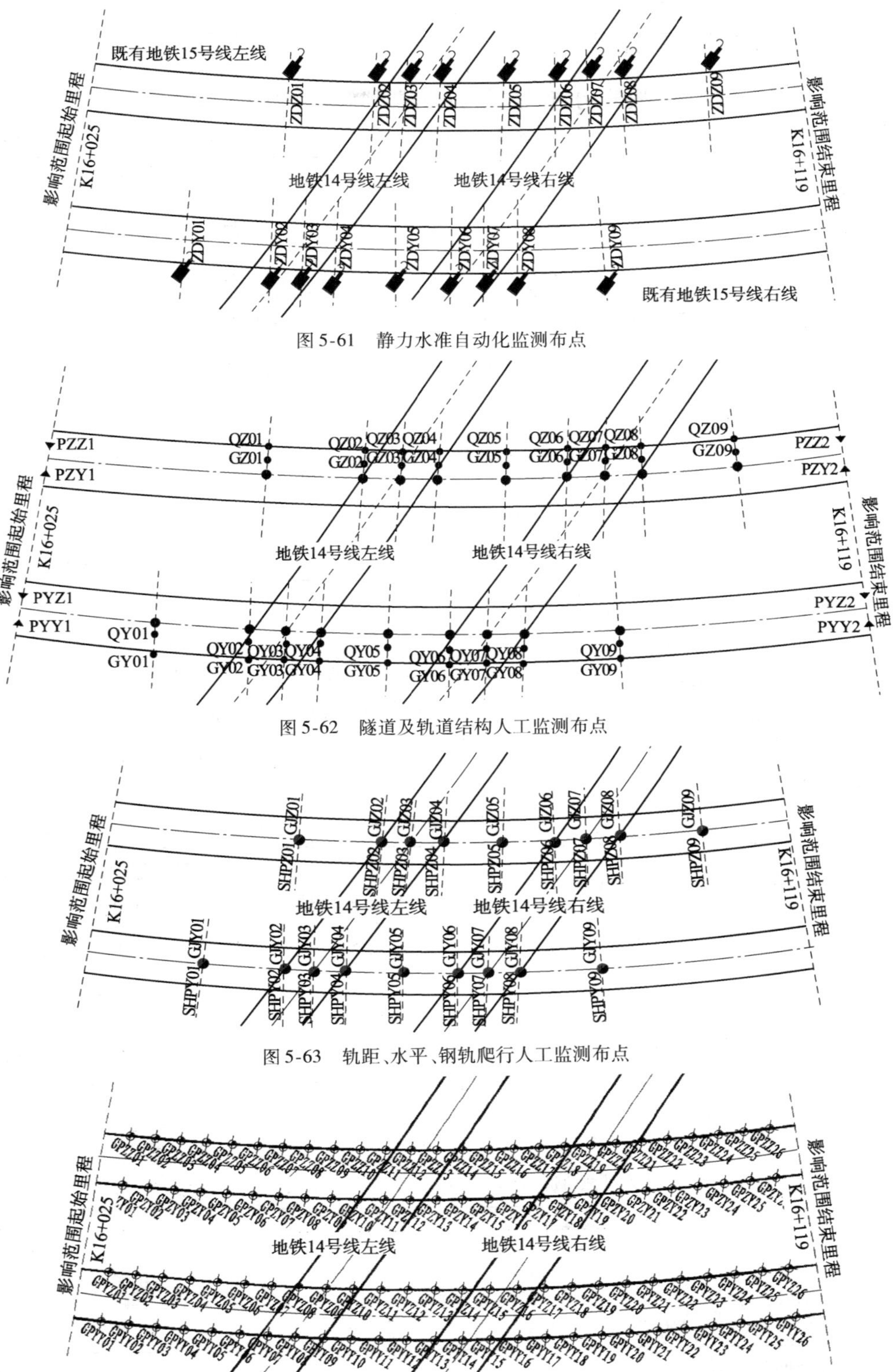

图5-61 静力水准自动化监测布点

图5-62 隧道及轨道结构人工监测布点

图5-63 轨距、水平、钢轨爬行人工监测布点

图5-64 管片张开量人工监测布点

5.4.2 监测结果及分析

新建地铁 14 号线左右线盾构施工进度的关键时间节点见表 5-22。

施工关键时间节点 表 5-22

名称	时　　间	施 工 进 度
左线盾构机	2013.10.10　8:00	刀盘距地铁 15 号线结构约 3.6m
	2013.10.10　15:00	刀盘在地铁 15 号线结构边线下方
	2013.10.10　15:00~10.11　21:00	盾构下穿地铁 15 号线左线
	2013.10.12　5:00~10.13　15:00	盾构下穿地铁 15 号线右线
右线盾构机	2014.1.10　9:00	刀盘距地铁 15 号线结构约 3.6m
	2014.1.10　14:30	刀盘在地铁 15 号线结构边线下方
	2014.1.10　14:30~1.11　21:00	盾构下穿地铁 15 号线左线
	2014.1.12　4:00~10.13　14:30	盾构下穿地铁 15 号线右线

施工期间依照监测方案中监测项目进行了人工监测和自动化监测。

1)人工监测结果分析

人工监测的结果见表 5-23。从监测数据中可知,结构的变形及管片的张合量、轨道的几何形位及爬行等相关参数在盾构机施工期间满足运营公司的标准要求。其中结构的变形监测数据由于人工监测存在一定的人为因素,其监测结果会与自动化监测存在一定的差异,但其变化的趋势与自动化监测趋势一致。

人工监测结果汇总 表 5-23

序号	监测项目	测点位置	测点位置 对应监测点编号	累计变形最大值 (mm)	变形速率 (mm/d)
1	隧道结构竖向变形	左 K161+00	QZ08	-12.1	-0.15
2	轨道结构竖向变形	左 K160+96	GZ07	-11.4	-0.14
3	隧道与轨道结构剥离	左 K161+00	BZ08	-1.3	-0.02
4	轨距	—	GJY05、GJY06、GJZ06、GJZ08、GJZ09	±1	±0.01
5	钢轨水平	右 K160+95	SHPY09	2	0.03
6	轨道爬行情况	右线外侧轨道	PYZ1-PYZ2	-0.1	-0.00
		左线外侧轨道	PZZ1-PZZ2	-0.2	-0.00
7	盾构管片张开量	右 K160+51 外侧	GPYY08	0.30	0.03
		右 K160+51 外侧	GPYY08	0.40	0.01

2)自动化监测结果分析

(1)时程曲线分析

将自动化数据作为研究对象，提取穿越工程中既有与新建结构中心线交点处 ZDZ03、ZDZ07、ZDY03、ZDY07 的数据进行处理，剔除了既有运营线路列车运营的扰动，得到监测点随施工进度的竖向变形时程曲线，其横坐标为左右线盾构机依次掘进的环数。

由图 5-65 可知，左线盾构机掘进过程：0 ~ 30 环，盾构隧道变形在 0 上下波动，既有结构变形较小，影响轻微；31 ~ 46 环，从距离既有结构 1.3 倍洞径始，到刀盘侵入既有地铁 15 号线左线结构下方直至脱出，刀盘的工作对周围土体产生了较大的扰动，导致施工正上方的既有左线结构沉降速率增大；在脱出左线结构范围后，随即侵入既有右线结构，48 ~ 60 环，导致正上方的右线结构沉降速率增大；在盾构脱出结构后，既有结构的沉降速率明显减小，逐渐趋于稳定；在左线盾构掘进时，位于右线上方的测点 Z07、Y03 也随着盾构的掘进产生沉降，沉降的规律与 Z03、Y07 相似，但沉降值较小。

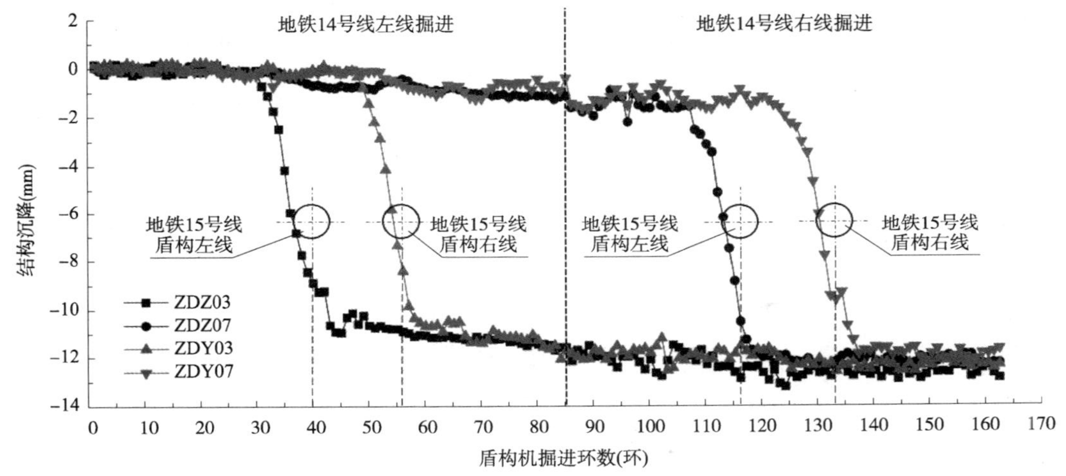

图 5-65 盾构下穿期间地铁 15 号线关键监测点沉降时程曲线

在右线盾构机掘进过程：0 ~ 22(85 ~ 107)环，盾构隧道由于左线的掘进，产生了少许的沉降，盾构隧道变形在 1.5mm 上下波动，既有结构形变较小，影响轻微；23 ~ 35(108 ~ 120)环，从距离既有结构 1.1 倍洞径始，刀盘侵入既有地铁 15 号线左线结构下方直至脱出，刀盘的工作对周围土体产生了较大的扰动，导致施工正上方的既有左线结构沉降速率增大，既有结构在左线盾构掘进扰动的基础上产生了较大的变形；在脱出左线结构范围后，随即侵入既有右线结构，导致正上方的右线结构沉降速率增大；在盾构脱出结构后，既有结构的沉降速率明显减小，逐渐趋于稳定；在右线盾构掘进时，位于左线上方的测点 Z03、Y07 也随着盾构的掘进在原有变形的基础上产生沉降，沉降的规律与 Z07、Y03 相似，但变化较小。

随着左右线盾构的掘进出离影响范围，既有结构的沉降变形逐渐趋于稳定。在盾构掘进的过程中，结构先后受到两次扰动，尤其是施工面位于正下方时扰动最为强烈，一般在既有结构中心线前后各 10 环，扰动最为明显。

(2)时刻曲线分析

对于既有地铁结构的时刻曲线，主要关注既有结构左、右线在新建左线盾构机和右线盾构机掘进结束后两个时刻的结构变形规律。

由图 5-66、图 5-67 可以明显地看出，既有左、右线结构在新建左线盾构机掘进出离影响区后，其沉降趋势呈现"V"形，最大值位于盾构机上方的 ZDZ03、ZDY03 监测点，其中 ZDZ03 最大值为 -11.58mm，ZDY03 最大值为 -11.70mm。

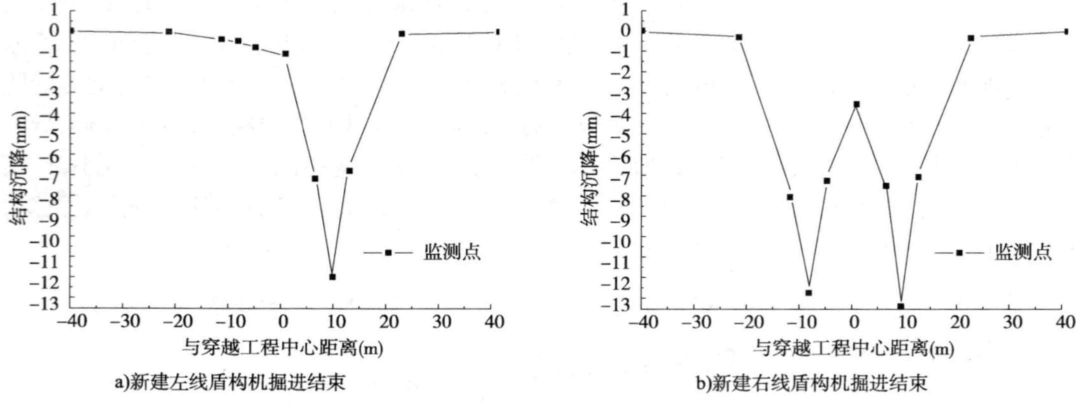

图 5-66　既有左线结构典型阶段变形

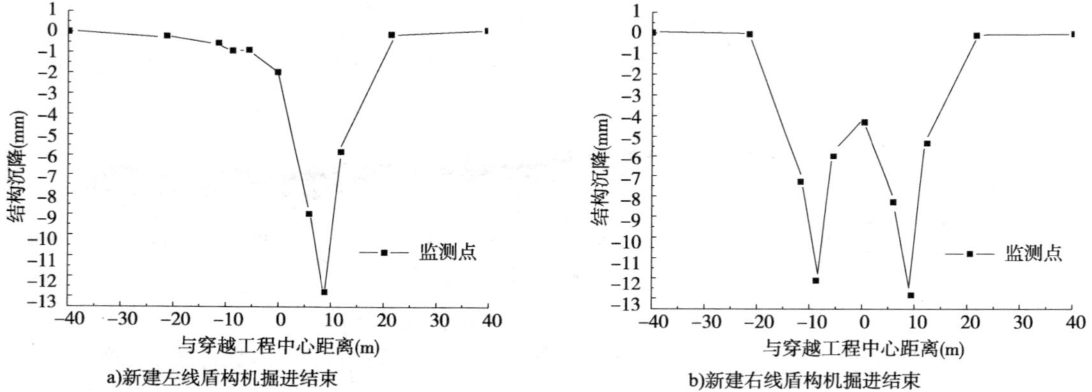

图 5-67　既有右线结构典型阶段变形

随着新建右线盾构机的掘进，既有左、右线结构监测点中 05、06、07、08 的沉降速率明显增大，而 03 断面呈现轻微下沉，在右线盾构机出离影响区后，结构的沉降曲线呈现"W"形，其中 ZDZ03 最大值为 -12.89mm，ZDY03 最大值为 -12.35mm；ZDZ07 最大值为 -12.27mm，ZDY07 最大值为 -11.64mm。

5.4.3　数值模拟与监测数据对比分析

结合工程监测的数据分析结果，为了进一步验证数值模拟过程中，参数选取、条件假定、步序阶段划分的适用性与合理性，选取与监测点布设相一致的典型截面，将数值模拟结果与自动化监测结果对比分析进行验证。

1）时程曲线对比

沉降时程曲线对比如图 5-68 所示。

通过图 5-68 可知，自动化监测数据测得既有地铁 15 号线左线结构的最大变形为

13.23mm,数值模拟所得最大沉降为13.69mm;右线结构的最大变形为12.61mm,数值模拟所得最大沉降为13.38mm。数值模拟结果和自动化监测结果存在6.1%的偏差率。

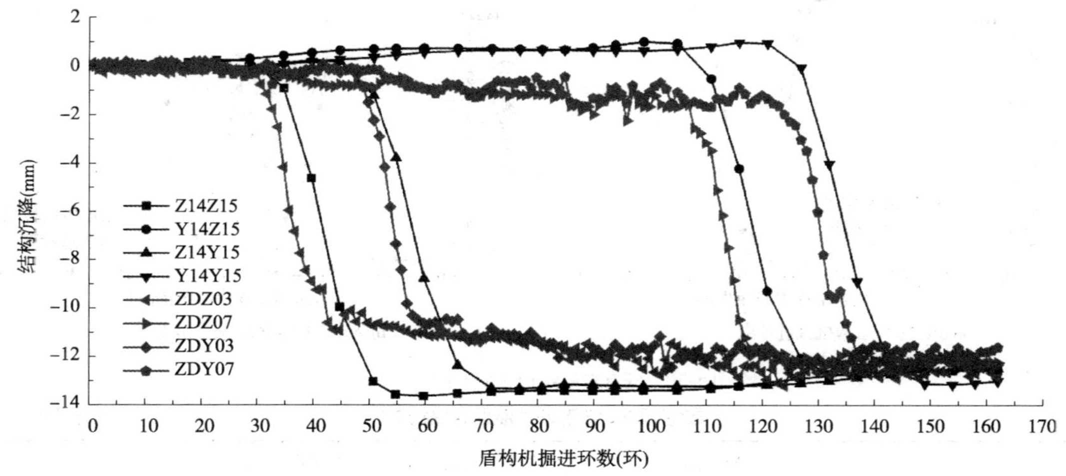

图5-68 沉降时程曲线对比

在变形趋势上,数值模拟结果和自动化监测结果的变形曲线一致,数值模拟结果在截面选取上与实际监测断面位置或存在一定的偏差,导致数值模拟曲线存在一定的滞后。由于施工中,通过监测数据实时对掘进参数、注浆参数进行调整,实际情况下既有结构的隆起变形较小,沉降的速率也较小,有效地控制了结构的变形。同时通过数值模拟,可以较为真实地反映结构的变形趋势,为风险的预判提供依据。

2)时刻曲线对比

由于监测仅是在结构关键部位各布设了9个自动化监测点,明显少于数值模拟中模型的硬点,只能反映出结构变化的大致情况。但仍可以通过监测点的数据观察出结构在某一时刻的变形趋势。如图5-69、图5-70所示,选取新建左线和右线盾构机出离影响区的时刻作为研究节点,对比两个时刻数值模拟数据和监测数据的差异,见表5-24,从表中的数据对比可以看出,数值模拟能较为准确地对实际的施工情况进行预测,最大的预测偏差率为16.15%,其中的偏差也同监测点的布点稀疏,不能与数值模拟硬点匹配有关。

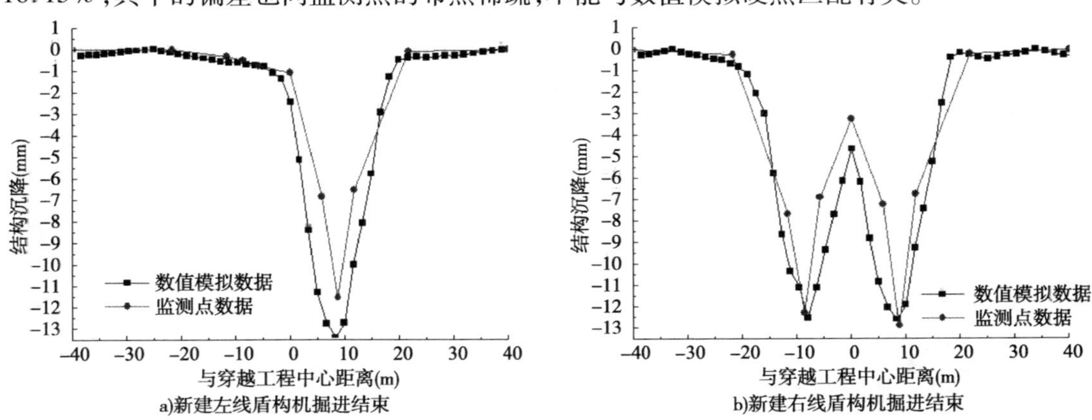

图5-69 既有左线结构典型阶段变形对比

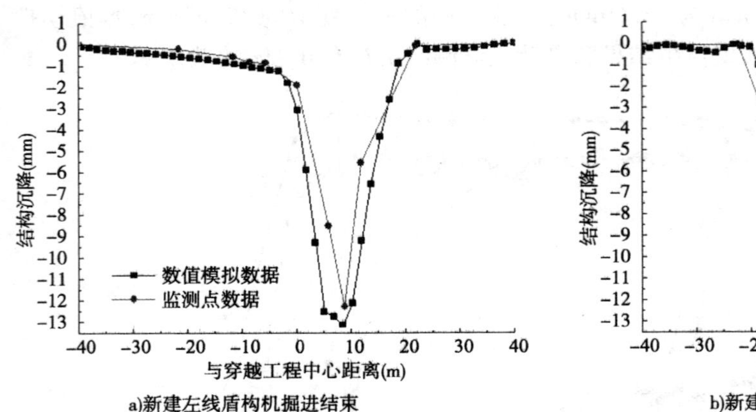

a)新建左线盾构机掘进结束

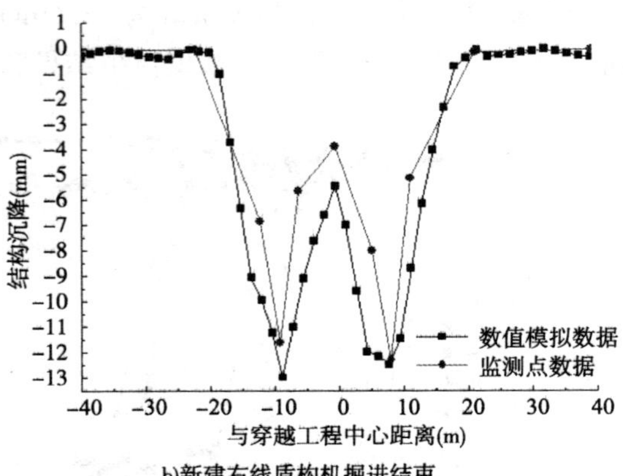

b)新建右线盾构机掘进结束

图 5-70 既有右线结构典型阶段变形对比

数值模拟与自动化监测结果对比 表 5-24

既有结构	结构变形模拟和监测的阶段最大值(mm)、位置及偏差率					
	左线盾构机掘进完成			右线盾构机掘进完成		
	模拟数据	监测数据	偏差率	模拟数据	监测数据	偏差率
左线	-13.45(Z14Z15)	-11.58(ZDZ03)	16.15%	-12.55(Z14Z15)	-12.27(ZDZ03)	2.28%
				-12.60(Y14Z15)	-12.89(ZDZ07)	-2.25%
右线	-13.18(Z14Y15)	-12.35(ZDY03)	6.72%	-13.04(Z14Y15)	-11.64(ZDY03)	12.03%
				-12.51(Y14Y15)	-12.34(ZDY07)	1.38%

无论数值模拟,还是自动化监测,都能较好地反映结构变形趋势,但对于变形程度,由于数值模拟基于理想假定,对施工情况仅能做到近似模拟,而在施工现场根据工程环境和监测数据,实时调整施工参数,一般而言,工程监测的结果会小于数值模拟预测的数值。但是数值模拟可以较为准确地做出风险的预判,对施工参数的确定提出指导。

参考文献

[1] 秦旋.大型水电项目工期/费用风险分析系统的研究及应用[D].天津:天津大学,1997.

[2] 姜青舫,陈方正.风险度量原理[M].上海:同济大学出版社,2000:30-32.

[3] 傅鸿源.工程项目质量目标控制与质量体系[J].建设监理,1992,000(001):21-25.

[4] 中华人民共和国行业标准.铁建设〔2007〕200 号 铁路隧道风险评估与管理暂行规定[S].北京:中国铁道出版社,2008.

[5] 任旭.工程风险管理[M].北京:清华大学出版社,北京交通大学出版社,2010.

[6] 关继发.新建地铁隧道穿越既有隧道安全风险及其控制技术的研究[D].西安:西安建筑科技大学,2008.

[7] 戴树和.风险分析技术(一)——风险分析的原理和方法[J].压力容器,2002,19(2):1-9.

[8] 陈宏毅.用事故树评价建筑施工的安全性[J].建筑安全,1998,13(8):30-34.

[9] 何臻.故障树技术在建设工程风险分析中的应用[D].上海:同济大学,2007.

[10] 罗凤.深基坑工程风险管理研究[D].成都:成都理工大学,2008.

[11] 张兴才,宋立菘.海上油气生产安全风险分析[J].中国海上油气(工程),1999,(11)3:59.

[12] R. Ostebo,等.钻井和油井作业风险分析[J].国外钻井技术,1992,2.

[13] 戴树和.风险分析技术(二)——典型装置上的工程应用[J].压力容器,2002,19(3):1-6.

[14] 蔡文,杨春燕,林伟初.可拓工程方法[M].北京:科学出版社,2000.

[15] Daniel Baloi, Andrew D F Price. Modelling global risk factors affecting construction cost performance[J]. International Joumal of Project Management,2003(21),261-269.

[16] 陈龙.城市软土盾构隧道施工期风险分析与评估研究[D].上海:同济大学,2004.

[17] Einstein. H, Chiabverio. F, Koppel. U. Risk analysis for the Alder tunnel[J]. Tunnels & Tunnelling International,1994,26(11):28-30.

[18] Einstein. H. H. Risk and risk analysis in rock engineering[J]. Tunneling & Underground Space Technology,1996,11(2):141-155.

[19] 路美丽,刘维宁,罗富荣,等.隧道与地下工程风险评估方法研究进展[J].工程地质学报,2006,14(4):462-469.

[20] 佐藤久,田中胜雄.日本隧道工程的发展和灾害情况的统计[J].先明其,译.隧道及地下工程,1998(4):1-9.

[21] 钱七虎,戎晓力.中国地下工程安全风险管理的现状、问题及相关建议[J].岩石力学与工程学报,2008,27(4):649-655.

[22] Eskesen S D, Tengborg P R, Kampmann J, et al. Guidelines for tunneling risk management: international tunneling assodation, working group No. 2[J]. Tunneling and Underground Space technology,2004,(19):217-237.

[23] 毛儒.论工程项目的风险管理[J].都市快轨交通,2004,17(4):3-6.

[24] 陶履彬,李永盛,冯紫良,等.工程风险分析理论与实践[M].上海:同济大学出版社,2006.

[25] 孔祥鹏,刘国彬,廖少明. 明珠线二期上海体育馆地铁车站穿越施工对地铁一号线车站的影响[J]. 岩石力学与工程学报,2004,23(5):821-825.

[26] 崔新媛,周直. 风险影响图与项目风险评价研究[J]. 重庆交通学院学报,1996,15:110-115.

[27] 周高平,陈远祥. 基础设施项目投资风险预警指标设计[J]. 重庆交通学院学报,2005,24(3):98-101.

[28] 史定华,王松瑞. 故障树分析技术方法和理论[M]. 北京:北京师范大学出版社,1993.

[29] Mezher TM,Tawil W. Causes of delays in the constmction industry in Lebanon[J]. Engineering Construction and Architectural Management,1998,5(3):25-160.

[30] AI-Momani,Ayman H. Construction delay:a quantitative analysis[J]. International Journal of Project Management,2000,18:51-59.

[31] 侯福均,肖贵平. 模糊事故树分析及其应用研究[J]. 河北师范大学学报,2001,25(4):464-467.

[32] 贺海挺,吴剑国,张爱晖. 跨流域调水工程失效概率的模糊事件树分析方法[J]. 中国农村水利水电,2005(3):40-45.

[33] 李安云. 层次分析法在工程项目风险管理中的应用[J]. 重庆科技学院学报(社会科学版),2005(3):55-59.

[34] 王晓东,柳再生. 模糊神经网络系统在黄河防洪决策中的应用[J]. 华北水利水电学院学报,2003,24(2):65-66.

[35] 程锡礼,张延林,崔新生. 蒙特卡洛仿真在工程项目进度管理中的应用[J]. 工业工程,2004,7(5):51-55.

[36] 朱汉华,周智辉,范立峰. 土木工程结构变形协调与受力安全[M]. 北京:人民交通出版社,2014.

[37] 张厚美. 盾构隧道的理论研究与施工实践[M]. 北京:中国建筑工业出版社,2010.

[38] 彭华. 穿越既有轨道交通工程安全风险控制成套关键技术[J]. 中国科技成果,2014(14):1.

[39] 肖亮. 盾构隧道下穿路桥过渡段条件下轨道变形及动力响应研究[D]. 北京:北京交通大学,2009.

[40] 朱萧湃. 浅埋情况下地铁振动特性及控制措施研究[D]. 北京:北京交通大学,2010.

[41] 邢烨炜. 北京地铁 14 号线盾构下穿京津城际铁路变形规律及动力响应分析[D]. 北京:北京交通大学,2011.

[42] 吴海洋. 北京地铁新线车站穿越既有地铁车站影响及安全控制措施研究[D]. 北京:北京交通大学,2012.

[43] 张立阳. 地铁盾构下穿高速铁路高架线变形分析及风险控制研究[D]. 北京:北京交通大学,2012.

[44] 既設トンネル近接施工対策マニュアル[R]. 鉄道綜合技術研究所. 1996.

[45] 仇文革. 地下工程近接施工力学原理与对策的研究[D]. 成都:西南交通大学,2003.

[46] [日本]土木协会. 隧道标准规范(盾构篇)及解说[M]. 北京:中国建筑工业出版社,2006.

[47] QB(J)/BDY(A)XL003-2015 北京市地铁运营有限公司企业标准技术标准·工务维修规则[S]. 北京:北京市地铁运营有限公司,2015.
[48] 京港地铁 WI-OP-PW-001 线路检查作业工作指引[S]. 北京:北京京港地铁有限公司.
[49] 马文辉. 北京地铁双线盾构近距下穿既有盾构区间风险控制研究[D]. 北京:北京交通大学,2015.

后　　记

穿越工程复杂程度高、风险大、控制标准极为严格，其安全风险的控制工作在国内外并没有成熟的理论和实践体系。课题组在整理风险控制资料的基础上，对穿越工程的风险评估分析、现状检测和风险监测等关键技术进行了系统性的研究，形成了一整套穿越工程风险控制关键技术，彻底改变了穿越工程风险管理方法单一、风险评估不系统、检测技术不成熟和监测技术不精确的行业现状，健全和优化了穿越既有轨道交通安全风险管理体系，实现了风险控制的精细化管理，为今后的穿越工程施工提供理论以及实践指导。

课题组提出了穿越工程风险等级划分的规则：基于穿越工程周围地质环境受扰程度，将穿越工程分为四类影响区域；考虑穿越方式、线路敷设、线下基础等因素，结合既有结构的变形预测将穿越工程的风险等级划分为四级。

建立了穿越工程风险评估关键技术体系：考虑穿越工程地层条件多变性、近接环境复杂性以及工程影响不确定性等特点，建立了穿越工程空间耦合模型并进行了参数标定，基于理论分析与大量工程数据对模型的校核，提出了穿越工程风险评估分析方法，确保了设计方案的科学合理性。

形成了既有轨道交通结构检测及监测技术标准：根据轨道交通结构和列车运营的特殊性要求，合理确定了既有轨道交通结构的检测范围、检测指标；合理确定了监测内容与频率、传感网布设原则，实现了监测数据的高效反馈和结构的安全监控。

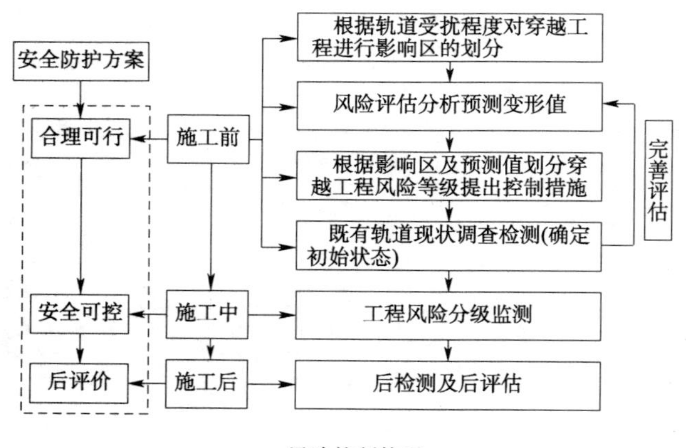

风险控制体系

在此基础上，建立了一套如图所示的安全可靠、操作性强的风险控制体系和操作规程。为了确保安全防护方案的合理可行、安全可控，在施工前，根据穿越工程中轨道的受扰程度，划分影响区域；通过风险评估分析预测变形值；根据影响区及预测值划分穿越工程风险等级，并提出控制措施。再进行既有结构及轨道现状调查与检测，确定初始状态。在施工中，根据确定的风险等级，采取相应的风险监测措施；在施工后，进行后检测及后评估，对安全防护方案进行后评价。

研究成果先后在北京、天津等地数百项重点穿越工程项目中得到了全面应用，为穿越工程提供了科学的技术依据，保障了既有轨道交通的安全运营，推动了穿越工程安全风险控制相关领域的科学化决策与管理。